MIRELLA T

KANN MAN MAL MACHEN

Community EDITIONS

mirellativegal

KANN MAN MAL MACHEN

Über die Autorin:

Mirella steht für Meinung. Die 1993 geborene Wahl-Kölnerin nimmt kein Blatt vor den Mund, wenn sie etwas aufregt. Aber Mirella steht auch für Gelassenheit. Unverkrampft und mit viel Humor zeigt sie, dass Achtsamkeit, ein bewusstes Leben und Body Positivity keine bloßen Floskeln sein müssen. Mit ihrer Mischung aus Comedy und nachdenklichen Themen konnte sie auf YouTube bereits über 450.000 Abonnenten versammeln und lässt ihre Zuschauer auch auf Instagram an ihrem täglichen Struggle teilhaben. Statt auf künstliche Nahbarkeit zu setzen, geht sie offen und authentisch mit eigenen Fehlern und Erfolgen um.

2017 wurde sie für den Webvideopreis in der Kategorie »Lifestyle« nominiert und erhielt den Playaward in der Kategorie »Comedy«. Zudem ist sie eines der Gesichter von Jugend gegen Aids, #PussyisPower, einer Kampagne der Deutschen Stiftung Weltbevölkerung, und unterstützt die Kindernothilfe in Südamerika.

FSC www.fsc.org
MIX
Papier aus verantwortungsvollen Quellen
FSC® C106632

1. Auflage

Zülpicher Platz 9
50674 Köln

Covergestaltung: zero-media.net, München
Redaktion: Mirka Uhrmacher
Autorenfoto Umschlag: © Oguz Yilmaz
Illustrationen: © Irina Zinner
Satz: Achim Münster, Overath
Gesetzt aus der Adobe Garamond Pro

Gesamtherstellung: Community Editions GmbH

ISBN 978-3-96096-054-6

Printed in Poland

www.community-editions.de

Für mich.

HALLO!

Super, dass du da bist und dieses Buch gekauft hast! Danke dafür. Ich hoffe natürlich, dass dir die Lektüre gefallen wird – und damit wir das möglichst gut hinkriegen, möchte ich dir erst mal erzählen, was das hier eigentlich ist und wie es funktioniert.

Keine Bange, ich denke nicht, dass du nicht weißt, was ein Buch ist und wie man es benutzt. Ganz im Gegenteil. Mit dem Erwerb dieses Exemplars hast du ja eindrücklich bewiesen, dass du über einen hohen, wenn nicht gar überdurchschnittlichen Intelligenzquotienten verfügst und außerdem Geschmack hast. Gratulation!

Trotzdem möchte ich dir erklären, was du vor dir hast oder, besser gesagt, was nicht. Die größte Enttäuschung gleich vorweg: Dieses Buch ist kein All-inclusive-Glückspaket mit Begrüßungsdrink und durchgehender Happy Hour. Es kann dir nicht *die* Antwort auf alle deine Fragen geben. Das hier ist nicht das Glück to go. Die nächste Enttäuschung, ich weiß! Es ist auch keine Anleitung, wie du dich zu verhalten hast. Ich versammle hier nämlich nicht Mirellas absolute Wahrheiten zum Nichthinterfragen. Ich bin weder dein noch irgendjemandes Guru. Ich habe die Weisheit nicht mit Löffeln gefressen und bin verdammt weit weg von perfekt.

Du wirst durch dieses Buch auch nicht über Nacht tiefenentspannt, Body positive und Selbstliebe-Profi, auch wenn es hier um all diese Dinge gehen wird. Ebenso wenig wirst du durch dieses Buch abnehmen. Hier gibt es keine Diät-Tipps, keine Work-outs und keine versteckten Rabattcodes für vollkommen unwirksame

Abnehmprodukte. Wenn du dieses Buch liest, wirst du nicht schlagartig wunderschön, erfolgreich und zufrieden. Ein Buch kann so etwas nicht – und muss es auch nicht! Denn wir alle sind bereits wunderschön, wir haben bis jetzt überlebt, also sind wir auch erfolgreich, und zufrieden könnten wir bestimmt alle sein, wenn … ja, wenn wir uns nicht immer so runtermachen würden, richtig? Wenn wir nicht mit uns hadern würden, dass wir dies oder das besser hinbekommen oder zehn Kilo weniger wiegen könnten, und wenn die Welt nicht so voller Arschlöcher wäre …

Genau da setze ich an. Bei den vielen Dingen, die man mal machen könnte, statt sich ununterbrochen selbst schlechtzureden, an sich zu zweifeln, das eigene Scheitern in den Mittelpunkt zu stellen, eine innere Leere durch Konsum zu stopfen, auf andere einzuhacken oder Einsamkeit durch stumpfe Berieselung zu übertönen. Ich habe dieses Buch geschrieben, weil ich all das so gut kenne.

Darum kenne ich auch die unzähligen Recherchen auf der Suche nach der alles verändernden Literatur, der heilbringenden Achtsamkeitsübung, Yoga-Position, Ernährungsweise oder der Person, die mich endlich glücklich und vollkommen macht. Wenn ich es dann doch wieder nicht schaffte, all die vernünftig und klug klingenden Ratschläge umzusetzen, habe ich den Fehler bei mir gesucht oder mich meinem vorbestimmten tragischen Schicksal ergeben: »Ich werde nie wieder glücklich sein!«

Dabei habe ich irgendwie nicht in Erwägung gezogen, dass der Ratschlag vielleicht einfach nicht zu mir passt. Mit diesem Buch möchte ich es daher anders machen, denn ich will nicht, dass du dich schlecht fühlst, weil du irgendetwas nicht hinkriegst, sondern dass du dich gut fühlst, weil du es probiert hast.

Ich habe vieles versucht und vieles wieder verworfen. Genau dieses Ausprobieren aber hat mich enorm weitergebracht. So meinte ich zum Beispiel mal, das Bedürfnis zu verspüren, zum »5 AM Club« zu gehören. Ich war mir sicher: Jeden Morgen zwei Stunden früher aufzustehen, um mehr vom Tag zu haben, produktiver zu sein und effektiver zu arbeiten, würde aus mir einen viel zufriedeneren Menschen machen. Die Erfahrungen anderer klangen vielversprechend und ich war hoch motiviert.

Nach drei Tagen bekam ich mittags einen Heulkrampf und brach vor Erschöpfung zusammen. Da können noch so viele Leute sagen, wie lebensverändernd und toll diese Umstellung sei; wenn ich das nicht so empfinde, dann ist es eben so. Aber ich für meinen Teil kann zumindest sagen, dass ich es ausprobiert, die Erfahrung gesammelt und meinen alten Schlafrhythmus bedenkenlos wieder aufgenommen habe, weil der nun mal besser zu meinem Lebensstil passt. Mein Bedürfnis nach einem bewussteren Start in den Tag war zwar echt, der Ansatz, dafür um fünf Uhr morgens aufzustehen, aber nichts für mich. Geholfen haben mir letztlich Handyweglegen und Yoga. Manchmal ist es einfach ein Ausprobieren.

Oder vor einigen Monaten: Da bekam ich ein Dankbarkeitsbuch geschenkt und war dafür … ja, wirklich dankbar. Ich wollte schon lange mal ausprobieren, wie sich meine Einstellung verändern würde, wenn ich mich jeden Tag in Dankbarkeit übe. Also begann ich, morgens und abends in dieses Buch zu schreiben, wofür ich dankbar bin, was besonders schön war und was mir Freude bereitet hat.

Viele berichten, dass sie dadurch entspannter, optimistischer und ausgeglichener wurden. Darauf hatte ich mich auch schon gefreut, nur leider trat bei mir das absolute Gegenteil ein. Irgendwann hat es mich total genervt, nur Positives zu berichten, weil das Leben einfach nicht immer nur positiv ist. Es passieren jeden Tag Sachen, die kacke sind, die nicht nach Plan laufen, und es fühlte sich für mich nicht richtig an, diese Dinge quasi zu verdrängen und mein Augenmerk nur auf das Positive zu lenken. Das war mir zu einseitig und wurde meinem Leben ganz und gar nicht gerecht! Alles Positive und alles Negative zusammen hat mich zu dem Menschen gemacht, der ich bin, und formt mich jeden Tag aufs Neue. Durch negative Entwicklungen habe ich nämlich auch vieles über mich erfahren. Und dafür bin ich dankbar! Das Dankbarkeitsbuch war also nichts für mich. Aber immerhin habe ich die gerade beschriebene Erkenntnis gewonnen, dass ich mehr Wert darauf lege, jeden Bereich meines Lebens wertzuschätzen, als mich nur auf die positiven Dinge zu konzentrieren. Ich habe also nicht dagesessen und mich schlechtgemacht, weil ich das Dankbarkeitsding nicht draufhabe, sondern die Möglichkeit genutzt, durch Ausprobieren den für mich richtigen Weg zu finden.

Damit will ich dir auf keinen Fall den »5 AM Club« oder Dankbarkeitsbücher madig machen. Ich will dir einfach nur aufzeigen, dass nicht alles für jeden funktioniert und trotzdem helfen kann – dem Ausschlussverfahren sei Dank. So ist es auch mit diesem Buch. Die Dinge, die ich dir an die Hand gebe, sind meine persönlichen Erfahrungen und Herangehensweisen. Die können dir sinnvoll vorkommen, sie können dich unterstützen, vielleicht findest du sie aber auch unbrauchbar und hältst mich für komisch. Alles möglich und alles okay. Hier geht es nicht darum, was man machen muss, sondern darum, was man mal machen kann. Du kannst also auch nicht versagen, aber du kannst Erfahrungen sammeln und für dich selbst entscheiden, ob das jetzt dein Ding wird oder nicht.

Ich möchte an den Schalter in deinem Kopf, der viel zu häufig auf »off« steht, der deshalb alles negativ macht, der dir einredet, dass du nicht gut und nicht wert genug bist, dass du nicht ausreichst. Ich kann ihn für dich nicht umlegen, aber ich kann versuchen, ihn dir so unsympathisch wie möglich zu machen, damit du selbst daran herumfriemelst und guckst, ob er sich nicht doch bewegen und auf »on« schalten lässt. Denn was du im Folgenden lesen wirst, dreht sich um dieses »on«, darum, wie kraftvoll es ist, wie energiegeladen, wie viel Raum plötzlich frei wird, wenn du aufhörst, auf dich herabzuschauen, und stattdessen anfängst, in dich hineinzuhören und dir Gutes zu tun – ganz ohne schlechtes Gewissen.

Eine Menge Themen erwarten dich, Themen, die mich täglich beschäftigen: Medien, Sexismus, Werte, Selbstliebe, Verzicht, Ernährung, Reisen, Liebe und Sex. Es geht also eigentlich um fast alles, was im Leben eine Rolle spielt und was man mal machen kann. Außer Sexismus natürlich, der ist nämlich scheiße. Und außer Verzicht, den spar ich mir nämlich lieber.

Vor allem aber geht es immer darum, wie es um deine ganz persönlichen Bedürfnisse bestellt ist. Die kennenzulernen, wertzuschätzen und zu achten ist die schönste, wichtigste, schwierigste, frustrierendste und lohnendste Herausforderung, der wir uns stellen können. Diese anzunehmen, dazu möchte ich dich mit diesem Buch motivieren.

Deine Bedürfnisse in den Mittelpunkt zu stellen bedeutet aber nicht, egoistisch zu sein. Wenn du auf deine Bedürfnisse hörst, bist du noch lange nicht taub für die Bedürfnisse anderer. Ganz im Gegenteil! Der Mensch ist ein soziales Wesen und deshalb gehört der Kontakt zu anderen Menschen ebenso zu unseren größten Bedürfnissen wie ein harmonisches Miteinander. Das ist manchmal schwer zu glauben, wenn man die Nachrichten sieht oder die Kommentare unter Artikeln liest. So viel Hass und Hetze. Aber um genau dieser Negativität etwas entgegenzusetzen, ist es wichtig, für ein gutes Klima im eigenen Umfeld zu sorgen. Deine Bedürfnisse zu kennen hilft dir dabei, denn wenn es dir gut geht, kannst du auch anderen guttun.

Dafür musst du aber erst mal für dich selbst da sein. Das klappt nicht von heute auf morgen, sondern braucht Geduld. Gar keine leichte Aufgabe in unserer schnelllebigen Welt. Datenströme fließen ununterbrochen, wir brauchen alles on demand und wenn mich jemand nicht auf den ersten Blick überzeugt, wird er nach links geswiped. Ich kann meiner Mama nicht mal beim Tippen auf dem Laptop zusehen, weil ich förmlich spüren kann, wie meine Lebenszeit davonläuft und mich jegliche Lebensenergie verlässt. Mama, ich habe dich so lieb, und es ist auch echt fies, dass die Buchstaben ständig ihren Platz auf der Tastatur wechseln, so wie du sie jedes Mal aufs Neue suchen musst, aber ich bin einfach ungeduldig! Schließlich muss ich funktionieren und zwar am besten 24/7. Das ist es, was von uns erwartet wird. Fünf Tage die Woche acht Stunden arbeiten, dann noch ein ausgewogenes Freizeitangebot wahrnehmen, Sport treiben, Essen für Wochen im Voraus kochen, das Sozialleben nicht verkümmern lassen und natürlich eine harmonische Beziehung, eine glückliche Familie und eine blank geputzte Wohnung haben. Ich habe keine Zeit, ein Instrument zu lernen. Ich habe keine Zeit, meiner größten Leidenschaft, dem Töpfern, nachzugehen. Ich habe wirklich keine Zeit, eine Haarmaske fünf Minuten lang einwirken zu lassen!

Dabei wissen wir alle, dass das Ausreden sind und wir uns die Zeit einfach nur nicht *nehmen.* Wir haben keine Geduld. Es gibt Wichtigeres als uns selbst. Ich muss vorher noch 378 andere Dinge für andere Leute erledigen und der gesellschaftlichen Norm entsprechen, und dann kann ich mal schauen, ob ich eventuell, falls nicht noch etwas Wichtigeres dazwischenkommt, mir mal fünf Minuten erlauben kann, um für mich da zu sein. Aber nach den fünf Minuten ist auch wirklich Schluss, denn ich werde schon ganz hibbelig, weil ich mich gerade nicht dem fremdbestimmten Leben widme. In dem muss ich mich wenigstens nicht so sehr mit mir selbst auseinandersetzen. Sobald ich das tue, wird mir nämlich ganz schwindelig.

Dabei ist es so wichtig, sich Zeit zu nehmen und diese bewusst auszukosten. Ich hatte vor einiger Zeit sogar Probleme damit, mich hinzusetzen und ein Buch zu lesen. Vielleicht kostet es dich ja gerade auch viel Überwindung, weil es so ungewohnt ist. Vielleicht läuft gleichzeitig noch Musik, TV oder YouTube. Die Geräuschkulisse, die uns vor der lauten Stille der Einsamkeit bewahrt. Sich nur auf eine Sache zu konzentrieren und sich bewusst Zeit dafür zu nehmen, fällt uns schwer. Stell dir mal vor, wie schwierig es da für mich gewesen sein muss, ein ganzes Buch zu schreiben! Aber den Beweis, dass es geht, hast du vor dir. Wenn ich es geschafft habe, dieses Buch fertigzukriegen, dann schaffst du es ganz sicher auch, es durchzulesen. Immer natürlich vorausgesetzt, dass dir gefällt, was du liest.

Da ist übrigens noch etwas, das mir bei diesem Buch wichtig ist: das Mindset. Ich würde von mir behaupten, ein sehr positives Mindset zu haben, aber kein unrealistisch verklärtes. Es ist nicht alles scheiße, aber es ist auch nicht alles eitel Sonnenschein. Die einzelnen Erlebnisse im großen Ganzen einordnen zu können erleichtert mir meinen Alltag enorm. Ich habe diesen dämlichen Off-Schalter in meinem Kopf gefunden. Manchmal hakt er, will einfach nicht auf »on« springen. Dann lasse ich mich von Dingen stressen, die ich eh nicht ändern kann, überfordere mich selbst oder messe mich an falschen Maßstäben.

Aber das ist auch okay, weil ich mich damit ausgesöhnt und Mittel und Wege gefunden habe, die es mir zumindest egaler sein lassen als vorher. Relativ egal eben. Wenn diese Mittel und Wege auch dir helfen, etwas entspannter und wertschätzender mit dir umzugehen, dann habe ich unendlich viel erreicht. Und sollte das nicht der Fall sein, war trotzdem nicht alles umsonst. Denn wenn du über das, was du hier liest, nachdenkst und dadurch zu dem Schluss kommst, dass dir etwas anderes mehr liegt, ist das mindestens genauso viel wert. Getreu dem Motto: Kann man mal machen. Muss man aber nicht.

Das bringt uns beide in die tolle Situation, dass es hierbei keine Verlierer geben kann. Ist doch eine ganz hervorragende Ausgangslage, oder? Lass uns schauen, was wir daraus machen können. Ich wünsche dir jedenfalls viel Spaß dabei!

PS: Solltest du nach der Lektüre noch Lust haben, das eine oder andere zu vertiefen, findest du am Ende des Buches kleine Aufgaben und Listen, die ich dafür vorbereitet habe, Vorgehensweisen, die ich selbst anwende und die mir immer wieder prima geholfen haben. Diesen Aufgabenteil habe ich übrigens bewusst ans Ende gestellt, damit niemand denkt, das Buch würde ohne ihn nicht funktionieren. Vielmehr handelt es sich um Ergänzungen und Anregungen, nicht mehr, aber auch nicht weniger. Wenn sich das nicht richtig für dich anfühlt, lass es bitte einfach weg. Wenn du darauf Bock hast: Do it!

NOCH EIN KLEINER HINWEIS, EHE ES LOSGEHT

Ich werde im Folgenden oft von »wir« oder »uns« sprechen, weil ich glaube, dass wir als Kinder unserer Zeit und Umstände alle irgendwie im selben Boot sitzen. Außerdem möchte ich damit den Faktor »Gemeinschaft« unterstreichen. Niemand soll sich hier ausgeschlossen fühlen.

Wundere dich also nicht, wenn ich dich in der Einleitung noch direkt angesprochen habe, danach aber zum »Wir« wechsle. Viele Aussagen, die ich treffe, stoßen im ersten Moment auf weniger Widerstände, wenn ich sie auf eine Gemeinschaft ausdehne. Vielleicht ist dir oben schon aufgefallen, dass ich geschrieben habe, *wir* seien alle wunderschön. Stell dir vor, ich wäre mit der Tür ins Haus gefallen und hätte geschrieben: »*Du* bist wunderschön.« Also ich würde in so einem Fall sofort die Augen verdrehen und denken: »Ja klar, wuuuuunderschön …! Als würde es darum gehen! Es gibt doch viel Wichtigeres, als …«

Von jetzt auf gleich ist da der Widerstand im Kopf, alles sperrt sich gegen diese Zuschreibung. Die Aussage »Alle Menschen sind schön« aber kann ich bedenkenlos so stehen lassen, da rührt sich in mir kein Unbehagen. Das »Wir« ist also ein kleiner Trick, weil ich weiß, dass es gar nicht so einfach ist, das eigene Ich positiv in den Mittelpunkt zu rücken. Genau das zu tun ist zwar Thema dieses Buches, aber ich möchte es dir ja nicht schwerer machen, als es sowieso schon ist.

Das »Wir« ist eine Sache, das »Er«, das auch immer die »Sie« meinen soll, eine ganz andere. Die deutsche Sprache ist geprägt vom generischen Maskulinum. Die weibliche Form mögen wir uns dann bitte sehr immer mitdenken. Beim Arzt die Ärztin, beim Leser die Leserin. Das fühlt sich nicht so gut an, wie in ein gemeinschaftliches »Wir« aufgenommen zu werden, in dem es keine Unterschiede gibt und das allen offensteht. Das generische Maskulinum holt nicht alle ab, sondern verlangt von den Mitgemeinten, sich in etwas zu integrieren, was sie nicht nennt. Das ist, gelinde gesagt, blöd. Das Gegenteil von gut ist gut gemeint und das Gegenteil von mit ist mitgemeint.

Ich habe viel darüber nachgedacht, wie ich diesen Punkt handhaben soll. Ich kann nicht von Feminismus sprechen, ohne zu berücksichtigen, dass die Sprache einen großen Anteil daran hat und dass ich als ihre Nutzerin daran beteiligt bin. Allerdings möchte auch nicht ausschließlich die weibliche Form verwenden, weil ich damit dieselbe Argumentation des »Mitmeinens« benutzen, diesmal aber einfach die andere Seite ausschließen würde.

Dieses Buch darfst, kannst und solltest du also vollkommen unabhängig von deinem biologischen und sozialen Geschlecht lesen – und dich einfach willkommen fühlen. Für mich ist Feminismus keine Bewegung *gegen* andere, sondern steht für einen Umgang miteinander auf Augenhöhe. Mit dem »Wir« fühle ich mich deshalb so wohl, weil das Geschlecht bei Gleichgesinnten keine Rolle spielt.

Aber was mache ich bloß mit dem »Partner«, den »Freunden«, dem »jemand«?

»Stell dir vor, dass dein/e Partner*in dir jemenschen vorstellt, von dem/der er/sie total begeistert ist, du kannst den-/diejenige/n aber nicht leiden und hoffst inständig, dass dein/e Partner*in ihn/sie nicht noch mal mit nach Hause bringt.« Womit ich bis auf »Partner*in« und »jemensch« noch nicht einmal alle miteingeschlossen habe, denn nur das Gender-Sternchen umfasst wirklich alle (obwohl das Sternchen ja auch nur wieder mitmeinend ist, aber es drückt doch immerhin das Bewusstsein aus, dass es hier noch mehr gibt).

Mit meinem Textbeispiel möchte ich das Thema keineswegs ins Lächerliche ziehen, sondern nur zeigen, welche Herausforderung auf uns zugekommen wäre, wenn ich diesen Weg gewählt hätte. Ich gebe zu, dass ich für dieses Problem keine befriedigende Lösung parat habe. Mein größter Wunsch ist es, dass dieses Buch gut lesbar, leicht verständlich und unterhaltsam ist. Ich glaube nämlich, dass Motivation und Inspiration durch Spaß geweckt werden und nicht durch Anstrengung. Und natürlich will ich dann auch niemanden ausschließen. Die deutsche Sprache ist mir dabei jedoch keine große Hilfe, weil es so unglaublich schwierig ist, sie geschlechtsneutral zu benutzen. Ich habe aber keine andere. Deshalb muss ich auch mit dem Wort »Feminismus« vorliebnehmen, obwohl manche Menschen es ausgelutscht finden und es für einige einen negativen Beigeschmack hat. Aber soll ich warten, bis neue Begriffe erfunden werden, ehe ich dieses Buch schreibe?

Darum nehme ich, was mir zur Verfügung steht, bin mir aber im Klaren darüber, damit Teil des Problems zu sein. Das gemeinschaftliche »Wir« ermöglicht es mir aber immerhin, möglichst viele anzusprechen. Fühle dich also bitte eingeladen, immer die einzelne, individuelle Realität als Referenz zu nehmen. Wenn du das Wort »Partner« liest, wirst du an die Person an deiner Seite denken, egal, welchem Geschlecht sie sich zuordnet. Wenn du das Wort »Freunde« liest, denkst du an deinen Freundeskreis. Da ich ebenfalls immer meinen ganz individuellen Standpunkt schildern werde, sollte die persönliche Sichtweise eigentlich gut funktionieren. Verbesserungsvorschläge sind aber herzlich willkommen!

TRASH ON DEMAND

Medien spielen in unser aller Leben mittlerweile eine zentrale Rolle. Sie nehmen unglaublich viel Raum ein und schaffen gleichzeitig sehr viel Raum – für Kreativität, Selbstverwirklichung, aber auch für Unsicherheiten und Selbstzweifel. Die meisten von uns verbringen tagtäglich viel Zeit mit den verschiedensten Medien. Grund genug also, sich einmal anzuschauen, was und wie wir eigentlich konsumieren und welche Auswirkungen das haben kann.

Als Kind sah mein Tagesablauf so aus: Ich kam von der Schule nach Hause, zog nur rasch meine Jacke aus, und schon wurde der Fernseher angeschaltet. Ausgeschaltet wurde er erst wieder, wenn ich ins Bett ging. Dabei legte ich großen Wert darauf, mir ausschließlich Premiumsender wie RTL und SAT.1 anzuschauen. Ehrlich, ich zog mir eine Richtersendung nach der anderen rein. Richterin Barbara Salesch war meine beste Freundin, Richter Alexander Hold mein bester Kumpel und Lenßen & Partner standen mir immer zur Seite. Vermutlich kommen daher mein großer Gerechtigkeitssinn, meine unendliche Neugier und natürlich mein geradezu überwältigender Sinn für Humor. Darum: Vielen Dank, Ingo, Barbara und Alexander. Vielen Dank, mein RTL!

Meine Mama hat davon wahrscheinlich nicht so viel mitbekommen, da ich am Abend, wenn sie von der Arbeit kam, stets vorbildlich meine Hausaufgaben erledigt hatte. Zwar nebenbei, während der Fernseher lief, und mal mehr, mal weniger produktiv, allerspätestens aber im Bus auf dem Weg zur Schule war alles fertig. Im Nachhinein ist sie hoffentlich trotzdem stolz auf mich, denn ich habe wahrlich das Maximum aus ihrem Rundfunkbeitrag herausgeholt.

RTL ist sogar irgendwie mit verantwortlich dafür, dass ich mit YouTube angefangen habe. Bereits als fernsehgeprägtes kleines Mädchen hatte ich nämlich den Wunsch, Moderatorin bei Punkt 12 zu werden. Für mich war klar: Wenn ich bei Punkt 12 moderiere, dann habe ich es geschafft!

Mittlerweile denke ich zwar ein wenig anders darüber, aber RTL, falls ihr das hier lest und meine Hilfe braucht, meldet euch ruhig! Auch wenn die Moderation von Punkt 12 nicht mehr unbedingt mein absoluter Traumjob wäre (den habe ich nämlich, glaube ich, fürs Erste in dem gefunden, was ich mache), hängen lassen würde ich euch trotzdem nicht.

Der Fernseher spielte also schon sehr früh eine entscheidende Rolle in meinem Leben. Unvergleichlich ist daher heute die Freude, wenn ich sagen kann: »Mama, ich bin im Fernsehen!« Für mich ist es jedes Mal sehr aufregend, weil ich zur Abwechslung mal mein Zuhause verlassen kann, um zu arbeiten. Außerdem ist das immer ein prima Grund, nicht nur ein schickes Oberteil, sondern auch eine echte Hose anzuziehen. Mit echten Hosen wird's immer gleich so viel seriöser! Ich überlasse es jetzt mal eurer Fantasie, was ich bei meinen Videos unterhalb des Kameraauschnitts sonst so trage. Denn ich schätze mal, eure Fantasie ist gnädiger als die Realität.

Die Freude über meine Fernsehauftritte wird auch nicht dadurch geschmälert, dass sich meine Zuschauerzahlen auf YouTube wahrlich nicht vor denen der TV-Sender verstecken müssen. Für Mutter und Co. ist es jedenfalls immer ein riesengroßes Ding. Eine kollektive Familienhysterie. Alle sind dann ganz aus dem Häuschen. Der Familien-Chat wird zugespamt, der Wecker gestellt und der Recorder getimed.

Bitte verratet meinem Papa nicht, dass man die meisten Sendungen mittlerweile auch nachträglich online gucken kann, das würde ihm nur die Freude am Ritual nehmen. Außerdem würde er trotzdem alles aufnehmen – fürs Familienarchiv, das »on demand« der älteren Generation.

Ein bisschen enttäuscht bin ich nur darüber, dass bislang noch kein einziges Public Viewing stattgefunden hat, wenn Mirella mal wieder zehn Sekunden lang im Fernsehen zu sehen war. Liebe Familie, das wäre durchaus ein Punkt, an den ihr in Zukunft bitte denken könntet.

Die Begeisterung meiner Familie über jeden noch so kleinen Fernsehauftritt (bei Zeitungsartikeln verhält es sich übrigens ähnlich) ist selbstverständlich wundervoll und ich danke ihr ganz aufrichtig für ihre Unterstützung. Da ist es auch erst mal ganz egal, was ich auf YouTube oder generell »im Internet« mache. Da stehe ich seit fünf Jahren regelmäßig vor der Kamera, aber so richtig ausgeflippt ist deswegen noch kein Familienmitglied.

Für meine Familie ist Fernsehen nun mal *das* Medium, für mich war es das ja lange ebenfalls. Der Stellenwert des TV in der Gesellschaft ist nach wie vor unangefochten. Der Fernsehkonsum der Ü50-Gruppe steigt sogar. Und wenn mich überraschenderweise ehemalige Klassenkameraden auf einen meiner Fernsehauftritte ansprechen, dann kann das nur eines bedeuten: Auch sie schauen noch fern. Und dort gesehen zu werden bedeutet wiederum: Man hat es geschafft! Und zwar so richtig! Weil die Mirella im Fernsehen war! Vielleicht in einer Sendung, die gerade einmal 15.000 Leute geguckt haben, aber egal. Sie hat es geschafft, weil, sie war ja im Fernsehen!

Da sage noch mal jemand, das Fernsehen sterbe aus. Papperlapapp! Zwar geht der Konsum von Bewegtbild bei der jüngeren Generation weg vom linearen, hin zum On-demand-Programm. Trotzdem ist die gesellschaftliche Relevanz eines Fernsehauftritts oder eines Artikels, der noch auf echtes Papier gedruckt wurde, ungleich höher als alle Internetinhalte zusammen. Wieso? Dem Netz hängt wahrscheinlich eine Art Selbstermächtigungsfluch an. Alles, was dort passiert, scheint ungefiltert und vor allem unkuratiert vonstattenzugehen. Im Netz kann ja einfach jeder machen, was er will!

Niemand muss darauf warten, irgendwohin eingeladen oder zu irgendetwas befragt zu werden. Stattdessen kann ein Blogger oder Videocreator fröhlich und ohne Rücksprachen oder Freigaben drauflosschreiben, -erzählen, -filmen. Fürs Fernsehen oder die Zeitung aber muss erst mal jemand, der nicht ich ist (!), Interesse an mir bekunden, muss daraufhin in Redaktionsrunden seinen Vorschlag einbringen, der muss angenommen werden, dann gibt es weitere Vorarbeiten, und schließlich, nachdem unterschiedlich viele

Personen – aber immer mehr als nur ich selbst (!) – sich mit einem zukünftigen Inhalt beschäftigt haben, ja erst dann findet ein Fernsehauftritt oder ein Interview für einen Zeitungsartikel statt.

Sich in eine Badewanne voll mit Chicken Nuggets zu legen und das vom Mitbewohner filmen zu lassen, ist also offenkundig von deutlich weniger Menschen im Vorfeld diskutiert und für sinnvoll erachtet worden. (Im Nachhinein wird die Aktion allerdings wahrscheinlich von deutlich mehr Menschen begutachtet, als die meisten Fernsehsendungen Zuschauer und Artikel Leser haben. Ob das Ganze deshalb sinnvoller ist, sei mal dahingestellt.)

Das bedeutet natürlich nicht, dass jedes TV-Format automatisch hochwertiger ist als jedes Internet-Format, nur weil sich mehr Menschen im Vorfeld Gedanken darüber gemacht haben. Wäre ja auch zu schön, wenn die Anzahl der Mitentscheider etwas mit der späteren Qualität zu tun hätte. Manche Sendungen beziehen ihren besonderen Reiz ja gerade aus ihrem Trash-Charakter. Denken wir nur mal an DSDS, GNTM, das Dschungelcamp oder – hier bitte hysterisches Kreischen einfügen – an den Bachelor.

Auch wenn angeblich niemand mehr fernsieht, irgendwie tun es dann doch wieder alle. Das zeigt sich auch im Internet: Sonntagabends ist Twitter voll von #tatort und einmal im Jahr geflutet vom #bachelor. Die Anwerberinnen auf den mehr oder minder hotten Junggesellen werden auf Instagram gestalked und die Kandidatinnen von GNTM haben nach der Show alle zumindest in der Theorie genug Reichweite gesammelt, um als mittelmäßige Influencer Werbung für Detox-Tees und Bodylotions zu machen.

Da frage ich mich doch: Wieso schaue ich mir das denn überhaupt an? Sendungen, die Werte vermitteln, die sich mit meinen so gar nicht vereinbaren lassen, hinter denen ich nicht stehe und die ich auch nicht unterstützen will. Frauen, die in jeder der genannten Sendungen auf die eine oder andere Art auf ihr Aussehen reduziert werden. Idealbilder, die fragwürdig sind. Propagierte Frauen- und Männerrollen, die längst meilenweit überholt sein sollten.

Die Antwort: Weil diese Formate gleich eine ganze Horde an gesellschaftlichen Bedürfnissen befriedigen, die tief in uns verankert sind. Da wäre zum einen die Sensationslust, die uns Gesprächsstoff für unseren tristen Alltag liefert. Daraus entsteht ein Wir-Gefühl, das uns mit unserem Gegenüber verbindet. Juhu, wir können uns zusammen mit anderen aufregen, solidarisieren, Prognosen stellen und diskutieren. Der Mensch, das soziale Wesen, erlebt bei DSDS & Co. Dramen, über die er sich austauschen kann, ohne sie selbst durchleben zu müssen. So entsteht eine Gemeinschaft mit festen Ritualen innerhalb eines geschützten Raumes. Hier kann uns niemand was, hier sind wir unverletzlich und stark. Und eines sind wir garantiert niemals: intellektuell überfordert. Das fühlt sich gut an und ist ein wohltuender Kontrast zu unserer immer komplexer werdenden Realität.

Voyeurismus und die geheime Freude am Leid anderer spielen ebenfalls eine große Rolle. Wir können uns über andere erheben und uns besser fühlen, indem wir ihnen beim Scheitern zusehen. Wir dürfen uns kollektiv empören, lästern und tratschen, ohne dass wir ernsthafte Konsequenzen fürchten müssen. In der realen Welt müssten wir immerhin damit rechnen, eines Tages mit unserem Verhalten konfrontiert zu werden. Die Sendeanstalten aber werden das höchstwahrscheinlich nicht tun. Sollte doch mal das Team vom Bachelor vor meiner Tür stehen und fragen, wieso ich in einem

Video so gemein zu ihnen war, würde mich das zumindest sehr wundern. Zudem geht die Wahrscheinlichkeit, besagte Kandidaten persönlich zu treffen, eh gegen null. (Ich bete, niemals einem Kandidaten von Love Island auf einem Event zu begegnen, der mir dann vermutlich ganz dramatisch seinen Proteinshake übers Kleid kippen würde, weil ich mich vielleicht ein-, höchstens zweimal über seine #Werbung lustig gemacht habe.)

Ein Aspekt, der mich persönlich immer wieder zu diesen Sendungen hinzieht, ist die Nähe zum Geschehen. Natürlich können – und sollen – wir die Authentizität dieser Reality-Formate stark anzweifeln: Findet beim Bachelor wirklich irgendjemand die wahre Liebe? Wird sie überhaupt gesucht? Aber darum geht es mir gar nicht. Stattdessen bemerke ich beim Zuschauen oft, dass ich versuche, die gezeigten Emotionen, Handlungen und Aussagen nachzuvollziehen. Ich erkenne mich entweder in der einen oder anderen Person/Situation wieder, oder ich frage mich abgrenzend, was ich selbst in einer vergleichbaren Lage anders machen würde. Und das wiederum finde ich sehr unterhaltsam.

Im Kopf geht nun das Spielchen los: Ich könnte ja auch, wenn ich nur wollte! Ich könnte ja auch bei GNTM mitmachen! Klar! Ich müsste einfach nur fünf Zentimeter größer sein (und nicht etwa gesundheitsgefährdend dünn). Aber dann würde ich es rocken. Denn laufen kann ich ja! Geradeaus. Halbwegs. Nicht auf Stöckelschuhen mit megahohen Absätzen und auch nur in Ausnahmefällen im Takt zu schrecklicher Laufstegmusik, aber laufen läuft! Und Gesichtsausdrücke kann ich. Facial Expressions nennt man die heute. Kann ich super, seht her:

Und stehen, so am Ende des Catwalks posieren, kann ich auch. Nicht besonders elegant zwar und eigentlich auch nur sehr widerwillig, aber schaut mal alle her, wie gut die Mirella stehen kann! Und wenn die Heidi mir eine Kurzhaarfrisur schneiden würde, bei allem, was heilig ist auf Erden, ich würde es mit mir machen lassen und mit Fassung tragen. Aber wehe, sie will mir die Haare schwarz färben. Dann würde ich Rotz und Wasser heulen und Heidi müsste große Überzeugungsarbeit leisten, damit ich nicht medienwirksam vor laufender Kamera das Handtuch werfe und für meine Selbstbestimmungsrechte einstehe, jawohl!

Auch mit einundzwanzig anderen Frauen zusammenleben und das Herz eines Mannes erobern … Easy! Kein Problem für mich, bin doch Dating-Profi. Die größte Herausforderung beim Bachelor wäre wahrscheinlich, dass bei all den Kerzen am Set weder meine Haare noch mein Kleid in Flammen aufgehen. Obwohl, wenn ich so darüber nachdenke … Der Bachelor müsste mich dann ja retten, oder? Er würde mit mir in den Pool springen, alles wäre nass, mein weißes Kleid durchsichtig, es gäbe einen romantischen Kuss, die Hebefigur von Dirty Dancing, des Bachelors Herz brennt nun lichterloh wie noch kurz zuvor mein Kleid … Ihr seht, die Folge schreibt sich wie von allein. Ich wäre eine super Kandidatin. Anfragen bitte an mein Management.

Das tägliche Fernsehprogramm der Privatsender besteht inzwischen größtenteils aus Trash-TV und falschen Emotionen, hat aber einen gewissen, Gemeinschaft stiftenden Sinn. *Das* Medium für die jüngere Generation ist das Fernsehen aber wohl nicht mehr. Auf die erfolgreichen Formate wie GNTM & Co. fahren vielleicht noch viele ab, doch immer mehr Kids kehren dem TV den Rücken und begeben sich ins World Wide Web. Was sie da tun? Sie schauen Werbetrailer, TV-Content – und Trash. Überraschung! Wie viel kosten dein Outfit, dein Auto und deine neuen Lippen? Was ist die angesagteste Challenge, um sich zum Affen zu machen? Welcher Trend ist so heißer Scheiß, dass er nächste Woche schon wieder ausgebrannt sein wird? Wer ist angeblich schwanger, wer prankt wen?

Wo ist da jetzt der Unterschied? Ganz einfach! Im Internet können die Leute selbst entscheiden, *wann* sie *welchen* Trash gucken wollen. Trash on demand. Eine tolle Errungenschaft unserer Zeit. Sonst ist der Unterschied marginal, von Produktionsbedingungen und Budgets einmal abgesehen.

Aber bietet das Netz, bietet YouTube nur Trash? Natürlich nicht. Der Vorteil des Internets, auch gegenüber dem begrenzten Angebot im TV, ist die schier unendliche Vielfalt an Inhalten. Hier findet wirklich jeder alles zu jeder Zeit. Spannend wird es dann, wenn man sich anschaut, welche Nutzergruppen sich eigentlich für welches Online-Angebot, für welche Plattform, für welche sozialen Medien entscheiden und wie sie sich dort verhalten. Schauen wir uns das mal genauer an …

ZEIG MIR, WAS DU POSTEST, UND ICH SAGE DIR, WER DU BIST!

Es gibt für jeden Zweck und jeden Geschmack die passende Social-Media-Plattform. Doch was sagt unsere Plattformwahl und das, was wir dort teilen, über uns aus? Wenn wir uns den Spaß erlauben, einmal das Klischee regieren zu lassen, dann ergeben sich sehr unterhaltsame Profile der typischen Nutzergruppen.

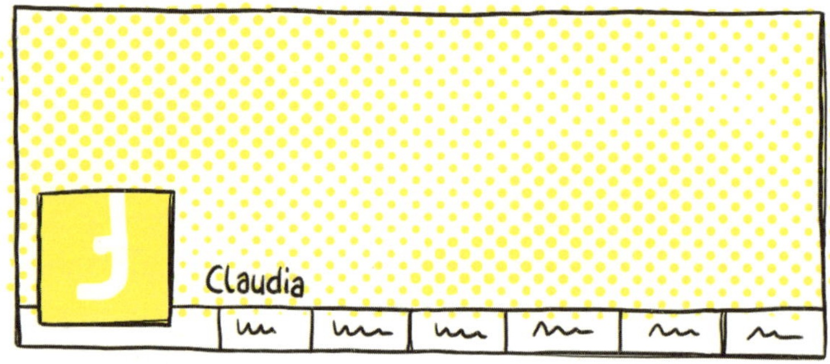

Facebook-Profil von Claudia

- Zweiundvierzig Jahre alt, Mutter von drei Kindern
- postet Bilder von außergewöhnlicher Nailart (an Füßen)
- verschickt Candy-Crush-Einladungen, um endlich Level 2738 freizuschalten
- »Gefällt mir«-Angaben: Lena Meyer-Landrut, HAIReinspaziert Salon Cottbus, Funny Cats Compilation Cute
- kommentiert gerne: Liebe Gabi, zu deinem Geburtstag wünschen ich und Uwe dir nur das Beste! Die Engel beschützen deinen Weg. Liebe Grüße aus dem Schwarzwald von Claudia und Uwe.

Twitter-Profil von Lukas

- Fünfundzwanzig Jahre alt
- Politik- und Literaturwissenschaftsstudent
- liebt Musicals
- gepinnter Tweet: neueste Podcastfolge von seinem humorvollen Politikpodcast, leidlich witzig
- kommentiert gerne: intellektuellen Kram, leidlich witzig

YouTube-Profil von VornameNachname1:

- Dreiundzwanzig Jahre alt (weil bei Anmeldung vor fünf Jahren natürlich genau volljährig, in Wirklichkeit aber erst dreizehn Jahre alt gewesen)

- Videos, die mit »mag ich« bewertet wurden: Yung Hurn – Bianco; 1200 MOST EPIC FORTNITE FAILS; Schlampenlogik (nicht. Hmpf!)
- kommentiert gerne: Du Horenson!!11!1!!!

Instagram-Profil von Selina:

- 19 Jahre alt
- »Person des öffentlichen Lebens«
- Travel x Fitness x Fashion (vor allem, wenn's #werbung ist)
- trinkt gerne Tee
- liebt ihren Hund Benno und ihren Freund Bruno
- alle Bilder sind in Weiß- und Rosétönen gehalten
- kommentiert gerne: inspirational Kram, leidlich inspirational

Da gibt es also:

- Facebook, das zur Plattform unserer Eltern geworden ist.
- Twitter, der Elite-Partner für User mit Niveau – und größenwahnsinnige Staatsoberhäupter.
- YouTube, wo die allermeisten einfach anonym und still unterwegs sind – oder mit zweifelhaften Rechtschreibkenntnissen trollen.

- Und natürlich Instagram, wo plötzlich jeder irgendwie Influencer und Model geworden ist. Influencer wie Mirella aus der 10A, die plötzlich ein paar Tausend Follower hatte.

Wie reagiert man da? Macht man sich darüber lustig? Gönnt man es Mirella? Freut man sich mit ihr? Oder ist man vielleicht neidisch? Ein ehemaliger Mitschüler hat mir vor ein paar Jahren gesteckt, dass sich relativ viele Leute meiner Jahrgangsstufe über mich und meine Videos lustig gemacht haben, als ich 2013 mit YouTube anfing. Im ersten Moment war ich verletzt. Aber dann fügte besagter ehemaliger Mitschüler hinzu, dass ja mittlerweile alle cool fänden, was ich mache. Das wiederum gab mir zu denken. Braucht man eine bestimmte Anzahl von Likes oder Followern, um cool zu sein? Um es geschafft zu haben? Oder hing der Sinneswandel mit meinen Inhalten zusammen? Fanden die Leute es uncool, dass ich anfangs Schmink-Videos und Haar-Tutorials hochgeladen habe? Oder kamen sie erst bei meinem Anti-Sexismus-Video zur »Schlampenlogik« auf die Idee, dass ich ja erstaunlicherweise doch etwas zu sagen habe? Oder brauche ich etwa dieses Buch hier, um auch von den letzten Zweiflern anerkannt zu werden? Vielleicht bewirkt es aber auch das genaue Gegenteil, weil ich jetzt wie »alle« YouTuber plötzlich ein Buch schreiben muss? Ab wann ist man nicht mehr die naive Kreative mit Realitätsverlust, sondern wird zum Girlboss mit Daseinsberechtigung?

Natürlich fällt jeder von uns, ob bewusst oder unbewusst, ständig Urteile über Menschen. Das geschieht instinktiv und ist bis zu einem gewissen Punkt auch äußerst sinnvoll. Immerhin müssen wir uns in wenigen Augenblicken ein Bild darüber machen, ob derjenige, der uns da gerade gegenübertritt, Freund oder Feind ist, Beute oder Jäger, ob er uns schaden will oder ob wir uns mit ihm beziehungsweise ihr paaren können oder wollen. Woran wir aber auf keinen Fall unser Urteil festmachen sollten, das sind Likes und Follower. Denn die sind für keine der genannten Fragen relevant. Okay, manche machen es vielleicht doch von der Größe der Followerschaft abhängig, ob sie mit jemandem ins Bett gehen wollen oder nicht. (Dabei wissen ja eigentlich alle, dass es nicht auf die »Größe« ankommen sollte.) So banal es klingen mag:

> DER EINZIGE MASSSTAB FÜR UNSER URTEIL ÜBER UNSERE MITMENSCHEN SOLLTE SEIN, WAS SIE IM ECHTEN LEBEN TUN UND SAGEN.

Möglicherweise gerät es aber genau deshalb so schnell in Vergessenheit, weil es so banal ist.

HATE WATCHING

Aber machen wir uns nichts vor, oft genug halten wir uns nicht an unsere guten Vorsätze. Wir urteilen im Netz über Menschen, die wir im echten Leben gar nicht oder kaum kennen. Wir beschäftigen uns mit ihnen, obwohl (oder gerade weil) wir sie ziemlich ätzend finden. Auch ich habe so meine Kandidaten im Internet, die ich mir angucke und deren Weg ich verfolge, obwohl ich alles, was sie tun, kacke finde und sie ein negatives Gefühl in mir auslösen. Dann finde ich diese typische Pose, bei der Person X den Arm immer so komisch hält, das Bein unförmig aufstellt und dabei unheimlich dämlich an der Kamera vorbeigrinst, einfach nur zum Kotzen. (Mag sein, dass es auch von mir so ein Bild mit der exakt gleichen Pose gibt, aber das ist dann natürlich was ganz anderes.) Und was fällt Person X ein, auch noch Werbung auf Instagram zu machen!? Soll die sich doch einen echten Job suchen. Kann nix, ist nix. Klarer Fall von Seele verkauft. Und diese eine da mit den roten Haaren und dem Pony … Das sieht ja total bescheuert aus.

Meistens liegt so harscher Kritik eine handfeste Antipathie zugrunde, die es mir wirklich schwer macht, diese Person unvoreingenommen zu betrachten. Kennen wir wahrscheinlich alle, oder? Ich nenne es Hate Watching. Ich gehe bewusst auf das Profil einer Person, die ich nicht mag, obwohl ich ganz genau weiß: Wenn ich mir das jetzt angucke, dann werde ich vielleicht ein bisschen belustigt und entertained, aber eigentlich werde ich mich schlecht fühlen, weil mich die Art der Person komplett runterzieht.

Warum mache ich es dann? Ich glaube, dahinter steckt ein paradoxer Mechanismus, um Bestätigung für meine aktuelle Situation zu finden. Je nachdem, wie ich mich gerade fühle, finde ich entweder ziemlich gut, was ich mache, oder ich bin verunsichert. Nichts Ungewöhnliches. Mal bin ich eher selbstbewusst und stolz auf mich, mal unsicher und ängstlich. Unsicherheiten haben interessanterweise dasselbe Bedürfnis wie Selbstbewusstsein: Sie suchen nach Bestätigung und können es nicht leiden, entkräftet zu werden.

Da wird sich auf alles Mögliche gestürzt, um »Hab ich dir doch gesagt!« rufen zu können. Der Selbstbewusste deutet die Welt um sich herum als Bestätigung seines Tuns. Der Unsichere leider auch. Hate Watching kann beide Seiten triggern.

Da arbeite ich zum Beispiel gerade an einem Projekt und frage mich immer wieder, ob das Thema überhaupt relevant ist und ob das, was ich hier tue, Sinn ergibt. Wenn ich dann auf ein Profil gehe, auf dem jemand den belanglosesten Quatsch von sich gibt und trotzdem ganz gut durchs Leben kommt, kann das zwei sehr unterschiedliche Reaktionen in mir auslösen. Die selbstsichere: »Okay, wenn der das hinkriegt, wird's bei mir schon laufen.« Die unsichere (und leider häufigere): »Das kann doch nicht sein, dass der mit seinem Mist so erfolgreich ist. Ist die Menschheit komplett verblödet? Was mach ich hier überhaupt? Da kann ich's auch gleich ganz lassen.«

Noch ein Beispiel gefällig? Da fühle ich mich gerade unwohl mit meinem Aussehen, mein Selbstbewusstsein ist nur noch so klein mit Hut. Dann versuche ich mich entweder besser zu fühlen, indem ich meine Unzufriedenheit auf andere projiziere und mich über deren Einsatz von Facetune und Photoshop aufrege, als wären die jetzt schuld an meiner schlechten Laune. Oder die Unsicherheit hüpft fröhlich auf und ab und zeigt auf Profile von unrealistisch schönen Frauen, die ihr vermeintlich recht geben. »Wow, die sieht so aus wie du, nur in hübscher!«, ruft sie mir dann zu. »Kein Wunder, dass die erfolgreicher ist! Du bist halt auch fett geworden.«

Beim Hate Watching suche ich also aktiv den ungesunden Vergleich mit Leuten, mit denen ich eigentlich gar nicht verglichen werden will. Wieso sollte ich mir für meine Projekte denn Vorbilder suchen, die nur Blödsinn machen? Oder mich von Typen verunsichern lassen, die nicht den gleichen Anspruch an ihre Inhalte haben wie ich? Wieso sollte ich mich optisch mit anderen vergleichen, die mir eigentlich unnatürlich und gefacetuned vorkommen, statt mich mit mir selbst auszusöhnen? Wieso suche ich überhaupt einen Vergleich? Wieso kehre ich nicht zu mir zurück?

Bei so einer Runde Instagram kann das Selbstbewusstsein schon mal in den Keller rauschen. Aber es ist eine willkommene Flucht aus der Realität. Denn Realität hieße in dem Moment: Sei dein eigener Maßstab! Vergleiche dich nicht mit anderen, sondern werde deinen eigenen Ansprüchen gerecht! Und das ist viel schwieriger, als sich über andere zu stellen oder sich von ihnen runterziehen zu lassen. Aber drei Dinge in drei Schritten haben mir geholfen.

ERKENNEN. ENTSPANNEN. ENTRÜMPELN.

Erkennen: Zunächst habe ich dem Ganzen einen Namen gegeben – Hate Watching – und mir klargemacht, welchem Mechanismus es folgt und welchen Zweck es erfüllt. Dass es mich dazu verleitet, ungesunde Vergleiche zu ziehen, bei denen ich nur verlieren kann. Entweder wird mein Selbstbewusstsein dadurch gepusht, dass ich mich über andere definiere, indem ich mich von ihnen abgrenze und mich über sie erhebe. Völlig unsinnig und kontraproduktiv, immerhin mache ich mich damit hochgradig abhängig.

Oder aber meine Unsicherheit wird geschürt, indem ich mich mit Leuten messe, die gar kein Maßstab für mich sind. Was ebenso unsinnig ist, weil mich das in keiner Weise anspornt, sondern nur noch mehr runterzieht.

Nachdem ich mir mein Verhalten erst mal ehrlich eingestanden hatte (sonderlich schmeichelhaft ist es ja nicht), konnte ich mich selbst beobachten und beim Hate Watching ertappen.

Entspannen: Im zweiten Schritt galt es, diesem Verhalten etwas entgegenzusetzen. Einfaches Ausblenden konnte bei dem Dauerfeuer an medialen Reizen nicht die Lösung sein. Da es nicht möglich ist, alle Bilder und Inhalte, die mich in meinem Selbstbewusstsein verunsichern, aus der Welt zu verbannen, musste ich etwas an meiner eigenen inneren Einstellung ändern. Also habe ich eine Art Lebensmotto für mich aufgestellt, das mich deutlich entspannter durch den Tag gehen lässt: Kann man mal machen!

Du bekommst jede Woche geile Sneaker umsonst zugeschickt? Kann man mal machen!

Du hast ne fette 110-Quadratmeter-Wohnung in der Kölner Innenstadt mit fünf Balkonen und Domblick? Kann man mal machen!

Du fährst jetzt zwei Wochen in den All-inclusive-Malediven-Urlaub und musst dafür einfach nur ein paar Hashtags unter dein Foto schreiben? Kann man mal machen!

Denn ganz ehrlich: Ich würd's auch tun, wieso sollte ich es dir dann nicht gönnen? Gönnen können ist schwierig. Ja. Vor allem dann, wenn man jemanden unsympathisch findet. Aber Hand aufs Herz, diese negativen Gefühle haben an sich gar nichts mit der anderen Person zu tun. Letztlich haben sie doch vor allem etwas mit mir selbst zu tun. Mit meinem Selbstbewusstsein, meinem Selbstwertgefühl, meiner Selbstliebe. Wenn ich jemandem etwas nicht gönnen kann, liegt das oft an meiner eigenen Unsicherheit beziehungsweise an eigenen Wünschen, die ich mir nicht erfüllen kann, eine andere Person sich aber schon. Doch was kann diese Person denn dafür, dass ich unsicher bin?

Solange mich das Handeln anderer Menschen nicht betrifft, es mich nicht einschränkt, in irgendeiner Form persönlich angreift oder illegal ist, kann ich sie doch einfach machen lassen. Ich würde doch wahrscheinlich auch nicht Nein sagen zu den VIP-Tickets fürs Choachella inklusive Meet & Greet, wieso sollten es dann andere tun?

Das Ergebnis meines neuen Lebensmottos war, dass mir eine große Last von den Schultern fiel: Ich muss nicht über Leute, mit denen ich keinerlei Berührungspunkte habe, richten und urteilen. Ich habe nicht die Verantwortung, etwas gut oder schlecht finden zu müssen. Ich habe nicht die Verantwortung, mich mit wildfremden Leuten beschäftigen zu müssen. Ich habe doch schon genug mit mir selbst zu tun!

Nur wenn ich bereit bin, andere ihr Leben so leben zu lassen, wie sie es für richtig halten – immer unter der Prämisse, dass niemand dadurch zu Schaden kommt oder aktiv benachteiligt wird –, habe ich andersherum auch das Recht, diese Haltung mir gegenüber einzufordern. Dann kann ich aus meinem Verhalten die Konsequenz ableiten, selbst so behandelt werden zu wollen. Nur dann kann ich erwarten, dass die Mirella aus der 10A die Props dafür bekommt, so viel Arsch in der Hose gehabt zu haben, ihre sechs Frisuren ins Netz zu stellen. Waren nämlich super Frisuren und nebenbei der Beginn von etwas richtig Gutem.

Wenn ich aber niemandem etwas gönne, kann ich auch nicht verlangen, dass meine Erfolge beklatscht werden. »Was du nicht willst, das man dir tu, das füg auch keinem andern zu.« Oder etwas weniger altmodisch und vor allem positiv ausgedrückt: Gönn dir, denn ich gönn mir auch.

Mir meine Wünsche zu erfüllen, liegt in meiner eigenen Verantwortung. Wieso sollte ich meine Energie darauf verschwenden, andere zu beneiden, wenn sie auch nur ihrer eigenen Verantwortung nachgehen und sich selbst ihre Wünsche erfüllen?

Das alles bedeutet aber nicht, dass ich mich nur noch entspannt zurücklehne und nicht mehr hinterfrage, was ich sehe. Alles nur aus einem falsch verstandenen Supportgedanken heraus zu bejahen und für gut zu befinden, wäre ziemlich naiv. Im Netz gibt es so vieles, das ich bedenklich finde und nicht unterstützen möchte. Andere Leute ebenso wie sich selbst zu hinterfragen und Internetinhalte einem kritischen Realitätscheck zu unterziehen, ist extrem wichtig. Deshalb spreche ich mich auch ganz offen gegen gewisse Trends und Strömungen aus. Aber um ein Thema rational anzugehen, muss ich es von negativen Gefühlen trennen, die einzelne Personen und Profile in mir auslösen können. Neid, Missgunst und Eifersucht vergiften *meine* Gedanken und machen mich zum Opfer von etwas, auf das ich wenig Einfluss habe. Das Verhalten der anderen werde ich dadurch nur schwerlich ändern können. Mein eigenes hingegen habe ich in der Hand.

Beispiele dafür, wie negative Gefühle unseren Blick für die Zusammenhänge und Hintergründe verstellen, lassen sich an jeder Ecke finden. Ihr kennt das sicher: Irgendwie fühlt ihr euch ein bisschen alleingelassen und kommt auf die Idee, anderen via Social Media dabei zuzusehen, wie es ihnen besser geht als euch. Ich kann mich davon selbst nicht freisprechen. Dann stelle ich mir vor, dass diese Person auf meinem Bildschirm bestimmt ein tolles Leben hat. Dass sie sich bestimmt nie so niedergeschlagen fühlt wie ich mich gerade. Aber geht es mir dadurch besser? Kein bisschen.

In einem konkreten Fall habe ich die betreffende Person kurz darauf getroffen und sie hat mir erzählt, dass sie in der vergangenen Woche total einsam gewesen und es ihr nicht gut gegangen sei. Ich dachte, mein Schwein pfeift. Ihr Leben war also tatsächlich gar nicht so perfekt wie auf Social Media?! Sie fühlte sich trotz Tausender Follower einsam? Starkes Stück! Und wie bescheuert von mir, darauf reinzufallen. Ich müsste doch eigentlich aus erster Hand wissen:

DAS, WAS ICH POSTE,
IST NICHT ALLES, WAS ICH BIN.

Der Tag hat vierundzwanzig Stunden und ich poste davon vielleicht ein bis zwei Minuten in meiner Instagram-Story. Wahrscheinlich rein zufällig die ein bis zwei Minuten, in denen ich mich nicht auf der Couch zusammenrolle und meinen Weltschmerz zelebriere. Das kann natürlich niemals ein umfassendes Bild ergeben. Trotzdem lasse selbst ich mich immer wieder nur zu bereitwillig von der angeblichen Realität blenden, die mir das Internet vorgaukelt. Und ich lasse es sogar zu, dass ich mich mit dieser Illusion vergleiche, dabei den Kürzeren ziehe und dann enttäuscht bin. Wie absurd!

Um dem zu entgehen, muss ich bei mir selbst anfangen. Statt mich damit abzulenken, fremde Menschen für mein Unglück zu verteufeln oder ihnen ihr Glück zu neiden, sollte ich mich lieber selbst um mein Glück kümmern. »Kann man mal machen« gilt nämlich genauso für mich. Mir meine Freiheit und Handlungsfähigkeit zu rauben, indem ich in Trübsal und unerreichbaren Vergleichen verharre, wird mich niemals zufriedener machen. Schließlich weiß ich doch nur zu gut, dass auf Instagram einfach alles nur eitel Sonnenschein ist und es quasi nie einen Regentag gibt. Und selbst wenn, dann hat man eben zufällig den perfekten Schirm dabei und die stylischen Gummistiefel, die Fashion und Understatement zugleich sind, und die Haare liegen trotz Luftfeuchtigkeit 3000 perfekt. Die Avocado-Brötchen wirken viel krosser und die Avocados viel reifer als alles, was ich jemals gegessen habe. Der Kaffee sieht aus, als ob der Barista ihn hingebungsvoll gemalt hätte – und war mit Sicherheit längst kalt, als das perfekte Bild geschossen wurde. Der Himmel ist blauer, die Wolken sind rosaner, als die Natur es je ohne Photoshop hinkriegen würde (#nofilter, klar).

Poren? Falten? Speck? Auf Instagram? Ich bitte euch, wir sind hier doch nicht bei Frauentausch! Es scheint so, als hätte das Internet eine Parallelwelt zu all dem Trash und Rotz aufgebaut, den das TV hervorbringt. Auf Instagram & Co. haben wir das vollkommene Leben. Alle sehen super aus, alle verhalten sich korrekt, alle sind mega healthy, alle sind #blessed.

Ganz anders das Fernsehen mit seinen übertrieben »authentischen« Momenten, die die Schmerzgrenze des Realismus (und des guten Geschmacks) mit Füßen treten. Ich will keine kotzenden Promis, nein, ich korrigiere: Ich will keine kotzenden Menschen sehen!

Nun kann ich mich entweder von den Gefühlen, die hierdurch in mir ausgelöst werden, durchschütteln lassen und mich dem Anblick hilflos ausliefern. Oder ich denke mir: Entspann dich mal, Mirella. Malediven, Dschungelcamp? Kann man alles mal machen.

Hat aber nichts mit mir zu tun. So distanziere ich mich emotional und habe wieder Kapazitäten, um mich zu fragen, wie das eigentlich funktioniert und warum überhaupt. Denn das ist es ja, was ich möchte: verstehen, was vor sich geht, wenn ich solche Bilder sehe, und wieso ich darauf reagiere. Ich möchte wissen, wieso ich auf der einen Plattform auf das eine Extrem anspringe und auf der anderen auf das genaue Gegenteil. Immerhin sitze ich mittendrin.

Brauchen diese beiden Seiten einander? Bedingen sie sich gegenseitig wie eine Art Pendel, das uns von rechts nach links schwanken lässt, bis wir hypnotisiert vor dem TV oder Smartphone sitzen? Erst sehe ich mir eine Sendung an, durch die ich mich besser fühle, weil ich mich über andere stellen kann: So hässlich wie die eine und so dumm wie die andere da bin ich nicht. Und danach gehe ich direkt auf Instagram und lasse mich wieder so richtig schön runterziehen von der Makellosigkeit angeblicher Schnappschüsse, die mir suggerieren, hier würden ganz normale Menschen ihr ganz normales Alltagsleben zeigen, das für mich doch bitte easy zu erreichen sein sollte. Aber mein Spiegelbild sagt mir was anderes. Das sagt mir nämlich: »Scheiße Mirella, du hast Poren. Das ist ein Problem. So wird das nix!«

Also zurück zum Ekel und zur Fremdscham, um zu vergessen, dass noch vor fünf Minuten Poren mein größtes Problem waren. Denn die Leute da im TV, die haben nicht nur Poren, die haben auch Übergewicht und einen Krokodilpenis im Mund. Ha!

Wenn wir Glück haben, wird uns dieses Hin und Her nicht aus der Bahn werfen.

Andernfalls ist die Existenz unserer Poren unser kleinstes Problem. Denn diese Extreme machen etwas mit uns. Sie machen uns unausgeglichen und auf die Dauer unglücklich. Nicht der Typ, der euch versetzt hat. Nicht die beste Freundin, die sich nicht mehr meldet. Nicht der rücksichtslose Chef oder die vergeigte Prüfung. Nein. Datenströme und Übertragungen einer gefakten Realität machen uns unglücklich.

Ein einfaches »Kann man mal machen« nimmt mir den Druck, mich mit diesen Abbildern fremder Menschen auf kalten Bildschirmen messen zu müssen. Es macht mich entspannter, weil ich die anderen ihr Ding machen lassen kann und stattdessen zu mir selbst zurückkehre. Denn will ich das, was ich bei anderen sehe, überhaupt für mich? Brauche ich das? Klar, wäre schon nett (bis auf den Krokodilpenis natürlich), aber ist es wichtig für mein ganz persönliches Wohlbefinden? Wenn ich ehrlich bin: Nein, eigentlich nicht.

Zu mir zurückgekehrt, bekomme ich die Kontrolle zurück und kann Platz schaffen für den dritten und letzten Schritt …

Entrümpeln! Wir können es auch Medien-Hygiene nennen. Hier geht es um rigoroses Ausmisten und einen bewussten Umgang mit Medien, um die Inhalte zu konsumieren und damit zu fördern, die einem guttun, und diejenigen nicht mehr anzuklicken und damit zu reduzieren, die einen unglücklich machen.

FOLGT PROFILEN, SEITEN UND KANÄLEN, DIE EUER LEBEN BEREICHERN UND EUCH INSPIRIEREN!

Alle anderen schmeißt einfach raus. Es gibt sie nämlich, die authentischen Menschen, die ein gutes Gefühl bei uns hinterlassen. Die beweisen, dass es kein Widerspruch sein muss, schöne Fotos von sich zu zeigen und trotzdem etwas zu sagen zu haben. Die witzig und unterhaltsam sind. Die neue Sichtweisen eröffnen können. Die all ihre kleinen Flaws und Fehler und Unsicherheiten nicht zu verstecken versuchen. Die ihre Reichweite nutzen, um wichtige Themen anzusprechen, ohne mit dem erhobenen Zeigefinger daherzukommen. Denn sind wir doch mal ehrlich: Selbst durch und durch unterstützungswürdigen Gedanken wie gesunder Ernährung, bewusstem Konsum, Nachhaltigkeit, Fair Trade, Feminismus und so weiter hilft es kein Stück weiter, wenn sie mit elitärem Gebaren vermittelt werden und man das Gefühl bekommt, erst mal Mitglied in einem exklusiven Club werden zu müssen, in dem jeder Verstoß gegen die ungeschriebenen Gesetze mit Missachtung geahndet wird.

Sucht euch authentische Inhalte, egal ob im Web oder im TV. Selbst die privaten Fernsehsender schaffen es mit einem Format wie Shopping Queen unterhaltsam, cringy und lustig zu sein, aber eben nicht auf Kosten anderer, sondern auf charmant-ironische Weise.

Welche Inhalte sich im Netz verbreiten und welche Sendungen produziert werden, hat nichts mit übersinnlichen Prozessen oder Zufall zu tun. Die Sendeanstalten werten Quoten aus und im Netz zählen Aufrufe. Zugegeben, auf die Sendepläne können wir keinen unmittelbaren Einfluss ausüben, weil das Fernsehen ein vergleichsweise langsames Medium ist. Aber unsere Interaktionen im Web steuern unsere eigene Bubble von morgen.

Wenn ich auf Fake News klicke, diese sogar verbreite, mir reißerische Artikel durchlese, wenn ich mir YouTube-Videos ansehe, die ich eigentlich total kacke finde, aber draufgeklickt oder sogar einen Kommentar hinterlassen habe, in dem ich mich vielleicht einfach nur darüber aufrege, wieso ich diesen Mist gerade gucken musste, wenn ich ein Facebook-Posting anschaue, teile, like, kommentiere, all das hat eine Auswirkung. Wenn ich dem Algorithmus beibringe, dass ich auf so etwas reagiere, dann werden mir genau diese Dinge weiterhin angezeigt.

Also sollten wir bewusst und aktiv anfangen, dem Algorithmus etwas Neues beizubringen, indem wir nicht mehr auf Mist reagieren. Medien-Hygiene halt. In meine Wohnung lasse ich ja auch nicht jeden, der klingelt.

Ein Beispiel gefällig? Ich öffne den Browser auf einer x-beliebigen Seite. Es ist – von digitalem Totalverzicht abgesehen – so gut wie unmöglich, der Werbung für ein Paar Schuhe zu entgehen, das ich mir vor Wochen mal im Netz angesehen habe. Völlig egal, ob ich die Schuhe gekauft habe oder nicht. Da flüstert es von den Bannern auf jeder Website, ob ich mir denn auch wirklich sicher sei, dass ich die Schuhe nicht brauche. Oder vielleicht noch ein zweites Paar? Wenn das System wenigstens so klug wäre, mir nicht immer wieder die Esszimmerstühle vorzuschlagen, die ich schon seit Monaten zu Hause stehen habe, sondern zu versuchen, mir den passenden Tisch schmackhaft zu machen! Aber nein, ich soll wohl hundert von diesen Stühlen kaufen und mir zusammen mit einem Dutzend Toilettensitzen ein Haus daraus bauen.

Besonders verzwickt wird es, wenn ich mir nicht mal selbst irgendeinen Quatsch angeguckt habe, sondern Freunde mich verlinken. Da ist es schon wieder, dieses eine Facebook-Video, das mich seit einer halben Ewigkeit verfolgt. Es ist nicht mehr normal, wie oft es mir zugeschickt oder vorgeschlagen wurde. Dieses Werbevideo, das ein unverzichtbares Tool zum Ablecken seiner eigenen Katze anpreist. Ja, richtig gelesen, ablecken! Danke, dass ich für euch alle längst die verrückte Katzenlady bin, aber hier ist echt eine Grenze. Ich möchte meine Katze wirklich nicht ablecken und ich möchte auch nicht unter Videos verlinkt werden, in denen so etwas zu sehen ist. Denn das Internet vergisst nicht! Es verknüpft Mirella mit Katzen und sofort kommt noch mehr verrückter Katzenlady-Content. Und zu dem Katzen-Leck-Tool werden mir natürlich wieder Toilettensitze vorgeschlagen. Diese Kombination gibt mir allerdings überhaupt kein gutes Gefühl. Ich möchte das nicht in meinem Feed haben! Also schnell irgendwas anderes anklicken. Von einem Video zum nächsten geht die wilde Fahrt und wie beim Rabbit Hole versinke ich immer tiefer und tiefer im schwarzen Loch des Internets.

Wenn ich Facebook dann irgendwann komplett durchgespielt und jeden sexistischen, rassistischen, Katzen- und Hundecontent gesehen habe, gehe ich rüber auf Instagram, ziehe mir ein paar mäßig motivierte Teewerbungen rein, danach Twitter, Welt steht noch, kurz WhatsApp beantworten, oder ach, doch nicht, hat eh keiner geschrieben, und oh! Was ist denn in der Zwischenzeit eigentlich auf Facebook passiert? Überraschung: gar nichts! Aber wenn ich gerade schon mal dabei bin, wie ist es denn in den letzten fünf Minuten meinen liebsten Hate-Watch-Kandidaten ergangen? Haben sie schon ein neues, selten dämliches Placement in denkbar unangemessener Umgebung gemacht? Uhren auf Babys/Hunden/Essen? Carb Blocker als die »Pille davor« für unbeschwerten Burgergenuss ohne schlechtes Gewissen? Suchspielchen, bei denen man nicht weiß, um welches Produkt es eigentlich geht, da dort einfach nur #Werbung steht? Brabbeln sie wieder Belanglosigkeiten in ihrer Insta-Story? Nein? Okay, dann müssen die YouTube-Trends herhalten. Dort sind eh die Top-Videos zu finden, die es schaffen, mit unterirdisch geringem Inhalt unglaublich viele Klicks zu generieren. (Ausnahmen bestätigen die Regel.) Eine inspirierende Leistung, die mich sicher total anspornen wird! Sprich: Ein Klick mehr von jedem, der das ebenso kritisch sieht, sich das Video dann aber trotzdem anguckt, und schon wissen wir, warum etwas auf Platz 1 ist.

Ein Teufelskreis, den ich automatisiertes Nichtstun nenne. Ich habe zwar ein unglaublich smartes Phone in der Hand, aber mein Gehirn ist eigentlich afk, und ehe ich vom Smartphone wieder ins Real Life blicke, ist der Tag auch schon vorbei.

Die andere Möglichkeit, das Internet zu nutzen, hieße a) zu erkennen, wie meine Verhaltensmuster aufgebaut sind und wodurch sie getriggert werden, mich dann b) zu entspannen und nicht alles persönlich zu nehmen, um damit den Weg frei zu machen für c) ein bewusstes Entrümpeln sämtlicher Profile, um aus dem Internet den Ort zu machen, auf den ich Bock habe, der mich inspiriert, der mir Spaß macht und wo ich gerne hingehe. Weg von dem Ort, der mich bei jedem Besuch gefühlt mindestens zehn IQ-Punkte kostet, der mein Selbstbewusstsein in ein dunkles Kellerloch sperrt und mich dazu bringt, die Menschheit infrage zu stellen.

Aber dafür muss aufgeräumt werden. Denn wenn wir das Internet oder irgendwelche Medienanstalten für uns entscheiden lassen, was wir sehen und was nicht, dann enden wir bei der sicheren Überzeugung, dass die Welt untergehen wird, weil zwei idiotische Machthaber via Twitter einen virtuellen Schwanzvergleich in Sachen »Atombombenknopf-Größe« ausrufen. Donalds Twitter-Account ist nämlich deutlich größer (noch so ein Vergleich) und damit in puncto Algorithmus-Denke deutlich relevanter als zum Beispiel meiner, weshalb die Chance, dort zu landen, entsprechend hoch ist. Läuft zwar bei Donny und ist ja auch wichtig, das im Auge zu behalten. Aber aus eigener Erfahrung empfehle ich, ein regelmäßiges Kontrastprogramm in Form von positiven und inspirierenden Inhalten in den eigenen Alltag zu integrieren.

Euer 3-Punkte-Plan **(Erkennen – Entspannen – Entrümpeln)** für ein entspannteres Leben mit den Medien könnte also so aussehen:

1. Hate Watching als solches erkennen und euch bewusst werden, was ihr da gerade tut und warum.
2. Lasst die Sachen nicht zu nah an euch heran. Sonst gebt ihr ihnen die Macht, euch persönlich zu treffen, obwohl sie euch eigentlich gar nicht *be*treffen. Lasst die Leute ihr Ding machen und macht euer eigenes.
3. Medien-Hygiene! Folgt und interagiert mit den Inhalten, die euch ein gutes Gefühl vermitteln. Sucht euch Content, der euch inspiriert. Entfolgt den Leuten, die ihr eigentlich nicht in eurem Leben und eurer Timeline haben wollt, die ihr unauthentisch findet, die euch nerven, die euch runterziehen, die euch aggressiv machen! Also, außer mir natürlich. Folgt mir bitte alle @mirellativegal, denn ich … ich … also … Nein, Quatsch. Wenn es sein muss, ich würde es auf mich nehmen. Wenn es euch dadurch besser geht, dass ihr mir entfolgt, dann ist das okay. Ihr habt euch ja immerhin dieses Buch gekauft, da drücke ich gerne mal ein Auge zu.

Erzieht euren Newsfeed. Nehmt die Medien, die ihr konsumiert, wieder selbst in die Hand. Eure Feeds und Vorschläge sind nur das Resultat eurer eigenen Suchhistorie. Und die könnt ihr verändern. Klickt das, was ihr nicht sehen wollt, auch nicht an. Zeigt dem Algorithmus stattdessen, was ihr mögt, indem ihr damit interagiert. Schon bald wird euch immer mehr davon vorgeschlagen.

Damit ihr leichter herausfindet, was in euren Feed soll und was nicht, gibt es einen kleinen Trick: Erstellt Trigger-Listen. Und zwar eine negative und eine positive Liste. Im Anhang findet ihr ein Beispiel, wie so etwas aussehen könnte. Notiert auf der einen, welche Dinge euch runterziehen. Was an dieser Person, dieser Sache, diesem Ort löst negative Gefühle aus? Die andere Liste ist für alles, was euch ein gutes Gefühl gibt, für Dinge also, die euch beim Anschauen oder Lesen inspiriert haben. Versucht das, was auf der Negativliste steht, seltener und das, was auf der Positivliste steht, öfter zu konsumieren. Euer Algorithmus wird es bemerken und lernen. Denn eigentlich seid ihr der Algorithmus.

Ich weiß, wie schwierig dieses »Umerziehen« sein kann. Ich ertappe mich selbst oft genug dabei, mich nicht an meine klugen Vorsätze zu halten, wenn Sensationsgeilheit und Neugier überwiegen und ich mir doch das bescheuerte Video ansehe, über das sich alle aufregen. Dabei entspannt zu bleiben und dem anderen den Applaus für Scheiße zu gönnen, ist kaum möglich. Aber es ist schon viel gewonnen, wenn ihr euch den Mechanismus dahinter bewusst macht und den Inhalt kritisch hinterfragen könnt, ohne euch persönlich die Laune verhageln zu lassen.

Natürlich ist es ein zweischneidiges Schwert: Auf der einen Seite wollen wir Mist weder verbreiten noch fördern, indem wir ihm Aufmerksamkeit schenken. Auf der anderen Seite aber wollen wir informiert sein und klicken deshalb auf gewisse Artikel, Videos oder Sendungen, warnen vielleicht sogar davor, locken damit wiederum andere an und drehen die Spirale auf diese Weise noch ein bisschen weiter. Denn dem Algorithmus ist es wahrscheinlich ziemlich egal, ob ihr einen Daumen hoch oder runter vergebt und ob ihr in den Kommentaren etwas Positives oder Negatives schreibt. Und piepschnurzegal ist es ihm, ob ihr euch auf eurem heimischen Sofa aufregt, solange ihr die Sendung trotzdem weiterlaufen lasst. Interaktion ist und bleibt Interaktion und wird als solche registriert.

Diese Krux werden wir nicht lösen können. Aber macht euch immer bewusster, dass ihr euren Medienkonsum selbst in der Hand habt. Reflektiert eure Beweggründe und Motivationen. Wägt ab, was ihr teilt und kommentiert. Und hört auf keinen Fall auf, eure kritische Meinung kundzutun. Eine rein positive Bubble, in der alles wunderbar ist, wird der Komplexität unserer Welt nicht gerecht. Hauptsache, ihr behaltet dabei im Hinterkopf, was seit Jahrzehnten als geflügeltes Wort durchs Showbiz geistert: Es gibt keine schlechte Publicity. Mit jeder Interaktion macht ihr Werbung für diesen Artikel, dieses Video und jenen Post. Ob ihr das wollt oder nicht.

Doch manchen Unsinn kann man eben nicht einfach so stehen lassen. Davon, dass ich die Augen verschließe und mich singend im Kreis drehe, geht er nicht weg. Deshalb habe ich in einigen Fällen abgewogen und entschieden, dass mein Anliegen wichtig genug ist, um die Begleiterscheinungen – Aufmerksamkeit für den Unsinn – in Kauf zu nehmen. Von einem solchen Fall möchte ich euch im nächsten Kapitel erzählen.

DIE LOGIK DER SCHLAMPEN

Im September 2016 stolperte ich auf Facebook über ein Video, das mir erklären wollte, ab wann eine Frau in einer Flirtsituation eine Schlampe sei. Die Botschaft: Wenn eine Frau vermeintlich aufreizende Bilder an einen Mann schickt, dann aber Nein zu einem tatsächlichen sexuellen Akt oder zu konkreten Annäherungsversuchen sagt, ist sie eine Schlampe. Logisch, oder?

Zur eigentlichen Pointe komme ich später, aber setzt euch lieber schon mal hin und schnallt euch an. Der Witz wird euch vom Sessel hauen!

Vorher noch kurz zu meiner Reaktion. Der Clip machte mich so wütend, dass ich ihn nicht unkommentiert lassen wollte. Also habe ich mit einem eigenen Video zur »Schlampenlogik« darauf reagiert und meinem Ärger Luft gemacht. Dieses Video ist heute das erfolgreichste auf meinem Kanal. Es hat sogar die deepe Message hinter meinen sechs Haarfrisuren vom Thron gestoßen. Die Mirella aus der 10A kann also nicht nur flechten (ich dachte damals noch, es hieße »pflechten« – was für eine Entwicklung), sondern auch Sexismus erklären!

Für die »Schlampenlogik« erhielt ich sehr viel Zuspruch, zahlreiche Kommentare und mit großem Abstand die meisten Daumen nach oben. Mein Video kam zu einer Zeit, in der zwar schon viel über das Thema Sexismus gesprochen wurde, die Debatte in YouTube-Deutschland aber noch nicht so richtig angekommen war. Vielleicht fehlte anderen der Mut oder auch einfach die Plattform, um viele Menschen zu erreichen. Bei mir traf ein einigermaßen dickes Fell auf eine ordentliche Portion Genervtheit angesichts der ganzen Scheiße – und ich hatte die Möglichkeit, mir Gehör zu verschaffen und somit vielen Menschen aus der Seele zu sprechen.

Doch all den positiven Reaktionen zum Trotz: Die Hate-Welle blieb natürlich nicht aus. Man solle mich verbrennen, da ich wegen meiner roten Haare eh eine Hexe sei. Kreative Inzucht-Empfehlungen folgten (wobei mir nicht klar ist, inwiefern Oralsex mit einem nahen Familienmitglied etwas ändern würde), auch Ratschläge zu häufigerem, härterem und erniedrigendem Geschlechtsverkehr ließen nicht lange auf sich warten.

Die Erklärung? Weil Feministinnen generell nie Sex haben und deswegen immer so unentspannt sind. Als Feministin bin ich übrigens auch automatisch lesbisch. Aber ist der Gang Bang mit möglichst vielen Männern dann überhaupt zielführend? Ich komm da einfach nicht mehr mit .... Entscheidet euch doch mal bitte! Außerdem sei ich selbst eine Schlampe, weil ich mich ja im Internet zeige. Muss man wissen. Der häufigste Vorwurf aber war, dass ich den Witz hinter dem Video nicht verstanden hätte und »humorbehindert« sei. Applaus an alle, die »behindert« immer noch als Schimpfwort benutzen.

Und – tatataa – jetzt die versprochene Pointe. Ihr sitzt, oder? Gut. Denn jetzt heißt es festhalten für den absoluten Hammerwitz. Ich erkläre ihn euch aber, weil Witze, die man erst erklären muss, bekanntlich die besten sind. Also Obacht!

Männlein und Weiblein flirten per Handy. Er will ein bisschen mehr von ihr sehen, sie filmt ihr bekleidetes (!) Dekolleté und ihren Hintern in Jeans. Er vermittelt ein wenig den Eindruck, als würde er bei so viel angezogener Haut jeden Moment die Beherrschung verlieren, man kennt das. Entsprechend höflich bittet der Herr um ein Treffen: »Ich komm heut Abend zu dir, ich nimm [sic!] dich so richtig durch!«

Hach ja, welche Frau träumt nicht davon, dass ihr so charmant der Hof gemacht wird? Die Dame aber reagiert anders als erhofft. Statt sich willig die Klamotten vom Leib zu reißen, lehnt sie ab und fragt ihn, ob er sie etwa für eine Schlampe halte. Sie sei noch Jungfrau.

Dramatischer Soundeffekt, *boom*, ungläubig starrt er aufs Display, Hitchcock wäre stolz.

Cut, nächste Szene, wir sehen einen geöffneten Kofferraum, darin die junge Frau, die Klappe wird zugeschlagen. Vor dem Auto unser liebestoller Ehrenmann, Handy am Ohr, der Wagen fährt los, er gibt die Anweisung: »Verbrennt sie im Wald!«

Na, Witz verstanden? Ist das nicht urkomisch? »Verbrennt sie!«, weil sie nicht mit ihm schlafen will, selten so gelacht!

Wenn auch ihr euch von eurem Lachflash erholt habt … Oder braucht ihr noch ein bisschen? Ihr könnt auch kurz das Buch zur

Seite legen und euch so richtig auslachen, ich bleibe so lange hier. Kein Problem. Lasst euch Zeit. Lachen ist ja gesund. Also, seid ihr jetzt so weit? Dann würde ich jetzt weitermachen. Übrigens: Wenn ihr nicht lachen musstet, dann willkommen im Club der Humorbehinderten.

Unabhängig von dem Video und der Message dahinter, dass Frauen lieber nicht Nein sagen sollten, weil sie sonst verbrannt werden, habe ich die Kommentare unter dem Video als geradezu verstörend empfunden. Wahrscheinlich waren sie sogar der eigentliche Auslöser für meine Wut. Denn dieser Typ hat unglaublich viel Zustimmung von seinen Zuschauern bekommen – nicht zuletzt von Frauen: »Solche Weiber sind echt die schlimmsten!«, stand da zum Beispiel. Einige Frauen finden es also schlimm, selbstbewusst und offen mit dem eigenen Körper umzugehen, ihn zu mögen und auch gerne zu zeigen, ein selbstbestimmtes Leben zu führen, eigene Grenzen zu ziehen und diese klar und deutlich zu kommunizieren?

Die Leute beklatschen, dass dieser Typ seine Reichweite im Netz nutzt, um zu verbreiten: Eine Frau, die einem Mann *seiner* Meinung nach Interesse suggeriert, muss darauf auch zwangsläufig Taten folgen lassen – und zwar nicht zu einem von ihr, sondern zu einem von ihm bestimmten Zeitpunkt. Spielt sie mit ihren Reizen, ohne das angebliche Versprechen anschließend einzulösen, ist sie selbst schuld, wenn sie dafür »die Quittung« bekommt. In diesem Fall also eine Entführung im Kofferraum mit anschließender Verbrennung auf einem romantischen kleinen Scheiterhaufen im Wald.

Das ist schlimm. Dass so etwas im 21. Jahrhundert als »Spaß« durchgeht, ist schlimm. Es ist ein gewaltiger Schritt zurück in eine Zeit, als die Wahl der Bekleidung noch eine Rolle bei der juristischen Beurteilung einer Vergewaltigung spielte. Kurzer Rock? Selbst schuld. Tiefer Ausschnitt? Klarer Fall! Wollen wir diese Denkmuster etwa verharmlosen, indem wir Witze darüber machen, dass eine Frau getötet wird, weil sie Nein sagt?

Natürlich sollen Satire und Comedy überspitzen. Das darf auch mal wehtun. It's funny cuz it's true. Und die Meinungsfreiheit ebenso wie die Freiheit der Kunst erlauben es jedem, beinahe jeden Standpunkt zu vertreten. Sie erlauben es aber eben auch mir, das Ganze scheiße zu finden. Denn es geht am Ende ja nicht nur um irgendein Video von irgendeinem Kerl im Internet. Es geht darum, dass seine »humoristisch« verzerrte Form der Realität Zuspruch findet, dass es okay zu sein scheint, so etwas zu veröffentlichen, dass es eine Haltung salonfähig macht, die wir längst überwunden haben sollten. Sein Video rechtfertigt stellvertretend ein Verhalten, bei dem es okay ist, sich einfach zu nehmen, was man will. Es vermittelt ein Weltbild, in dem Frauen den Männern unterlegen sind und ein Nein nicht akzeptiert wird.

Nein zu sagen ist aber ein grundlegendes Recht eines jeden Menschen. Egal, was oder wie viel vorher passiert ist. Der Umstand, dass ich als Frau Brüste habe und mich entscheide, diese nicht zu verstecken, gibt niemandem automatisch die Erlaubnis, an denen spielen zu dürfen. Und wenn ich jemanden dran spielen lasse, so bedeutet das noch lange nicht, dass für den Rest meines Körpers Tag der offenen Tür ist. Vielleicht überlege ich es mir anders. Vielleicht möchte ich nicht weitergehen. Vielleicht gefällt mir aber auch einfach nicht, was mein Gegenüber da macht, und ich verliere die Lust daran. Völlig egal, welche Gründe ich für meine Grenzen habe, es gibt nun mal keine Gesetzmäßigkeit, die mir vorschreibt, dass ich ab X verschickten Bildern von mir in Klamotten oder Y Bildern ohne Klamotten mit irgendwem ins Bett gehen muss. Möglicherweise habe ich auch bloß Spaß daran, Bilder zu verschicken. Und ich sehe überhaupt nicht ein, wieso ich tolerieren sollte, dass »lustige« kleine Videos, dumme Witzchen und dämliche Stammtisch-Kommentiererei dazu führen, dass da irgendetwas anderes hineininterpretiert wird.

Nun könnte man einwenden, dass die beiden Videos schon wieder zwei Jahre alt sind und sich seitdem extrem viel in der öffentlichen Wahrnehmung getan hat. Die #MeToo-Bewegung fegte regelrecht durch die westliche Welt. Das Thema Sexismus ist so präsent wie noch nie, auch dank der breiten Diskussion im Netz. Insofern sollte mittlerweile auch der letzte Depp verstanden haben, dass Frauen kein Freiwild und nicht allzeit bereit sind. Die Betonung liegt auf »sollte«, denn noch sind wir da nicht angekommen. Es ist gut, dass wir darüber sprechen, auch wenn es einigen bereits auf den Keks zu gehen scheint. Gleichzeitig ist es aber bitter, dass wir immer noch darüber sprechen *müssen*, und das wiederum geht mir ziemlich auf den Keks.

Da sind ja nicht nur ältere Herren wie Harvey Weinstein und Donald Trump mit ihren Ende sechzig, Anfang siebzig, die solche Ideologien leben und nach ihren sexistischen Mindsets handeln. Bei diesen in die Jahre gekommenen Exemplaren könnte man ja sogar noch argumentieren, dass sie in einer anderen Zeit aufgewachsen sind. An deren Weltbild, das sie ihr Leben lang begleitet hat, wird gerade tüchtig gekratzt. Plötzlich regt sich Widerstand und das, was sie all die Jahre praktiziert haben, soll auf einmal nicht mehr in Ordnung sein. Obwohl eine solche Erkenntnis bei Trump angezweifelt werden darf. Aber auch für manch anderen ist die Grenze seiner Denkfähigkeit offenbar erreicht. Bitte nicht missverstehen: Damit will ich keineswegs Täter in Schutz nehmen; ich will nur verstehen, wieso es überhaupt so weit kommen konnte. Darum hier im Namen der Menschheit an all jene, deren veralteter Denkapparat überfordert ist, ein freundliches Willkommen im 21. Jahrhundert! Wir machen inzwischen ein paar Sachen anders. Google it! Oder fragt Oprah um Rat, die kennt sich aus.

Aber welche Ausrede haben denn bitte junge Menschen – Männer und Frauen –, ein dermaßen antiquiertes Rollenverständnis vor sich her zu tragen? Wie kann es sein, dass Jugendliche mit einem sexistischen Frauenbild aufwachsen? Wie kann es sein, dass es noch immer einen Nährboden für solche Ansichten gibt und genug Leute, die sie verbreiten, und weitere Leute, die ihre eigene Scheiße noch mal obendrauf setzen und so Dünger für sexistischen Nährboden liefern? Zwar führen wir diese wichtige Diskussion mittlerweile auf allen Kanälen, doch je mehr wir darüber sprechen und schreiben, desto konzentrierter scheint uns der Bullshit entgegenzuschwappen.

Das kann entmutigend wirken, dürfte aber, rein statistisch gesehen, sogar normal sein.

JE MEHR MENSCHEN SICH ZU EINEM THEMA ÄUSSERN, DESTO GRÖSSER IST DIE CHANCE, DASS IDIOTEN DARUNTER SIND.

Vor allem wenn sich diese Idioten anonym äußern können und keine Konsequenzen zu fürchten haben. Bitte lasst euch davon nicht abschrecken. Wenn ich sehe, was und wie im Netz kommentiert wird, dann wird auch mir ordentlich schlecht. Mir hilft in solchen Situationen immer der Blick auf mein eigenes Umfeld, um zu sehen, dass nicht alle Menschen Idioten sind.

Es ist keineswegs so, dass mir niemand mehr ein Kompliment oder in meiner Gegenwart einen anzüglichen Witz machen darf. Ich kann über politisch nicht ganz korrekte Witze ebenso lachen, wie ich mich über aufrichtige Komplimente freue. Es ist ja die offenbar größte Befürchtung der ach so verunsicherten Kommentatoren, dass man(n) bald gar nichts mehr darf und schon fürs charmante Hofieren (die Definitionen, was darunter zu verstehen ist, gehen allerdings sehr weit auseinander) direkt in den Knast wandert. Spoiler: Einer fremden Person auf der Straße hinterherzubrüllen, anatomische Betrachtungen über ihren Hintern anzustellen und dabei prähistorische Grunzlaute von sich zu geben, ist kein Kompliment – wird aber trotzdem nicht strafrechtlich verfolgt, also bitte keine Hysterie.

Der Generalverdacht wird an jeder Ecke gewittert und mit präventivem Beißreflex bekämpft. Doch wenn ich jemanden für ein Thema sensibilisieren will, bedeutet das noch lange nicht – Überraschung und Trommelwirbel –, dass ich ihn vorverurteile. Damit gewinne ich ja keinen Blumentopf. Deswegen unterstelle ich auch niemandem per se nur aufgrund des Geschlechts lautere oder unlautere Absichten – das wäre nämlich sexistisch. Für mich bedeutet zu sensibilisieren Kommunikation, Austausch, Hinterfragen. Und das setze ich so oft wie möglich und zusammen mit den Menschen in meinem Umfeld um. Zumindest hoffe ich, dass sie sich mir gegenüber nicht nur deswegen anders verhalten, weil ich mittlerweile bekannt dafür bin, dass mir sexistische Kackscheiße auf den Senkel geht. Vielmehr verbringen wir ja in der Regel Zeit mit Menschen, die uns nicht absichtlich verletzen wollen. Da wird dann tatsächlich überlegt, ob der dumme Spruch jetzt angemessen ist oder nicht. Da wird – eine ganz tolle Erfindung! – vor dem Reden nachgedacht und gewünschtes Verhalten vorgelebt. Wenn ich althergebrachte Muster einfach zur Diskussion stelle, sie gemeinsam mit anderen auf ihre Alltagstauglichkeit hin überprüfe, meine eigenen Erfahrungen teile und bei Unsicherheit ein ergebnisoffenes Gespräch anbiete, verliert der große böse Wolf Sexismus viel von seinem Schrecken. Es wäre zu schön, wenn sich ein solches (gelebtes) Mit- statt Gegeneinander durchsetzen würde.

Stattdessen wird das Thema in der öffentlichen Diskussion aber lieber auf eine absurde Meta-Ebene gehoben. Da wird sich echauffiert, dass jetzt alle wieder drüber reden müssen, als ob es nichts Wichtigeres gäbe. Die Debatte wird verwässert und verkompliziert, man hängt sich am Theoretischen auf oder verweist auf andere Probleme in der Welt. Die Frage, was wir alle konkret tun und beitragen könnten, gerät in den Hintergrund, und das richtige, wichtige Thema fängt an, Leute zu nerven. Denn plötzlich hat jeder die einzig richtige Meinung. Außenstehende können auf einmal beurteilen, wie sich Betroffene fühlen oder fühlen sollten. Aus der kleinsten Mücke wird der größte Elefant und der größte Skandal wird zur kleinsten Bagatelle heruntergespielt.

Ich kann verstehen, dass das nervt. Immer wenn ich etwas sage, das auch nur im Entferntesten auf eines der Themen Sexismus oder

Feminismus gemünzt werden kann, ist in den Kommentaren die Hölle los. Die Trolle kommen aus ihren Löchern und pöbeln. Die Relativierer suchen nach sinnvoll klingenden Argumenten, um ihre eigene privilegierte Stellung hinter einem »Ja, aber« zu verstecken. Die Ablenker fangen an, darüber zu diskutieren, ob man sich als Feministin die Achselhaare oder den Intimbereich rasieren darf, ob Make-up okay ist, ob ein großer Ausschnitt okay ist oder ob man sich nicht gleich das Gesicht mit Säure waschen sollte, weil man sonst zu hübsch ist, um die Message glaubwürdig rüberzubringen. Sogar Frauen fühlen sich bemüßigt, eine gewisse Überlegenheit dem Ganzen gegenüber zu demonstrieren, indem sie gehässig auf die »anstrengenden, uncoolen Feministinnen« herabsehen. Weil es ja auch so uncool ist, einen Standpunkt zu vertreten. Weil es ja auch so uncool ist, selbstbestimmt zu leben. Weil es ja auch so uncool ist, über den eigenen Körper zu verfügen. Und weil es ja auch für alle anderen so unglaublich anstrengend ist, wenn einige Frauen einfordern, das machen zu können, was sie wollen – ohne Angst vor sexuellen Übergriffen oder Ausgrenzung haben zu müssen. Wow, ist das uncool!

Klar, dass da nicht jeder spontan Bock bekommt, fröhlich mitzudiskutieren, sondern lieber still bleibt. Aber das Ganze ist leider nicht wie ein lästiger Pickel, der schon irgendwann weggeht, wenn man ihn nur lange genug ignoriert. Es ist eher wie mit Trump: Nach einer Phase der Empörung schwindet die Energie, sich über den Kasper aufzuregen, und man fängt an, ihn einfach so hinzunehmen.

Aber ab hier wird's gefährlich! Bei Trump wissen wir wenigstens, dass er maximal acht Jahre lang das peinliche Aushängeschild der mächtigsten Nation der Erde sein wird. Aber die Ungleichbehandlung von Mann und Frau hat keine natürliche oder gesetzlich festgelegte Halbwertszeit. Die bleibt, wenn wir nicht aktiv werden. Und solange Frauen es nicht prima finden, die Deutungshoheit über sich an jemand anderen abzugeben, solange sie es nicht halbstarken Jungs überlassen wollen zu entscheiden, ob sie Schlampen sind oder nicht, solange sie sich nicht vorschreiben lassen wollen, wann sie den Mund zu halten und wie sie dabei auszusehen haben, so lange sollten wir es auch nicht hinnehmen, wenn all das täglich um uns herum passiert.

Sollten andere Frauen das anders sehen als ich, bitte. Wenn sie damit fein sind, bevormundet zu werden, oder es gar nicht als Bevormundung empfinden – go for it. Ich maße mir nicht an, beurteilen zu können, für welche Frau welche Situation belastend ist.

Aber indem sich Frauen hinstellen und gegen Feminismus wettern, berauben sie andere Frauen der Freiheit, ihr Leben zu ändern. Wenn sie sich selbst nicht betroffen fühlen, dann ist das wunderbar. Das bedeutet aber nicht automatisch, dass auch niemand sonst betroffen ist! Wie kann man bloß so ein egoistisches Arschloch sein? Nur weil einer Person noch nie etwas Schlimmes passiert ist, hat sich gefälligst auch keine andere Frau darüber zu beschweren, dass ihr etwas Schlimmes passiert ist? Nur weil eine Person es schmeichelhaft findet, wenn man ihr auf der Straße hinterherpfeift, müssen sich jetzt alle bitte mal locker machen?

Wie wäre es damit, mal an seine Mitmenschen zu denken und ihnen das Recht auf ein selbstbestimmtes Leben zu lassen? Mit solchen antifeministischen Attacken wird doch suggeriert, dass der Status quo kein Problem darstellt. Dass es okay ist, wenn Männer das Verhalten von Frauen klassifizieren. Dass die Einteilung in »Schlampe/keine Schlampe« in Ordnung ist. (Wobei mich interessieren würde, ob die Frau im Video überhaupt eine Chance gehabt hatte, mit dem Prädikat »keine Schlampe« ausgezeichnet zu werden. Wäre sie auf das Begattungsangebot eingegangen, wäre das Urteil über sie wahrscheinlich nicht viel milder ausgefallen.)

Es geht eben nicht nur darum, was die Person will, die gar nicht betroffen ist. Sondern es geht darum, dass *alle* tun und lassen können, was sie wollen, ohne sich gegenseitig einzuschränken. Und wenn Person X keinen Handlungsbedarf sieht, dann sollte sie doch bitte nicht die Bemühungen jener torpedieren, die sehr wohl einen sehen. Dadurch wird ja keinem was weggenommen! Mir ist völlig egal, ob irgendwer seine Achselhaare gerne rasiert oder nicht, sie epiliert oder waxen lässt oder sich daraus Clip-in-Extensions klöppelt. Solange ich mit denen nicht in Berührung komme und ich selbst entscheiden kann, ob ich meine rauswachsen, lila-blassblau färben oder womöglich gar nicht zum Thema machen möchte, bin ich happy.

Apropos happy, hier ein interessanter Fun Fact in Bezug auf Feminismus: Feministin zu sein impliziert offenbar, dass man entweder homosexuell ist oder ungefickt, im Zweifel einfach beides. Sobald ich das Thema Feminismus auf meinem YouTube-Kanal angesprochen habe, wurde ich in den Augen vieler Leute umgehend bi- oder homosexuell, obwohl ich nie über meine Sexualität gesprochen hatte. Zudem stieg die Sorge um mein Sexualleben sprunghaft an. Zahlreiche User meinten, ich könne unmöglich ausgelastet sein.

Auch hierüber habe ich selbst nie ein Wort verloren. Weil ich es nicht für erwähnenswert halte und es überhaupt nichts zur Sache tut. Nur weil ich für die Gleichberechtigung von Mann und Frau bin, sagt das rein gar nichts darüber aus, mit wem ich gerne mein Leben oder mein Bett teile. *Dass* ich für die Gleichberechtigung von Mann und Frau bin, hat weiterhin auch rein gar nichts damit zu tun, *ob* ich überhaupt mit jemandem mein Bett teile und wenn ja, wie oft, wie heftig oder wie erfüllend. Der sicherlich lieb gemeinte Ratschlag, ich bräuchte nur mal wieder so einen »richtig dicken Schwanz« und müsste einfach mal »hart durchgenommen werden«, zielt da leider in die falsche Richtung. Es wäre wirklich schön, wenn ein Penis die Lösung all meiner Probleme wäre. Dann hätte ich nämlich keine. An einen Penis ist relativ einfach dranzukommen. Gesellschaftliche Probleme haben sich aber dummerweise bislang nur selten wegvögeln lassen. Wäre das eine Option, ich würde sofort mein Fähnchen dafür schwingen. Ich würde sogar mit Freuden einen Pimmel als Wappen akzeptieren, wenn in ihm solch magische Wunderkraft schlummern würde. Ich würde »Penis for President« auf mein Banner schreiben. »Penis für die Welt« statt »Brot für die Welt«, »Penisse ohne Grenzen« statt »Ärzte ohne Grenzen«.

So einfach ist es aber nun mal nicht. Also tut mit euren Penissen bitte dasselbe wie mit euren dummen Kommentaren: Behaltet sie für euch, bis euch jemand explizit bittet, sie sehen zu dürfen. In jedem anderen Fall haben das ungefragte Entblößen des eigenen Geschlechtsteils wie auch das ungefragte Entblößen der eigenen Dummheit nämlich noch nie irgendjemandem geholfen. Danke.

DAFÜR ODER DAGEGEN?

Nach diesem Penisexkurs zurück zum Thema. Innerhalb der Sexismus-Debatte befasst sich die Community erstaunlich oft und ausgiebig mit Kleinigkeiten, es wird Whataboutism betrieben, relativiert, angefeindet und gepöbelt, als wenn's kein Morgen gäbe. Dabei ist es doch völlig sinnlos, sich über Details zu streiten, bevor wir uns nicht auf einen gemeinsamen Nenner geeinigt haben. Und dieser gemeinsame Nenner besteht in der Antwort auf eine ganz simple Frage: Bist du für oder gegen die Gleichstellung von Mann und Frau?

Erst wenn jeder für sich diese Frage klar mit Dafür oder Dagegen beantwortet hat, kann eine Diskussion überhaupt fruchtbar sein. Meine Antwort ist, wen wundert's: Dafür! Alles Weitere ist nur die Konsequenz aus dieser Entscheidung.

Ich habe dieselbe Frage mal auf Twitter gepostet, weil mich wirklich interessierte, welche Antworten ich darauf bekommen werde. Prompt ging genau die Diskussion los, die ich erwartet, aber nicht erhofft hatte. Unterschiedlichste Meinungen wurden kundgetan, obwohl der Tweet doch eigentlich ganz eindeutig formuliert war. Wozu dann das ganze »Ja, aber«? Auf eine Entweder-oder-Frage mit »Aber« zu antworten ist doch nicht besonders zielführend. Vielfach wurde mir dieses Entweder-Oder vorgehalten. Ich fördere damit ein Schwarz-Weiß-Denken, hieß es. Schön, wenn es Schwarz-Weiß-Denken ist, sich für oder gegen die Gleichberechtigung von Frauen und Männern entscheiden zu müssen, dann fördere ich es gerne, denn ich wüsste nicht, was daran schlecht sein sollte.

Lust auf einen Querschnitt durch die Antworten? Kein Problem …

Ein besonders interessanter Beitrag behauptete, die Gleichberechtigung sei zu einhundert Prozent in Deutschland angekommen und ein Ungleichgewicht gebe es nur in muslimischen Ländern. Ich solle aufhören, Probleme zu importieren.

Klar, mein Leben ist zwar ziemlich erfüllt, aber auch ich habe zwischen meinen Minigolf-Turnieren und dem Lasertag manchmal Langeweile, weshalb ich mich in anderen Ländern umschaue und gucke, welche Probleme ich heute importieren könnte. Importhandel Mirella. Könnte lukrativ sein. Vor allem weil es ja, wie jeder weiß, so wenig davon in Deutschland gibt und Sexismus und Ungleichbehandlung ausschließlich in muslimisch geprägten Ländern vorkommen. Die hätten dann ja quasi ein Monopol … Das kann ich nicht gutheißen. Gleiche Probleme für alle!

Die Behauptung ist übrigens noch aus einem anderen Grund grober Unfug. Nicht, weil andere Länder keine Probleme hätten, sondern weil es für die Antwort auf die Frage nach der Gleichberechtigung vollkommen irrelevant ist, auf welches Land man schaut! Selbst angenommen den wünschenswerten Fall, dass wir in Deutschland eine einhundertprozentige Gleichstellung hätten, so wäre es mir doch immer noch ein Dorn im Auge, dass es andernorts nicht so ist. Es kann mir doch nicht reichen, dass es nur *mir* gut geht. Missstände bleiben Missstände. Egal wo.

Und ist es nicht faszinierend, wie diese Trolle es schaffen, in absolut jeder Aussage etwas zu finden, das sie gegen andere Kulturen verwenden können? Denn die irrige Annahme, wir hätten in Deutschland gar kein Sexismus-Problem, impliziert ja sofort das zweite Argument: Nicht nur ich importiere ein Problem, nein, es importiert sich auch selbst ausschließlich durch Zuwanderung. Vor 2015 war hier bei uns in Deutschland nämlich alles Friede, Freude, Eierkuchen und alle hatten sich lieb. Die bösen Flüchtenden, so die beliebte Argumentation in diversen Kommentarspalten, hätten sexuelle Übergriffe überhaupt erst in unser Land gebracht!

Ich weiß nicht, wer von euch schon mal beim Oktoberfest oder auf einem Straßenkarneval war (stellvertretend für viele Arten von brauchtümlichen Veranstaltungen). Aber mir scheint es auch vor

2015 schon gute Tradition gewesen zu sein, Frauen mal so richtig mit Schmackes zwischen die Beine zu greifen, ihnen auf den Hintern zu hauen, sie gegen ihren Willen zu umarmen, zu küssen oder ihnen ungefragt zweifelhafte Komplimente zu machen. Ich selbst war in meiner ersten Karnevalssaison noch keine drei Minuten aus der Tür, als sich das erste Mal eine fremde Hand an mein Gesäß verirrte. Aber selbst bei einem ganz normalen Clubbesuch ist es nichts Neues, dass Frauen an den Po gelangt oder unter den Rock gefasst wird. Neu ist bloß, dass so viel darüber gesprochen wird.

Dreht den Spieß doch mal um, das gibt eine herrlich bizarre Situation. Mirella in einem Club, wanzt sich an einen Mann ran, der ihr gefällt, leckt sich lasziv über die Lippen, legt ihm gönnerhaft die Hand auf die Schulter und fragt: »Na, Hübscher, ganz allein hier?« Der Herr schaut irritiert, schüttelt die Hand ab und entgegnet: »Sorry, kein Interesse.« Was macht Mirella dann? Klar, sie beschimpft ihn als ungebumsten Wichser, den sie ja freiwillig eh niemals anpacken würde. Ha! Nicht. So was kommt doch nicht vor. Wie oft wurde ich hingegen als »Schlampe« bezeichnet, weil ich keinen Bock auf stumpfes Anbaggern hatte!

ES IST NICHT MEIN FEHLER,
KEIN INTERESSE ZU HABEN,
WENN MEIN GEGENÜBER ES
NICHT SCHAFFT, MEIN
INTERESSE ZU WECKEN!

Aber ich muss mich dafür beleidigen lassen und soll mich am besten auch noch schämen gehen. Nö! Sehe ich gar nicht ein!

Ein anderer Beitrag erklärte mir, dass es so pauschal gesehen gar nicht förderlich sei, wenn Männer und Frauen gleichgestellt wären.

Ach so! Na, das ist dann natürlich etwas *völlig* anderes! Hab ich bis jetzt wohl immer falsch verstanden, sorry. Wenn Gleichberechtigung nicht förderlich ist (für was überhaupt? Die Evolution? Die Wirtschaft? Die Kirche? Den Obst- und Gemüsehandel?), dann sollten wir es natürlich bleiben lassen. Braucht man dann ja auch gar nicht weiter drüber zu sprechen. Ist eh nur eine Masche der Industrie, um Frauen, die von Natur aus schlechter bezahlt werden, in die Männerjobs zu locken, damit Gehaltskosten gespart werden können. Und der Staat fördert diese manipulative Umerziehung zum freien Willen nur, damit mehr Frauen den heimischen Herd verlassen, arbeiten gehen und mehr Steuern zahlen. Logisch.

Trick 17 ist auch, den Frauen die Schuld in die Schuhe zu schieben, indem man sich die dumpfbackigste Männerhasserin heraussucht und sie zitiert: »All men are rapists, murderers and abusers.« Zack. Totschlagargument. Weil eine Person nicht mehr alle Tassen im Schrank hat und Feminismus für ihre eigenen, ganz offensichtlich wutgetriebenen und vollkommen realitätsfernen Zwecke missbraucht, steht ihre Aussage prompt per Definition für die *gesamte* Bewegung. Ist klar. Steht so im Internet, muss deswegen stimmen. Ein weises Staatsoberhaupt sagte übrigens mal: »Grab em by the pussy.« Würden, soweit ich weiß, auch nicht unbedingt alle Männer unterschreiben. Es ist zwar unglaublich, aber wahr: Nicht alles, was ein einzelner Mensch wie selbstverständlich behauptet, ist deswegen ein unumstößlicher Fakt, dem alle anderen zustimmen.

Wem jemanden zu zitieren zu simpel ist, der kann natürlich auch Aussagen erfinden oder verdrehen, wie es ihm oder ihr in den Kram passt. So könne ich ja angeblich gar nicht für die Gleichberechtigung von Mann und Frau sein, da ich als Feministin Gewalt gegen Frauen ja als schlimmer ansähe als Gewalt gegen Männer. Abgesehen davon, dass ich Gewalt immer ablehne – ich bin nämlich, welch Überraschung, *für* Gleichberechtigung und *gegen* Gewalt gleichzeitig -, kann ich die Stelle zwischen den vielen (elf!) Wörtern meiner Ausgangsfrage, an der ich etwas über Gewalt gesagt haben soll, einfach nicht entdecken. Insofern ist auch das Argument, dass »eh alle Feministinnen so denken«, sprich Gewalt mit zweierlei Maß messen, vom Tisch. Oder sollte ich etwa die einzige Ausnahme sein, die die Regel bestätigt?

Und wenn alle Argumentationsstricke reißen, dann wird über Begrifflichkeiten gestritten, womit das ganze Thema auf eine Ebene gehievt wird, die mit dem Ausgangspunkt so gut wie nichts mehr zu tun hat.

Aha, schuld an der Ungleichbehandlung von Mann und Frau ist also das Wort »Feminismus«. Wir bräuchten einen neuen Begriff, weil bei den ganzen Strömungen ja keiner mehr weiß, worüber denn jetzt gesprochen würde. Im Ernst? Da können sich Menschen also nicht aktiv für die Gleichstellung von Mann und Frau einsetzen, weil sie die Begrifflichkeit stört? Weil sich einige nicht »Feministin« oder »Feminist« nennen wollen oder weil es Leute gibt, die den Begriff »Feminismus« falsch oder abwertend verwenden? Müssen wir jetzt wirklich noch dreihundert Jahre lang darüber diskutieren, ob wir uns Feministen nennen oder nicht? Oder vielleicht eine weltweite Abstimmung durchführen, um uns für einen neuen Begriff zu entscheiden? Wisst ihr noch, wie schwierig es war, sich innerhalb der Jahrgangsstufe auf ein Abimotto zu einigen?! Machen wir es doch nicht unnötig kompliziert. Als wäre mit einem anderen Wort irgendetwas gewonnen! Ja, der Begriff »Feminismus« ist vorbelastet, aber spielt der Begriff für die Beantwortung der simplen Frage, ob jemand für oder gegen die Gleichberechtigung von Frau und Mann ist, irgendeine Rolle? Ich habe nicht gefragt, ob »Feminismus« eine passende Bezeichnung ist. Ich habe nicht gefragt, ob Gewalt gegen Frauen schlimmer ist als Gewalt gegen Männer. Ich habe auch nicht gefragt, ob es woanders auf der Welt in puncto Gleichstellung noch beschissener aussieht als bei uns.

Ich habe nach einem Konsens gefragt, nach dem grundlegenden gemeinsamen Nenner, den es braucht, um eine fruchtbare Diskussion führen zu können. Und was bekomme ich auf dem Silbertablett präsentiert? Alles Mögliche, aber keine klare Antwort auf die Frage »Bist du dafür oder dagegen«. Wäre echt schön und echt hilfreich, wenn wir uns hier einfach mal einigen könnten. Danke.

Ist aber auch dumm von mir, dass ich so ein »Pauschalurteil« verlange, weil es in Wahrheit leider ein bisschen komplexer ist, als ich es darstelle, so ein Kommentator. Stimmt. Wenn man es komplexer machen will, dann ist es das auch. Wenn man sich *erst* mit allen Details, allen Kleinigkeiten und großen Zusammenhängen, mit allen Konsequenzen und den tausend Auslegungen und Strömungen, mit Einzelschicksalen, der globalen Weltlage, den finanziellen und wirtschaftlichen Implikationen, dem Obst- und Gemüsehandel und fremder Leute Achselbehaarung auseinandersetzen möchte, *bevor* man sich entscheidet, ob man generell pro oder contra Gleichstellung von Frau und Mann ist, *dann* ist es in der Tat höllisch komplex.

Aber warum sich mit Detailfragen beschäftigen, ehe die Basis geklärt ist? Wäre nicht schon viel gewonnen, wenn wir zuvor alle Stellung beziehen und somit wissen würden, dass wir – bei allen Nuancen, Bedürfnissen und Sichtweisen denselben Grundsatz verfolgen? Dass Sexismus scheiße ist und dass Männer und Frauen in allen Lebensbereichen gleichberechtigt sind, das heißt dieselben Rechte, Pflichten und Chancen auf ein selbstbestimmtes Leben haben.

Darauf aufbauend können wir zielführend und auf Augenhöhe miteinander diskutieren, streiten, nach Gemeinsamkeiten und Unterschieden suchen. Wir können uns die Frage stellen, ob eine Frauenquote sinnvoll oder kontraproduktiv ist. Ob der Gender-Pay-Gap eine Mogelpackung ist oder ob die Gründe, weshalb Frauen häufiger schlechter bezahlte Berufe ergreifen, vielleicht doch etwas mit einer grundlegenden Ungleichbehandlung von Jungs und Mädchen zu tun haben. Ob es unfair ist, dass Mädchen beim Schulsport zweihundert Meter weniger laufen müssen als Jungs.

Aber bevor wir zum Dauerlauf kommen, sollten wir uns erst mal zusammen zur Startlinie begeben und uns einig sein, dass wir miteinander antreten wollen. So gut, so schnell, so weit oder so kurz, wie es jedem und jeder Einzelnen möglich ist. Entscheidend ist das gemeinsame Ziel.

Dann muss auch niemand befürchten, auf der Strecke zu bleiben. Seit die Forderungen der weiblichen Bevölkerung nach Gleichstellung oder – fast noch unerhörter – zunächst erst mal nach Unversehrtheit lauter werden, gibt es sehr viele ängstliche und verwirrte Männer, die sich abgehängt fühlen. Bange Fragen machen die Runde. Was darf ich denn jetzt eigentlich noch? Kann ich mit einer Frau schlafen, ohne vorher einen Vertrag mit ihr abgeschlossen zu haben? Kriege ich überhaupt noch eine ab, wenn ich dafür plötzlich ihre Einwilligung brauche?

Lieber ängstlicher, verwirrter Mann im 21. Jahrhundert: Wenn es deine größte Sorge ist, keine zu Frau finden, die freiwillig und mit eindeutiger Zustimmung mit dir ins Bett geht, wenn du nicht verstehst, wieso ein Kompliment über das Dekolleté der Kollegin weniger angebracht ist als ein Kompliment über ihre Arbeitsleistung, wenn dir nicht einleuchtet, wieso ein »Ey, du geile Sau« nicht umgehend dazu führt, dass eine Dame geschmeichelt errötet, wenn es dir sauer aufstößt, dass ein Nein mittlerweile nicht nur semantisch, sondern auch juristisch »Nein« bedeutet und nicht etwa »Versuch es ruhig weiter, ich ändere bestimmt noch meine Meinung, denn der Appetit kommt ja bekanntlich beim Essen«, dann hast du ein noch viel größeres Problem als die #MeToo-Debatte.

In ihrer Angst, alte Privilegien zu verlieren, und aus lauter Wut auf die widerspenstigen Frauen solidarisieren sich einige Männer als vermeintliche Opfer des Feminismus. Und siehe da: Sie schaffen es, dass sich die Diskussion plötzlich darum dreht, wie es ihnen, den armen Männern – oder sogar den Tätern, die öffentlich an den Pranger gestellt würden – dabei geht, beziehungsweise wie deren Verhalten zu entschuldigen ist.

Etliche Männer sehen sich nicht nur ihrer Rechte, sondern sogar ihrer Männlichkeit beraubt – so zumindest mein Eindruck, wenn ich mir Kommentare im Netz durchlese. Diese spiegeln natürlich nur einen Bruchteil der gesellschaftlichen Meinung wider und werden oft von jenen dominiert, die am lautesten brüllen. Daher möchte ich nicht im Geringsten behaupten, *alle* Männer seien so. Vielmehr bin ich sicher, dass sich der Großteil der Männer und auch Frauen gar nicht in den sozialen Medien äußert. Aber genau deshalb verzerren die Kommentierer die öffentliche Wahrnehmung – und das wiederum hat Auswirkungen auf das Meinungsbild, das von der Thematik vermittelt wird.

Um es also noch einmal klipp und klar zu sagen: Bei Feminismus und Gleichberechtigung geht es weder um Entmannung noch um Männerhass. Das würde ja jedem Gleichberechtigungsgedanken vollkommen widersprechen, denn dann wäre ja eine »Besserstellung« der Frau das eigentliche Ziel.

DIE GLEICHBERECHTIGUNG WILL DEN MÄNNERN NICHTS WEGNEHMEN, SONDERN DEN FRAUEN GEBEN, WAS IHNEN ZUSTEHT.

Dafür ist es nicht nötig, den Mann als solchen zu demontieren. Sprich: Ich will nicht, dass ihr Männer weniger habt. Ich will nur, dass wir Frauen genauso viel haben.

Wenn sich allerdings ein respektvoller Umgang auf Augenhöhe für den einen oder anderen wie ein Verlust anfühlt, dann muss er halt tatsächlich etwas abgeben. Dann sollte er aber auch offen dazu stehen, dass er kein Interesse daran hat, alle Menschen gleich zu behandeln, und muss sich den Vorwurf gefallen lassen, diskriminierend zu agieren. Ich persönlich aber würde den Kuchen nun mal viel lieber gleichmäßig verteilen, denn ich mag Kuchen sehr gerne, und wenn du nicht nett zu mir bist, sehe ich gar nicht ein, warum dein Stück größer sein sollte als meins.

So schwer ist das mit der Gleichverteilung und -berechtigung auch gar nicht. Wenn wir uns fragen, ob wir diese Aussage oder jene Handlung unabhängig vom Geschlecht unseres Gegenübers tätigen, sind wir schon mal auf der ziemlich sicheren Seite. Und wer sich fragt, wie er es fände, wenn sich jemand der eigenen Schwester, Freundin oder Mutter gegenüber so verhalten würde, ist kurz vor dem Ziel. Aber Vorsicht: Nun bloß nicht auf die Idee kommen, dass man der Schwester/Freundin/Mutter auch nicht erlauben würde, sich hübsch anzuziehen oder abends allein durch die Stadt zu laufen. Das ist definitiv der Holzweg. Selbstbestimmtheit bedeutet nicht, dass du selbst bestimmst, was für andere richtig ist. Kann verwirrend sein, weiß ich, kriegen wir aber bestimmt hin.

Apropos: Doppelmoral zu vermeiden ist ein weiterer guter Schritt. Klassisches Beispiel: »Unsere« armen Frauen müssen vor »den« bösen Ausländern beschützt werden. Lehnt eine Frau diesen Schutz allerdings ab und spricht sie sich zudem für eine tolerante, weltoffene Gesellschaft aus, in der niemand vor oder von irgendwem beschützt werden muss, dann wünscht man ihr eine Vergewaltigung an den Hals. Frauen aber sind – das mag für manch einen neu sein – kein Eigentum. Es gibt nicht »unsere Frauen« und »eure Frauen«, wobei die einen beschützenswert und die anderen egal sind. Abgesehen davon möchte ich mir meine Fürsprecher gerne selbst aussuchen. Und wenn das nicht du bist, lieber wütender Kommentarspalten-Troll, dann wäre es sehr entgegenkommend, wenn du deswegen nicht geifernd und sabbernd vor deinem Bildschirm hockst und dir vorstellst, wie mir etwas Schlimmes passiert. Den

Gedankengang dahinter, jemandem Gewalt zu wünschen, der sich selbst gegen Gewalt ausspricht, werde ich hoffentlich nie verstehen.

Und wie wäre es mit Akzeptanz? Vielfach begegnet mir im Zuge der Sexismus-/Feminismusdebatte die Frage, woher denn auf einmal die ganzen belästigten Frauen kämen, die etwas dazu sagen wollen. Wieso haben die sich denn nicht früher zu Wort gemeldet, sich beim Chef beschwert, sind zum Türsteher gegangen, haben sich gewehrt? Die wollen doch alle nur Aufmerksamkeit und sind meist eh selbst schuld!

Das, werte Leser, nennt man Victim Blaming: Außenstehende bewerten, wie sich ein Opfer fühlen darf und ob es die Bezeichnung »Opfer« überhaupt verdient oder die Situation selbst herbeigeführt hat. Menschen, die gar nicht betroffen sind, nehmen sich das Recht heraus, einschätzen zu können, ob eine Reaktion angemessen ist. Das ist übergriffig, weil es der betroffenen Person die Deutungshoheit über ihre eigenen Empfindungen raubt.

Schreibt anderen nicht vor, wo ihre Grenzen zu liegen haben, sondern akzeptiert und respektiert ihre Gefühle! Glaubt einer Betroffenen, dass sie sich nicht getraut hat, etwas zu sagen oder sich zu wehren. Fragt euch lieber, wie es überhaupt so weit kommen konnte, dass Frauen Angst haben, sich zu äußern. Dass man eher gewillt ist, dem Täter zu glauben als dem Opfer. Das ist ein Skandal! Und Victim Blaming macht es immer schlimmer, weil Täter direkt oder indirekt in Schutz genommen werden. Die Kommentarspalten sind plötzlich voller selbst ernannter Diplompsychologen, die ganz genau wissen, wie sich das Opfer hätte verhalten müssen, um gar nicht erst in eine solche Situation zu geraten. Als wären sie alle dabei gewesen! Als wäre ein Taschendiebstahl keine Straftat mehr, weil ich mein Geld nicht in einem Safe aufbewahrt habe. Wir würden doch auch nicht den Migranten fragen, was er gegen Rassismus tun kann. Das Problem liegt nicht beim Opfer, sondern beim Täter und bei dem System, das ihn schützt.

Niemand hat das Recht, abwertend über eine Situation zu urteilen, die er nicht miterlebt hat. Versucht es stattdessen mal mit Empathie. Das gilt für Männlein wie Weiblein. Ja, auch Frauen sind Meisterinnen darin, sich gegenseitig runterzumachen. Da wird sich angefeindet, was das Zeug hält, statt sich zu solidarisieren. Statt sich gegenseitig zu supporten, wird Slut Shaming betrieben, über das Äußere gelästert, gemobbt und nachgetreten. Da brüstet sich die Kommentatorin, wie stark und selbstbewusst frau sei und dass sie sich so etwas niemals hätte gefallen lassen. Also keine Kritik an dem Arschloch, das sich danebenbenommen hat, sondern an der Frau, die zu schwach ist, sich zur Wehr zu setzen. »Dann brauchst du dich ja auch nicht wundern.«

Doch, ich wundere mich. Und wie ich mich wundere! Der Täter soll nicht das Problem sein, weil Männer halt so sind? Die angebliche Schwäche des Opfers ist der Knackpunkt? Wieso muss sich denn das Verhalten des Opfers ändern? Bei einem Unfall durch einen Autobahnraser gibt man die Schuld doch auch nicht den anderen Verkehrsteilnehmern, die nicht schnell genug ausweichen konnten.

Meiner Erfahrung nach sind Männer auch gar nicht »so«. Deshalb nimmt man sie mit dem Argument nicht in Schutz, sondern unterstellt ihnen, sich von Natur aus nicht im Griff zu haben. Männer haben nämlich schon vor einer ganzen Weile aufgehört, bei spontan aufkommendem Hunger Jagd auf wilde Tiere zu machen.

Und da trauen wir ihnen nicht zu, dass sie andere prähistorische Verhaltensmuster ebenfalls ablegen konnten? Das ist sexistisch!

Und viele Männer empfinden es sogar als belastenden Druck, immer der potente Frauensammler sein und den Checker raushängen lassen zu müssen, um nicht als Weichei zu gelten. Eine ziemlich blöde Situation für jemanden, der bemerkt hat, dass sich das Gegenüber bei allzu aufdringlichem Verhalten unwohl fühlt. Ich persönlich finde es ja verdammt heiß, wenn einem Mann auffällt, dass irgendetwas sexistische Kackscheiße ist. Wenn er ganz bewusst versucht, alten Verhaltensmustern aus dem Weg zu gehen und sich der Frau gegenüber nicht aufspielt. Wenn er seiner Freundin nicht die pinke Zahnbürste kauft, weil er Stereotypen genauso dämlich findet wie sie.

WAS GIBT ES COOLERES ALS EINEN MANN, DER SICH NICHT IN SEINER MÄNNLICHKEIT ANGEGRIFFEN FÜHLT, WEIL ER FRAUEN UNTERSTÜTZT?

Fakt ist: Wir sollten die Ängste und Sorgen der anderen immer ernst nehmen. Auch in der Sexismus-/Feminismusdebatte. Damit meine ich nicht all die Arschlöcher (männlich und weiblich), deren »Meinung« so daneben ist, dass sie sich selbst diskreditieren. Aber unzweifelhaft geht es darum, dass sich das Rollenverständnis einer Gesellschaft verändern soll, ein Rollenverständnis, das seit Jahrhunderten gelebt wird. Da bleibt es wohl nicht aus, dass Unsicherheiten, Bedenken und Ängste ausgelöst werden. Der Sache ist aber nicht dadurch gedient, dass ein Graben zwischen Mann und Frau bzw. Frau und Frau gezogen wird und sich Feindbilder entwickeln. Männerhass im Speziellen und jede Form von Hass im Allgemeinen sind nicht der Schlüssel zu einem Miteinander auf Augenhöhe. Fangen wir am besten bei uns selbst an, seien wir der sprichwörtliche Wandel, den wir in der Welt sehen wollen! Gehen wir mit gutem Beispiel voran, solidarisieren wir uns, leben wir positive Lösungsansätze vor! Die Ewiggestrigen werden wir nie zum Umdenken bewegen. Sie werden uns allerdings auch niemals dabei helfen, die Situation grundlegend zu verbessern. Im Idealfall sterben sie einfach aus. Was uns aber hilft, ist mehr Zusammenhalt untereinander.

SEI KEIN ARSCHLOCH!

Ich bin mir im Klaren darüber, worauf einige meiner Kommentatoren hinauswollten, als sie auf die größeren, komplexeren Zusammenhänge von Gleichberechtigung verwiesen haben. Ja, das Thema ist natürlich kompliziert. Ich stelle mir nur die Frage: Versuche ich, im Kleinen etwas zu verändern, wo immer es mir möglich ist, oder gebe ich lieber gleich auf, weil mir das große Ganze zu komplex erscheint?

Meine Antwort hierauf dürfte klar sein. Ich glaube daran, dass jeder kleine Schritt zählt und enorm wirkungsvoll sein kann, weil wir darauf unmittelbaren Einfluss haben. Deshalb möchte ich hier weder über die politischen und ökonomischen Konsequenzen von Gleichberechtigung sprechen noch über die folgenschwere Ungleichverteilung von Ressourcen und Bildung. Es wäre auch vermessen oder naiv zu behaupten, dass ich dem gerecht werden könnte. Meine Arbeit für Hilfsorganisationen hat mich nach Südamerika und Afrika geführt und ich habe vor Ort gesehen, dass nicht alle Probleme mit ein bisschen Support unter Frauen gelöst werden können. Wenn ich den Masterplan zur Rettung der Welt hätte, ich schwöre euch, ich würde ihn nicht geheim halten. Aber nur weil ich des großen Rätsels Lösung nicht kenne, brauche ich ja nicht gleich die Hände in den Schoß zu legen oder den Kopf in den Sand zu stecken. Ich bin ein Fan von machbaren Lösungsansätzen im Alltag, die sich auf das zwischenmenschliche Miteinander und auf den eigenen Umgang mit sich selbst beziehen. Die werden die Welt nicht verändern, aber vielleicht euer Mindset positiv beeinflussen. Und wer weiß: Vielleicht verändert das die Welt dann ja doch Stück für Stück.

Was sich meiner Ansicht nach ändern müsste, damit wir alle ein wenig mehr auf Augenhöhe miteinander leben? Zusammengefasst sind es eigentlich drei Aspekte:

1. **Empathie.** Das bedeutet, dass ich mich in einen anderen Menschen hineinfühle, um ihn besser zu verstehen und Kränkungen zu vermeiden. Sie ist das Fundament dafür, dass wir gut miteinander auskommen, funktioniert aber nur, wenn wir offen kommunizieren.
2. **Akzeptanz.** Das heißt, dass ich es in Ordnung finde, dass jeder Mensch anders ist und andere Bedürfnisse hat. Ich gestehe jedem und mir selbst zu, die eigenen Bedürfnisse ins Zentrum der Aufmerksamkeit zu rücken, und rede anderen nicht in ihre Bedürfnisse rein.
3. **Respekt.** Das meint, diese Einzigartigkeit und Besonderheit des Einzelnen und meiner selbst wertzuschätzen.

Kurz: Sei kein Arschloch – weder zu dir noch zu anderen!

Empathie, Akzeptanz, Respekt. Diese drei Punkte vermisse ich häufig zwischen Männern und Frauen, aber auch Frauen untereinander gehen nicht gerade zimperlich miteinander um. Besonders gravierend ist es jedoch, wenn wir es uns selbst gegenüber an Empathie, Akzeptanz und Respekt, also Selbstliebe fehlen lassen. Denn jede Veränderung beginnt bei uns selbst. Das heißt, ich muss leben, was ich fordere. Es bringt überhaupt nichts, immer nur mit dem Finger auf die anderen zu zeigen und so lange zu schmollen, wie die sich doof verhalten. Das heißt, doch, kann ich schon. Ist dann aber scheiße und bringt nichts.

Auch der Feminismus, der sich als solidarische Bewegung äußert, braucht die innere Einstellung der Einzelnen. Ich will nicht *gegen* etwas arbeiten. Weder gegen die Gesellschaft noch gegen Männer, noch gegen meinen Körper und erst recht nicht gegen meine Bedürfnisse. Ich will *für* etwas arbeiten. Für ein Miteinander auf Augenhöhe, für das Recht, ich selbst zu sein, für Carbs und Pizza und Salat und Work-outs, wenn *ich* Lust drauf habe. Ich will ein selbstbestimmtes Leben als Mensch führen können.

Die Frage: Was steht mir dabei im Weg?

Die Antwort: Klischees, Rollenbilder und Schönheitsideale, denn die schränken mich ein und nehmen mir meine Freiheit – wegen meines Geschlechts. Rostiges Dach, feuchter Keller, hält ihre Brüste in die Kamera für mehr Aufmerksamkeit, echt hübsch, aber leider unerträglich nervige Stimme (und unerträglich nervige Ansichten), die Klamotten gehen gar nicht, und wieso ist sie eigentlich so fett geworden?

Soll ich das einfach ignorieren, weil ich als Powerfrau darüberstehen müsste? Das fällt mir superschwer. Zumal ich damit nur die

Message verbreiten würde, dass frau sich halt ein dickeres Fell zulegen soll, um Missstände besser ignorieren zu können. Aber ob die davon auch verschwinden? I don't think so!

Es ist jedoch verflixt anstrengend, sich permanent gegen Widerstände aufzulehnen, darauf hinzuweisen, dumme Aussagen zu kontern und geradezurücken. Um das durchzuhalten, brauche ich einen positiven Gegenpol. Deshalb versuche ich immer dort, wo es mir möglich ist und ich Einfluss darauf habe, an den Stellschrauben zu drehen: bei mir selbst, in meinem Alltag und in meinem Umfeld. Ich bemühe mich, nicht auf diskriminierende oder herablassende Denkweisen und Muster zurückzugreifen, oder hinterfrage sie, wenn mir auffällt, dass ich sie doch benutzt habe. Manche Mindsets sitzen tief.

Wie das geht, lässt sich am besten an einem konkreten und allseits bekannten Übungsfeld zeigen, das man sogar anfassen kann: unserem Körper.

Unsere Gesellschaft ist extrem auf Äußerlichkeiten gepolt. Darum lässt sich daran, wie wir mit unserem Körper umgehen, auch besonders gut ablesen, womit wir uns das Leben (gegenseitig) schwer machen. Abfällige Kommentare über fremde, aber auch über den eigenen Körper sind Standard. Ja, wir können uns auch selbst diskriminieren und unterdrücken. Ich glaube, wir sind sogar richtige Selbstunterdrückungsprofis. Und über Äußerlichkeiten bei anderen lässt es sich so wunderbar einfach ablästern, denn der Betroffene kann sie kaum verstecken.

Indem wir einem anderen oder unserem eigenen Körper negative Attribute anheften, drängen wir die Person *in* diesem Körper in den Hintergrund. Viele Formen von Sexismus äußern sich über die Bewertung des Körpers, weil medial und gesellschaftlich geprägte Rollenvorstellungen am männlichen und weiblichen Körperideal festgemacht werden.

Natürlich sind andere Themenbereiche in Bezug auf sexistisches, diskriminierendes oder generell verletzendes Verhalten nicht weniger relevant. Aber erstens können sich die meisten von uns mit dem Thema Body Shaming identifizieren und zweitens lassen sich meine Schlussfolgerungen problemlos auf so ziemlich jeden Lebensbereich übertragen.

COMMUNICATION IS KEY!

Ich fange mal mit ein paar alltäglichen Situationen an, die so oder so ähnlich wohl jeder kennt. Sie sind völlig banal und auf den ersten Blick wahrscheinlich auch komplett harmlos. Genau deswegen habe ich sie ausgesucht. Überlegt euch einfach, wie ihr selbst reagieren würdet.

Situation 1. *Klischees*

Du lernst einen sehr gepflegten Mann kennen, der in der Modeindustrie arbeitet. Du denkst:

- Vielleicht wird das mein lang ersehnter, schwuler bester Freund.
- Ich hätte auch gerne einen Job, bei dem ich den ganzen Tag nur fancy Cocktails schlürfen und auf Partys mit coolen Leuten rumhängen muss.
- Mich würde ja total interessieren, wie er zu dem Job gekommen ist und welche Aufgabenfelder besonders spannend sind.

Situation 2. *Rollenbilder*

Du begegnest einem Bekannten und dir fallen sofort seine neuen rosafarbenen Sneaker auf. Die findest du richtig cool. Du fragst ihn:

- »Hast du die Schuhe von deiner Freundin geklaut?«
- »Trägt Mann das jetzt so?«
- »Wo hast du denn diesen coolen Schuh gefunden?«

Situation 3. *Schönheitsideale*

Eine Freundin kommt nach sechs Monaten Work & Travel aus Australien zurück und hat sichtlich zugenommen. Deine Reaktion:

- »Oh, du hast ja richtig weibliche Rundungen bekommen!«
- »Ich freu mich so, dass du wieder zurück bist! Erzähl mir alles!«
- »Ach, so dick, wie du im letzten Skype-Call aussahst, bist du ja gar nicht geworden.«

Jetzt versetzt euch mal in die Lage eures Gegenübers und fragt euch, welche Reaktion euch verletzen würde und welche ihr euch wünschen würdet. Manchmal haben wir uns schon so sehr an gewisse Verhaltensmuster gewöhnt, dass uns erst bei einem kleinen Rollentausch auffällt, wie wir uns auf der anderen Seite fühlen würden.

Auch sollten wir viele unserer Aussagen mal daraufhin überprüfen, ob wir sie gegenüber einer Person des jeweils anderen Geschlechts ebenfalls äußern würden. Eine Freundin mit rosafarbenen Sneakern gäbe den meisten vermutlich weniger zu denken. Und einen Mann auf sein »Bierbäuchlein« anzusprechen gilt als nicht weiter schlimm – aber wisst ihr wirklich, dass ihn das nicht stört?

Ich versuche mich inzwischen, so oft es geht, in die Lage des anderen hineinzuversetzen. Wenn ich mir nicht sicher bin, frage ich auch mal nach. »War das jetzt blöd für dich?« Und sobald mir selbst etwas unangenehm ist, weise ich darauf hin.

Mein erster Leitspruch, damit wir uns untereinander etwas weniger wie Arschlöcher verhalten, lautet daher:

»Communication is key!«

Die meisten Verletzungen entstehen nämlich im ganz normalen Umgang miteinander. Jede Situation für sich genommen mag harmlos sein, aber die Menge macht's. Empathisch zu kommunizieren lässt sich trainieren. Dabei hilft es, Kommunikation selbst zum Gesprächsgegenstand zu machen. Das heißt, dass ich mit Freunden darüber spreche, *wie* wir miteinander sprechen. Häufig steckt hinter einer kränkenden Aussage keine böse Absicht. Es sind einfach dumme Sprachmuster am Werk, die einem erst mal auffallen müssen.

Wenn ich zum Beispiel einer Freundin sage: »Du hast in letzter Zeit echt einen ganz schön gesunden Appetit«, dann meine ich das überhaupt nicht verletzend. Es ist mir einfach aufgefallen, vielleicht will ich sie auch nur ein bisschen necken. Ist halt so ein blöder Spruch, den auch Mütter gerne mit einem Augenzwinkern zu ihren Sprösslingen sagen.

Was ich allerdings nicht weiß: Geht es der Person vielleicht gerade nicht gut? Kompensiert sie ein ungelöstes Problem mit Essen? Treffe ich mit dieser Aussage womöglich einen wunden Punkt?

Oder stellt euch vor, eine Freundin macht eine sehr schwere Zeit durch und bekommt immer nur zu hören, sie solle sich doch »was Gutes tun«, sich vielleicht was Hübsches kaufen. Das ist sicherlich ein gut gemeinter Rat, wird sie unter Umständen aber verletzen, weil sie aktuell nicht mal mehr weiß, was ihr eigentlich guttun würde.

Sie fühlt sich als Versagerin, weil sie das, was für andere ganz selbstverständlich ist, nicht schafft. Dass Shopping in einer solchen Situation eine Lösung sei, ist übrigens ein Rollenklischee. Kaum jemand käme auf die Idee, einem Mann diesen Rat zu geben, oder? Ein offenes Gespräch anzubieten hilft jedenfalls immer mehr als ein neues Paar Schuhe.

Wir können nicht in den Kopf anderer Menschen gucken. Eine Aussage, die mich vielleicht völlig kaltlassen würde, kann jemand anderen verletzen. Daher brauchen wir Übung, um solche sprachlichen Mikroaggressionen zu erkennen und zu vermeiden. Es bringt aber schon viel, darüber zu sprechen und den anderen zu signalisieren, dass wir darauf aufmerksam gemacht werden möchten, wenn wir sie unbewusst benutzt haben. Grundlage dafür ist allerdings der gemeinsame Wunsch, dass wir gut miteinander umgehen, uns möglichst wenig einschränken und uns gegenseitig respektvoll behandeln. Zumindest in unserem persönlichen Umfeld sollte dieser Wunsch vorhanden sein.

Also kommuniziert, was das Zeug hält! Übt euch in Empathie, akzeptiert, dass unterschiedliche Menschen auch unterschiedliche Grenzen haben, und respektiert die persönlichen Grenzen jedes Einzelnen.

MIND YOUR OWN BUSINESS!

Wenn ich über meinen kleinen Tellerrand hinausgucke, holt mich die Realität schnell wieder ein. Wohlwollen? Respekt? Support? Lächerlich! Wer braucht das schon. Anders kann ich es mir jedenfalls nicht erklären, wieso Menschen miteinander umgehen, als wären sie von Wölfen großgezogen worden. Obwohl … Nichts gegen Wölfe, denn die lästern bestimmt nicht über den Winterspeck eines Rudelmitglieds.

Body Shaming ist ein Phänomen, das ich ständig um mich herum beobachte und das mich auf die Palme bringt. Ich befürchte, jeder von uns hat schon einmal direkt oder indirekt damit zu tun gehabt. Wenn es darum geht, kein Arschloch zu sein, wäre die Abschaffung von Body Shaming also ein gewaltiger Fortschritt.

Body Shaming bedeutet, über den Körper einer anderen Person herzuziehen. Opfer kann praktisch jeder werden, der von einer angeblichen Norm abweicht: Frauen wie Männer, groß, klein, dick, dünn, geschminkt, gestylt, mit kurzen oder langen Beinen, kleinen oder großen Brüsten, kleinem oder großem Bizeps. Austragungsort dieser Form von Mobbing ist inzwischen vor allem das Internet. Was früher in Form von Lästereien auf dem Schulhof schon ätzend war, ist regelrecht zum anonymen Volkssport geworden.

Die Hemmschwelle im Netz geht gegen null. Oft trifft es Personen, die der lästernde Nutzer gar nicht persönlich kennt, Privatpersonen ebenso wie Personen des öffentlichen Lebens. Trotzdem fühlt er sich berechtigt, sich abfällig über das Äußere der fremden Person auszulassen. Auch über alle andere Lebensbereichen wird ungefragt geurteilt: Mutterqualitäten oder Beziehungen werden bewertet, der Einrichtungsstil wird kritisiert, und herablassende Ratschläge, um die niemand gebeten hat, werden erteilt. Die vermeintliche Erklärung: Wer sich freiwillig ins Rampenlicht stellt und Bilder von sich veröffentlicht, der lechzt ja eh nur nach Bestätigung und Kritik (wobei Kritik in diesem Falle meist schlecht getarnter Spott ist: »Kein Hate, nur meine Meinung«). Der muss da halt durch.

Mir war schon immer schleierhaft, woher diese Sichtweise kommt. Auf der Straße gehe ich doch auch nicht zu irgendwem, den ich nicht kenne, und beschwere mich über dessen Schuhe oder rate ihm, dass er mit weniger futtern auch nicht so furchtbar fett werden würde. Was für eine Reaktion erhoffe ich mir denn davon? Dass sich der andere vor die Stirn schlägt, weil er nicht selbst auf diese Idee gekommen ist, und sich für meinen Tipp bedankt?

Egal, was ihr im Internet von euch gebt, checkt immer vorher, ob ihr das auch im echten Leben zu einem zufälligen Passanten sagen würdet. Wenn die Vorstellung bizarr ist, lasst den Kommentar besser weg.

Auch ich selbst muss mich natürlich mit solchen Kommentaren herumschlagen, denn ich bin ja weltberühmt. Falls es noch nicht alle mitbekommen haben: Mich gibt es als GIF! Ich bin das Swipe-up-Girl auf Instagram. Wenn ihr auf euerm Handy bei den GIFs nach »Mirella« sucht (oder nach mirellativegal, micdrop, offended, swipe up), dann kommt ihr zu dem wahrscheinlich besten und sicherlich auch meistgenutzten GIF des gesamten Internets: zu mir.

Ich hätte natürlich nie gedacht, dass ich die Karriereleiter so steil hinauffallen würde, aber es geht einfach immer weiter bergauf. Ich bin viral und die Menschen lieben mich. Was sollten sie auch sonst tun?

Aber Mirella, alle Menschen? Nicht ganz. Ein hartnäckiger Teil weigert sich, meinem Charme zu erliegen. Ich habe das Bedürfnis, Menschen zu unterhalten und eine Message zu verbreiten, muss ihrer Meinung nach dann aber im Gegenzug auch damit klarkommen, dass andere die Form meiner rechten Augenbraue suboptimal finden. Klingt fair, oder?

Ich könnte ja gut damit leben, wenn sie diese Gedanken im Stillen mit sich ausmachen würden, nur tun sie mir diesen Gefallen leider nicht. Body Shaming beginnt sicherlich im Kopf, denn da fällen wir das Urteil darüber, ob wir etwas hässlich finden oder nicht. Aber ganz offensichtlich muss der Quark, den man sich da oben zusammenrührt, dann auch unbedingt raus. Kriegen die Leute sonst Magenprobleme? Warum sonst lassen mich viele Menschen daran teilhaben, was sie an mir scheiße und unansehnlich finden? Das wiederum finde ich scheiße, weil ich nicht glaube, dass es zu einem entspannten Miteinander beiträgt, fremde Menschen zu beleidigen.

Mein zweiter Leitspruch lautet daher:

»Mind your own business!«

Denn ich glaube, dass wir alle besser miteinander klarkämen, wenn wir uns zunächst mit Dingen befassen würden, die uns auch tatsächlich betreffen. Das Gewicht einer Fremden in der Straßenbahn gehört sicherlich nicht dazu – es sei denn, die Person setzt sich ungefragt auf meinen Schoß, aber das passiert nur sehr selten.

Gleichzeitig bedeutet es, dass wir uns das Recht herausnehmen sollten, uns um unser wichtigstes Business zu kümmern: unser eigenes Wohlbefinden. Welche Angelegenheit könnte relevanter sein? In erster Linie zählt nur, ob du mit dir im Reinen bist und ich mit mir. Was @instabrudah davon hält, dass ich keinen BH trage, oder wie @sumsebrumme98 es findet, dass meine Katze in der Spüle sitzt und Leitungswasser trinkt, sollte in meinem Kopf keinesfalls mehr Platz beanspruchen als meine eigene Ansicht darüber. Ob ich zu- oder abnehme, eine Lücke zwischen meinen Oberschenkeln oder ein Doppelkinn habe: None of your business!

Diese Haltung habe ich vor einiger Zeit deutlich zum Ausdruck gebracht. Deutlicher, als andere es vielleicht können, weil ich auf YouTube und meine Reichweite zurückgreifen konnte. »Warum ich fett geworden bin« ist ein kurzer Clip, in dem ich, provokant im Badeanzug, zwanzig Gründe aufzähle, wieso ich zugenommen habe. Denn der Umfang meiner Hüfte schien für andere Menschen zu dieser Zeit unglaublich wichtig zu sein. Zumindest gab es zig Kommentare darüber. Deswegen wollte ich auch mal meinen Senf dazugeben, hier ging's ja immerhin um mich. Ich hatte zwar niemanden dazu eingeladen, sich über mein aufgequollenes Dasein zu echauffieren, aber da sie sich schon mal so nett ums Lagerfeuer versammelt hatten, wollte ich sie ihre Party auch nicht ganz allein feiern lassen.

Von den aufgezählten zwanzig Gründen entsprechen einige, alle oder keiner der Wahrheit. Vielleicht möchte ich Plus-Size-Model werden, vielleicht ist die Pille schuld, vielleicht bin ich allergisch auf scheiß Kommentare, vielleicht leide ich an einer Schilddrüsenunterfunktion, vielleicht bin ich schwanger, oder ich esse einfach gerne. (Ja gut, Spoiler: Letzteres stimmt auf jeden Fall.)

Abschließend erkläre ich noch, dass es mein Anliegen ist, ein Zeichen gegen Body Shaming zu setzen. Das, so dachte ich, müsste eigentlich für alle gut verständlich sein. Schließlich kann es zig Gründe geben, weswegen jemand zu- oder abnimmt, und diese Gründe gehen erst mal nur die Person selbst was an.

Naiv von mir, nach meinen Erfahrungen im Netz und mit dem Thema Feminismus zu meinen, ich könnte über eine an sich gute Sache sprechen, ohne dass andere auch daran wieder etwas auszusetzen hätten. Da wurde geschimpft, ich hätte mich über diverse Krankheiten oder Probleme, die zu Gewichtszunahme führen können, lustig gemacht. Ich würde verharmlosen. Und außerdem sei ich ja gar nicht fett genug, um zu wissen, was das bedeutet.

Natürlich habe ich genau das Gegenteil beabsichtigt. Ich wollte zeigen, wie bescheuert es ist, vorschnell über andere zu urteilen, weil niemand die Hintergründe kennt. Möglicherweise sind sie banal, möglicherweise aber auch schwerwiegend – und ständiges Nachfragen kann das Problem noch verstärken. Eine Person auf ihr Gewicht zu reduzieren, egal, ob sie mit einer Krankheit zu kämpfen hat oder nicht, ist nicht nur unverschämt, sondern kann gravierende Folgen haben.

Mich persönlich haben die Nachfragen zu meiner Figur so getroffen, weil ich keinerlei Korrelation zwischen meinem Gewicht, meiner Arbeit und meiner Person sehe. Solange ich nicht anfangen will zu boxen, ist die Anzeige auf meiner Waage doch absolut unerheblich für das, was ich tue, oder den Menschen, der ich bin. Ich habe nie ein Thema aus meinem Gewicht oder meinem Körper gemacht, das war nie mein USP oder Teil meiner »Corporate Identity«. Ich betreibe ja auch keinen Fitness-Kanal. Oder sind Authentizität, Humor und Intelligenz etwa an ein bestimmtes Gewicht gebunden? Wieso es plötzlich zum Thema wurde, habe ich bis heute nicht verstanden. Zumal Gewicht nie eine sonderliche Rolle in meinem Leben gespielt hat. Als Teenager gehörte ich zur Kategorie »kann alles essen, ohne zuzunehmen«. Essstörungen und ungesunde Körperwahrnehmung waren nicht Teil meiner Jugend. Offenbar ein Glücksfall, denn erschreckenderweise gehören Diäten und ein verzerrtes Selbstbild heute für viele Heranwachsende ebenso zur Pubertät wie Pickel und Wutausbrüche.

Insofern habe ich es wirklich gut getroffen. Doch als ich auf einmal Hunderte anonyme, meist wenig schmeichelhafte Kommentare zu meinem Körper bekam, war das ein Schock – und ich musste erst lernen, damit umzugehen. Empörung, Zorn, Trauer, Verständnis, Trotz, all diese Emotionen durchlebte ich wieder und wieder. Dummerweise traf mich das Body Shaming in einer Phase, in der ich sowieso schon sehr viel mit mir zu kämpfen hatte. Die Kilos kamen ja nicht von ungefähr. Auch wenn ich sie im Video stolz zur Schau stelle, war ich damals nicht immer glücklich damit. Sie waren das Resultat sehr vieler Trostkalorien, die ich in mich hineingeschaufelt hatte, um eine innere Leere zu füllen. Meine Binge-eating-Attacken haben meinem Körper nicht gutgetan, aber meiner Seele auch nicht. Ich habe mich dafür runtergemacht, so schwach zu sein, so undiszipliniert. Habe mir Vorwürfe für mein geringes Selbstwertgefühl gemacht, und es damit erst recht zementiert. Kommentare von außen, selbst Komplimente, dass mir die Rundungen stehen würden, verschlimmerten meine Unzufriedenheit noch, weil sich auf einmal alles nur noch um mein Gewicht zu drehen schien.

Die Kilos blieben, und zwar trotz Diät und Kalorienzählen. Bis dahin war mein Verhältnis zu Essen immer positiv gewesen, ich habe immer gerne gegessen, auch gerne gesund. Doch nach und nach war Essen zu etwas Verdächtigem geworden, das ich argwöhnisch kontrollieren musste. Ich überlegte, Carbs zu vermeiden. Ich! Team Carbs! Ich ertappte mich sogar dabei, wie ich über Bildbearbeitung nachdachte, obwohl ich doch immer eine strikte Gegnerin von diesem ganzen Kram war. Aber ständig auf vorteilhafte Posen zu achten – Bein hierhin angewinkelt, Arm da schräg drüber –, damit auf Instagram nicht wieder über meine Speckröllchen gelästert wurde, kostete mich so absurd viel Kraft, dass es sogar mir verlockend erschien, technisch ein bisschen nachzuhelfen.

Ich wollte unbedingt wieder abnehmen. Jedoch nicht aus einer intrinsischen Motivation heraus, sondern nur, damit die Kommentare endlich aufhören. Ich wollte wieder dem Bild entsprechen, das andere von mir hatten, wollte in die gesellschaftliche »Norm« passen. Ich war wahnsinnig unglücklich, stark verunsichert und zeitweise regelrecht verzweifelt. Und im Mittelpunkt dieser Verzweiflung stand mein Körper, den ich nie hatte zum Thema machen wollen. Das macht Body Shaming mit uns.

Rückblickend bin ich sehr froh, dass ich für mein Video einen eher humoristischen und sarkastischen Ansatz gewählt habe. Hätte ich auf meinen ersten Impuls gehört, hätte ich mich wahrscheinlich ausführlich und empört zu der Situation geäußert. Ein trotziges Heulvideo wäre zwar definitiv authentisch gewesen, hätte aber hauptsächlich eine neue Kommentarflut zu meinem Körper provoziert. Mein »Warum ich fett geworden bin«-Video hingegen zeigt nicht nur eine Grenze auf – Mind your own business, denn ich tue es auch –, sondern kann hoffentlich auch jenen Mut und Stärke geben, die sie nicht selbst aufbringen können. Auch mich hat das Video stärker gemacht, und es gibt mir immer wieder Kraft, wenn ich mich mies fühle, weil es beweist, dass ich mich überwunden habe und dass die Energie dafür in mir steckt – auch wenn ich sie vielleicht nicht in jedem Moment fühle.

Was uns im Netz als Kommentar begegnet, findet natürlich auch im realen Leben statt. Kollegen, Freunde, Bekannte, die Familie oder der Partner können mit »lustig« gemeinten Bemerkungen oder kleinen Sticheleien über unser Aussehen dazu beitragen, dass wir uns in der eigenen Haut nicht mehr wohlfühlen. Im schlimmsten Fall beginnen wir sogar, uns als Person zu hinterfragen, obwohl es doch nur um eine Maßeinheit oder eine äußerliche Eigenheit geht. Auch ich bekam Bemerkungen über meine süßen runden Bäckchen zu hören oder darüber, dass ich nach dem Abnehmen ja wieder »ganz die Alte« sei. Als wäre ich vorher jemand anderes gewesen.

Mein Ausweg: Kommuniziert ehrlich und verdeutlicht eure Grenze! Ich sage nur: »Communication is key«, denn meistens passieren solche Kränkungen unbewusst. Aber wenn wir darüber hinwegsehen, weil wir kein großes Ding draus machen wollen (obwohl es für uns ein großes Ding ist!), wird sich nichts ändern. Also auch wenn es schwerfällt: Drückt euren Unmut aus! Das muss nicht in einem Streit enden. Geht erst mal davon aus, dass es der andere nicht böse gemeint hat. Wenn ihr ihm keine Vorwürfe macht, braucht euer Gegenüber auch nicht in eine Verteidigungshaltung zu wechseln. »Weißt du, ich habe mit der Situation gerade echt zu kämpfen, auch wenn du es mir vielleicht nicht anmerkst. Aber du würdest mir helfen, indem du dich nicht über mich lustig machst. Für mich ist das eine ernste Sache.«

Wenn ich mich über meine eigenen Speckröllchen lustig mache, ist das meine Sache. Das gibt aber niemandem sonst das Recht, auch Witze darüber zu reißen. Vor allem nicht dem vorlauten Arbeitskollegen Thomas, der das auch noch vor versammelter Mannschaft tut. Was er damit bezweckt? Wahrscheinlich hat er selbst mit einer Unsicherheit zu kämpfen. Thomas wird seine »Wohlfühlkilos« nämlich auch nicht los, obwohl er bereits neunzig Euro für Carb Blocker ausgegeben hat. Der Sinkflug auf Thomas' Niveau liegt natürlich nahe, aber tut ihm den Gefallen nicht. Der Arme hat doch eh schon lächerlich viel Geld in ein wenig Bohnenpulver investiert. Anstatt schlagfertig und frech zurückzufeuern (ich weiß, der Spruch hätte bestimmt richtig gesessen) oder ihn mit Vorwürfen zu bombardieren, seid lieber ehrlich und kommuniziert, welche Aussagen euch stören. Vielleicht fehlt es dem anderen einfach an Empathie oder er ist nicht daran gewöhnt, sie einzusetzen.

Das klingt euch viel zu einfach? Als würde es irgendwas helfen, auch noch zuzugeben, dass der blöde Kommentar euch getroffen hat … Mir haben die Neckereien von Freunden und Familie auch stark zugesetzt. Ich verstand nicht, wieso Menschen, die mich mögen, Witze über ein Thema machen, das mir so naheging. Trotzdem habe ich den Fehler bei mir gesucht, versuchte mir einzureden, dass ich da entweder drüberstehen oder mein Erscheinungsbild ändern muss, damit die Sticheleien aufhören. Lieber gab ich mir selbst die Schuld, als die anderen offen darauf hinzuweisen, dass sie meine Lage nicht unbedingt erleichtern. Damit habe ich es mir unnötig schwergemacht.

Als ich all meinen Mut schließlich zusammennahm und sie darauf ansprach, wurde nämlich eins klar: Keiner von ihnen ist gerne ein Arschloch. Die meisten Menschen, die wir persönlich kennen und die uns mögen, verhalten sich nicht absichtlich scheiße (was leider nicht für die Trolle im Netz gilt). Sie tun es, weil sie selbst unsicher sind, weil sie es nicht besser wissen, weil Veränderungen sie irritieren oder weil ihnen einfach nicht bewusst ist, dass sie einen wunden Punkt treffen. Immerhin tun wir ja auch alles dafür, dass man uns unsere Unzufriedenheit und Selbstzweifel nicht anmerkt, oder? Wir lächeln alles weg, weil Unglücklichsein verpönt ist. Wer unglücklich ist, wer aus Frust isst und dadurch zunimmt, der hat sein Leben nicht im Griff, so der Tenor. Das ist Bullshit, aber wir glauben es und tun deshalb so, als wäre bei uns alles prima.

Umso mehr schmerzt es, wenn jemand diese Maskerade nicht durchschaut. Empathie ist aber nun mal keine Einbahnstraße. Ich muss dem anderen auch die Chance geben zu erkennen, dass er etwas Verletzendes gesagt oder getan hat. Wenn ihr in eurer Ich-lass-mir-nichts-anmerken-Scharade gut und geübt seid, braucht es schon hellseherische Kräfte, um dahinterzusteigen. Was also ist wahrscheinlicher? Dass jemand zum Hellseher mutiert oder dass ihr doch auf Verständnis stoßt? Trotz meines BWL-Studiums bin ich zwar nicht das größte Zahlengenie, aber selbst mir fällt auf, dass die Wahrscheinlichkeit für Hellsehen nicht übermäßig hoch ist.

Außerdem habe ich inzwischen erlebt, dass meine Mitmenschen für ein offenes Wort sogar dankbar waren. Sie kennen mich als die taffe Mirella, die immer alles mit Humor sieht und sich selbst nicht so ernst nimmt. Einige waren deshalb richtig erstaunt, dass es in mir drin auch mal anders aussehen kann.

Falls eure Ehrlichkeit auf Unverständnis oder sogar Hohn stößt, dann ist es wohl an der Zeit, sich von diesen stinkenden Arschlöchern zu verabschieden. Wir alle haben es verdient, dass wir von Menschen umgeben sind, die uns bestärken und für die es keinen Unterschied macht, ob wir nun fünf, zehn, fünfzehn Kilos mehr oder weniger wiegen. Sucht die Gesellschaft solcher Menschen – und achtet mal darauf, was genau euch bei ihnen ein gutes Gefühl gibt. Schwer zu sagen? Das liegt vielleicht daran, dass es etwas ist, was diese Menschen *nicht* tun. Sie stellen euch nicht infrage. Sie wollen nichts an euch verändern. Ihre Freundschaft ist an keine optischen Bedingungen gebunden. Oder kämt ihr jemals auf die Idee, jemanden weniger zu mögen, weil er zugenommen oder eine schiefe Nase hat? Das wäre völlig absurd oder? Eben! Versucht mit euch umzugehen wie mit einem nahestehenden Freund oder einem Familienmitglied. Und sei es erst mal nur als Gedankenspiel. Mit anderen gehen wir nämlich oft viel liebevoller um als mit uns selbst. Weil wir aber unser wichtigstes Business sind, sollten wir uns mindestens genauso gut behandeln wie die anderen.

Jeder von uns ist mehr als die Zahl auf einer Waage. Ob wir gut zuhören können, zuverlässig sind oder andere zum Lachen bringen, ist keine Frage der Leibesfülle. Wir alle haben jede Menge zu bieten und wir verdienen es, dass wir dafür geschätzt werden. Auch von uns selbst.

Natürlich gibt es aber durchaus Situationen, in denen Gewicht ein Indikator sein kann. Wenn ihr in eurem Umfeld bemerkt, dass jemand drastisch an Gewicht zulegt oder verliert, und ihr das Gefühl habt, die Person könnte darüber reden wollen, dann fragt nach! Immerhin kann sich dahinter ein gravierender Grund verbergen.

Aber bitte tut es respektvoll und empathisch. Bietet ein offenes Ohr an, macht deutlich, dass euch viel an dem Menschen und seinem Wohlergehen liegt – völlig unabhängig von Äußerlichkeiten.

Zu lernen, dass wir es wert sind, uns mit guten Impulsen zu umgeben und nicht auf unser Äußeres reduziert zu werden, ist ein wichtiger Schritt. Vielleicht sogar der wichtigste. Wenn ich sage: »Mind your own business«, dann meine ich das in erster Linie wörtlich: Kümmere dich gut um dich selbst. Das ist dein Business. Und das kann nur laufen, wenn der Verantwortliche in der obersten Etage sich nicht die ganze Zeit einredet, dass er eh nichts kann, fehl am Platz und sowieso viel zu dick ist für seine Position. Oder hast du schon mal einen CEO gehört, der so von sich spricht?

«Mind your own business« richtet sich aber auch an jene, die ihre Nase gerne in Dinge stecken, die sie nichts angehen. Wenn sich jeder mehr mit seinem eigenen Kram befassen würde, wäre damit allen sehr geholfen. Dann hätte ich wohl auch schon viel eher begriffen, dass es nicht mein Gewicht war, das mich unglücklich gemacht hat, sondern all die Begleiterscheinungen, die dazu geführt haben. Die vielen Trostkalorien, die Lethargie, die Antriebslosigkeit.

> ICH HABE MICH NIEMALS AUFGEGEBEN, WEIL ICH ZUGENOMMEN HATTE. SONDERN ICH HABE ZUGENOMMEN, WEIL ICH MICH ZEITWEISE AUFGEGEBEN HATTE.

Doch der vermaledeite Themenkomplex »Körper« hat mir den Blick darauf verstellt, dass die Ursache meines Problems nicht mein Bauch war.

Seit ich mithilfe positiver Grundsätze, sogenannter Affirmationen, formuliert habe, was ich für mich persönlich erreichen möchte und aus welchem Grund, sieht meine Welt schon wieder ganz anders aus. Wenn ihr es auch mal ausprobieren wollt, findet ihr am Schluss des Buches eine Anleitung für so einen »Businessplan«.

Da unser Denken vielfach von negativen Formulierungen (»Ich bin wertlos« oder »Das schaffe ich niemals«) geprägt ist, kann dieser einfache Trick helfen, das eigene Mindset und damit auch das Verhalten zu beeinflussen. Ich habe aufgeschrieben, dass ich bis zu einem gewissen Zeitpunkt (Definition des zeitlichen Rahmens) ein bestimmtes Ziel erreichen möchte (Definition des Ergebnisses), weil ich mich dann selbst gesünder, fitter, besser fühle (Definition des Grundes), und was ich dafür tun werde (Definition der Mittel).

Kein Wort davon, dass ich etwas für andere tun will, keine negative Botschaft und keine Verurteilung, wenn etwas mal nicht klappt. In meiner Affirmation stand zum Beispiel, dass ich fünfmal die Woche Sport machen will. Na klar. Das habe ich natürlich nicht durchgezogen, und ich würde eine Affirmation heute auch anders formulieren. Wichtig aber war, dass ich mir deswegen keine Vorwürfe gemacht habe. Wenn ein positiver Grundsatz in eine vorwurfsvolle Haltung umschlägt, ist schließlich nichts gewonnen.

Ich habe meinen Körper, mein Gewicht und mein Wohlbefinden wieder zu etwas gemacht, das nur mich angeht und nur von mir abhängt. Zu meinem Business. Ich habe die Deutungshoheit über mich wieder in die eigene Hand genommen. Und das hat ziemlich gut funktioniert. Kalorienzählen und wie besessen am eigenen Körper herumdoktern zu wollen, um wieder glücklich zu werden, war echt kein guter Ansatz. Das Gewicht war ja nicht der Grund für meine Unzufriedenheit, sondern deren Folge.

Deshalb habe ich auch eher nebenbei abgenommen, während ich mich meiner mentalen Gesundheit widmete. »Für mich«, das war der entscheidende Faktor. Der Sport war »für mich« – und nichts, wozu ich mich zwingen musste (das hält man eh nicht lange durch). Er sollte mir Spaß machen. Das Essen war »für mich« – und nichts, was ich kontrollieren oder mir verbieten musste (das hält man eh nicht lange durch). Essen war nahrhaft, energiegeladen und lecker. Ist der Frust weg, gibt es auch keinen Grund für Frustessen mehr. Wenn ich mir nichts verbiete, verringere ich das Risiko für Binge Eating.

Mein Ziel war es nicht, superschlank zu sein. Mein Ziel war es auch nicht, jemandem zu gefallen. Mein Ziel war es, mich wohlzufühlen, fit zu sein, mein Essen wieder zu genießen.

Um das zu überprüfen, brauchte ich nicht mal eine Waage. Vorher war ich täglich auf die Waage gestiegen, um meinen Fortschritt zu überprüfen. Aber hat mich ein verlorenes Pfund irgendwie glücklicher gemacht? Nein! Da war eher der Gedanke, wieso es nur ein Pfund war und kein Kilo. Selbst für »Erfolge« habe ich mich gehasst, weil es nie genug war. Weil *ich* nicht genug war.

Ich möchte euch alle dazu einladen, euren Körper und euer Leben als eure oberste Privatangelegenheit zu verstehen. Ihr könnt nicht verhindern, dass andere versuchen, euch reinzureden, weil sie glauben, sie hätten das Recht dazu. Aber nehmt euch an deren Kaltschnäuzigkeit ruhig mal ein Beispiel! Wenn eine x-beliebige

Person es als ihr Recht ansieht, eure Kleidungswahl, euer Auftreten, eure Leibesfülle, eure Beziehungen oder eure Lebensführung zu bewerten, dann könnt ihr euch getrost das Recht herausnehmen, für all diese Dinge einzustehen und sie als eure ureigene Angelegenheit zu begreifen. Wieso sollten andere in Bezug auf euch mehr Rechte haben als ihr selbst?

> DIE URSACHE UNSERER UNZUFRIEDENHEIT LIEGT VIEL ZU OFT DARIN, DASS WIR ANDEREN ZU VIEL MACHT ÜBER UNS ZUGESTEHEN UND UNS SELBST ZU WENIG.

SHOW SOME RESPECT!

Auch wenn es uns gelingt, unsere Kommunikation offener zu gestalten (»Communication is key!«) und uns selbst als unser wichtigstes Anliegen zu begreifen, in das uns niemand reinzureden hat (»Mind your own business!«), so leben wir trotzdem in einer Gesellschaft, die extrem auf Äußerlichkeiten fixiert ist. Schlank zu sein ist in einer Überflussgesellschaft ein Zeichen von Luxus, denn es bedeutet Disziplin und Verzicht. Wer alles haben kann, der muss stark sein, um etwas abzulehnen. An das retuschierte Körperbild aus der Werbung haben wir uns schon so gewöhnt, dass es uns normal erscheint. Automatisch glauben wir, diese Körper seien real, und gleichzeitig wird uns suggeriert, dass in solchen Körpern nur glückliche Menschen stecken können, sprich, dass auch wir glücklich wären, wenn wir so aussehen würden.

Diese völlig verzerrte Wahrnehmung lässt sich auch nicht so schnell ändern. Aber ich kann – für mich! – selbst daran arbeiten, mich diesem Diktat nicht zu unterwerfen. Ich kann mir bewusst machen, welche Muster dahinterstecken, wem das Ganze nutzt (nicht mir, sondern der Industrie), wer davon profitiert (nicht ich, sondern die Industrie), und lernen, es richtig einzuordnen und damit umzugehen. Denn ich habe keinen Bock, dass mein ganzes Leben fremdbestimmt wird.

Hinterfrage »deine« Ideale doch einfach mal. Ist es dir wirklich wichtig, dass dein Bauch beim Sitzen unter keinen Umständen aus der Hose herausquillt? Spoiler: Egal ob Größe 32 oder 52, der Bauch quillt fast immer, denn das ist nun mal das, was er im Sitzen tut. Bist du ohne Sixpack-Ansatz wirklich weniger sportlich und begehrenswert? Brauchst du unbedingt eine doppelt so breite Hüfte und eine halb so schmale Taille, um gebärfreudig genug zu wirken?

Oder sind das alles nur Idealvorstellungen, die dir ins Hirn gepflanzt wurden und dir eigentlich ziemlich schnurz sind? Was ist es denn, was *dir* wichtig ist und *dir* ein gutes Gefühl gibt? Vielleicht ist es nach zwanzig Liegestützen das Gefühl von Stärke, das dich motiviert. Oder es ist das Tragen deiner bequemen Lieblingsjeans. Vielleicht ist es aber auch das Geräusch des Regens, der ans Dachfenster prasselt, oder der weite Blick von einer Anhöhe aus.

Ständig sind wir Idealen ausgesetzt, an denen wir uns orientieren, obwohl sie mitunter gar nicht unseren eigenen Vorstellungen entsprechen. Wir hinterfragen diese Ideale kaum, weil sie massenhaft und entsprechend normativ auf uns einstürmen. War schon immer so, wird immer so sein – und nicht die Werbeanstalten haben einen Schuss, so etwas überall zu verbreiten, sondern ich, weil ich noch immer nicht so aussehe. Na klar!

Sich unter diesen Umständen eine gesunde Selbstwahrnehmung zu bewahren ist eine riesige Herausforderung. Trotzdem: Ich möchte selbst bestimmen, was ich richtig gern an mir mag, was ich verbesserungswürdig an mir finde, was mich glücklich macht und ob irgendetwas davon überhaupt mit meinem Aussehen zu tun hat.

Um zu dieser Selbstbestimmtheit und einer realistischen Selbstwahrnehmung zurückzufinden, kommt mein dritter Leitspruch ins Spiel:

»Show some respect!«

Damit meine ich wieder beide Seiten, also den Respekt mir selbst und anderen gegenüber, und den Respekt, den andere mir und sich selbst entgegenbringen.

Hatespeech und Body Shaming hinterlassen ihre Spuren bei den Betroffenen. Indem wir an unserer Kommunikation arbeiten, können wir versuchen, solches Verhalten zu vermeiden oder zumindest den Umgang damit zu erleichtern. Indem wir lernen, uns selbst wieder als wichtigstes Business wahrzunehmen, finden wir heraus, warum wir so schnell zu verunsichern und zu verletzen sind – Ursachenforschung also –, und gestehen uns endlich wieder zu, unser eigenes Wohlbefinden ins Zentrum unserer Aufmerksamkeit zu stellen.

Eine langfristige Veränderung erzielen wir jedoch erst, indem wir uns selbst den verdienten Respekt entgegenbringen und ihn auch anderen zugestehen. Das setzt voraus, dass jeder von uns dreierlei anerkennt: Jeder Mensch ist wertvoll. Jeder Mensch hat ein Recht auf die freie Entfaltung seiner Persönlichkeit. Jeder Körper ist in Ordnung.

An diesem Punkt ist es an der Zeit, über ein Gegenkonzept zu Body Shaming und die einschränkende Fixierung auf Äußerlichkeiten zu sprechen. In diesem Zusammenhang ist Body Positivity zu Recht in aller Munde. Body positive zu sein bedeutet, den eigenen Körper so anzunehmen und wertzuschätzen, wie er ist. Es bedeutet, sich selbst wertzuschätzen, unabhängig von der äußeren Hülle. An erster Stelle steht die Selbstachtung jenseits von Dellen, breiten Hüften und Pigmentflecken, dicht gefolgt von der Achtung vor anderen Körpern und ihren Eigenheiten. Daraus entsteht bestenfalls ein Selbstbewusstsein, das sich von Schönheitsidealen befreit hat und auf gegenseitigem Respekt beruht.

Unsicherheiten, die sich über Jahre oder Jahrzehnte in euch angesammelt haben, werden natürlich nicht über Nacht verschwinden, sobald ihr euch erstmals gedanklich mit eurer Selbstwahrnehmung beschäftigt habt. Das braucht Zeit, Gewöhnung und gute Vorbilder. Zu denken, dass Body Positivity das Zauberwort für einhundert Prozent Selbstbewusstsein auf Knopfdruck ist, wäre ziemlich naiv. Schönheitsideale verlieren nicht plötzlich all ihre Macht, nur weil ich mir das jetzt so wünsche.

Aber das bedeutet nicht, dass ihr schwach seid oder versagt habt! Body Positivity soll keinen neuen Leistungsdruck aufbauen, wonach gewinnt, wer sich selbst am tollsten findet. Auch ich bin weit davon entfernt, mich immer megagut zu finden und vor Selbstbewusstsein nur so zu strotzen. Klar, im »Warum ich fett geworden bin«-Video sieht es so aus, als würde ich die Sache auf die leichte Schulter nehmen. Das war nötig, um ein starkes Statement zu setzen. Das bedeutet aber nicht, dass ich im Privatleben immer so cool und selbstsicher bin. Auch mir fehlen manchmal Mut und Kraft, meinen Standpunkt zu vertreten und für mich selbst einzustehen. Und so bescheuert es auch sein mag: Oft wiegt eine negative Aussage viel schwerer als hundert positive. Es wäre also gelogen, wenn ich behaupten würde, dass es die einfachste Sache der Welt ist, zum eigenen Körper zu stehen. Richtig ist: Es ist mühsame Arbeit, und zwar jeden Tag aufs Neue.

Aber ich versuche, respektvoll und nicht zu streng mit mir zu sein und mir die Schwäche, immer wieder vor den Idealen einzuknicken, zu verzeihen. Genau genommen will ich es nicht mal als Schwäche stehen lassen. Immerhin kämpfe ich ja gegen Ideale, die mir an jeder Ecke entgegengrinsen, gegen eine ganze Industrie, die nicht will, dass es mir gut geht, weil ich dann nämlich aufhöre, ihren Selbstoptimierungskack zu kaufen. Mit unserer Unzufriedenheit lässt sich sehr viel Geld verdienen, und so wird auch sehr viel Geld investiert, damit wir unzufrieden bleiben.

Das ist kein kleiner Gegner und ihm mal zu unterliegen keine Schwäche. Dafür muss sich niemand schämen. Entscheidend ist die Erkenntnis: Nicht *ich* bin der Gegner! Ich bin aber auch nicht das Opfer. Ich bin einfach nur mittendrin und muss mich ständig neu entscheiden, auf wessen Seite ich stehen will. Wenn's gut läuft, entscheide ich mich möglichst oft für meine eigene.

Indem ihr mit euch und anderen weniger hart ins Gericht geht, demontiert ihr die Macht der Mode- und Werbeindustrien. Wenn wir es schaffen, immer mehr Menschen mit ihrem Körper zu versöhnen, dann sind »normale« Models vielleicht bald nicht mehr nur eine Ausnahmeerscheinung. Dafür müssen wir aber aufhören, uns gegenseitig wie die Krähen nach dem Gefieder zu picken oder uns selbst niederzumachen. Respekt für beide Seiten!

Wie bei allen guten Grundgedanken, so lässt sich natürlich auch bei Body Positivity ein Haar in der Suppe finden. Jedes äußere Erscheinungsbild unreflektiert als schön zu bezeichnen wäre ja nur wieder ein Diktat, ein umgekehrter Schönheitswahn, der außer Acht lässt, dass es krankhaft dicke und dünne Menschen gibt, die in ihrer Unter- oder Überernährung nicht bestärkt werden sollten.

Gegenfrage: Ist nicht die Psyche in den meisten Fällen der Ursprung der Krankheit, wenn keine körperlichen Ursachen zugrunde liegen? Wer mit sich selbst im Reinen ist, wer sich und seinen Körper mit allen Stärken und Schwächen akzeptiert, wer nicht ständig die Zielscheibe von Hänseleien und Mobbing ist, der dürfte – und nun lehne ich mich mal ganz weit aus dem Fenster – weniger anfällig für psychosomatische Erkrankungen wie Essstörungen sein. Insofern kann es bestimmt nicht schaden, sich in einer positiven Selbstwahrnehmung zu üben. Schlimmer, als mit einer destruktiven Selbstwahrnehmung durchs Leben zu kraxeln, wird es wohl kaum werden.

Trotzdem soll hier Raum für Kritik bleiben. Es gibt nämlich drei Punkte, über die nachzudenken sich lohnt. Erstens: Auch Body Positivity verbindet den Begriff »Schönheit« mit »Glück«. Wenn ich mich schön fühle, werde ich glücklich. Das Glück hängt also wieder von der Schönheit ab.

Zweitens: Die Body-Positivity-Bewegung tendiert zum Teil dazu, andere auszuschließen, obwohl sie doch für alle da sein sollte. Warum dürfen nur Menschen, die von einem geltenden Schönheitsideal abweichen, sich als body positive verstehen? Weil es sie vermeintlich mehr Überwindung kostet? Auch ein Mensch, der im landläufigen Sinne als schön gilt, kann aufgrund eines verzerrten Selbstbildes mit sich zu kämpfen haben und unglücklich sein.

Und drittens: Body Positivity darf nicht bedeuten, dass ich gefälligst immer und unter allen Umständen mit mir happy sein *muss*, ich also nichts an mir verändern wollen *darf*. Zwischen dem gesellschaftlich auferlegten Zwang zur Selbstoptimierung und dem Wunsch, sich beispielsweise gesünder zu ernähren und mehr zu bewegen, liegen nämlich Welten. Die Tendenz, dass Frauen dafür ausgebuht werden, optisch dem Schönheitsideal zu entsprechen, finde ich grässlich. Da stellt ein Jeans-Hersteller eine neue Kollektion für kurvige Frauen vor, aber die Models im Shop sind alle so rank und schlank wie immer. Die Empörung darüber verstehe ich, doch hier hat der Hersteller Mist gebaut, nicht die Models. Es gibt keinen Grund, verbal auf die »Klappergestelle« loszugehen, die mit ihren »Storchenbeinen« so aussehen, als würden sie regelmäßig vor Kohlenhydraten davonsprinten. Dünnsein jetzt als etwas absolut Unnormales zu verurteilen ist ebenfalls Body Shaming!

Wir wissen nicht, ob diese Models nicht einfach von Natur aus schlank sind. Wir wissen nicht, ob sie sich mögen oder vielleicht auch darunter leiden, nur schlank an Jobs zu kommen. Wir wissen ja nicht mal, ob sie wussten, für welche Kampagne sie abgelichtet werden, ob man ihnen gesagt hat, dass sie gerade stellvertretend für kurvige Frauen stehen. Vor allem aber haben wir nicht darüber zu urteilen. Der Spruch »An einer echten Frau ist auch was dran« würde bedeuten, dass schlanke Frauen keine echten Frauen sind.

Das ist Quatsch. Alle Frauen sind echte Frauen! Wie sie aussehen ist their business.

Auch den Vorwurf an Curvy Models, sie seien »trotzdem« zurechtgemacht, die Bilder »trotzdem« inszeniert – und wehe, sie machen Sport! -, lasse ich nicht gelten. Erwartet denn jemand ernsthaft, dass kurvige Frauen auf Make-up und Sport verzichten, dass sie sich nicht ins beste Licht rücken? Ein Restaurant wird auch nicht darauf verzichten, sein gutes Essen appetitlich anzurichten, nur um »authentischer« zu sein. Wieso sollte eine Frau das tun? Sich hübsch zu machen ist doch noch kein Verrat an irgendwelchen Idealen.

DAS PROBLEM BEGINNT DORT, WO WIR GLAUBEN, DASS WIR OHNE HILFSMITTEL NICHTS MEHR WERT SIND.

Body Positivity will dem Körper in all seinen Facetten zu Anerkennung verhelfen. Dabei steht für mich im Fokus, ob sich ein Mensch in seinem Körper wohlfühlt und sich selbst respektiert. So ist jede Form, die der menschliche Körper annehmen kann, erst mal in Ordnung, solange sich die Person keinem äußeren Zwang unterwerfen oder irgendeinem absurden Modediktat gehorchen muss. Und wenn ein Mädchen von Natur aus sehr dünn ist, wer bin ich denn, ihr das vorzuwerfen? Weiß ich, wie es in ihr aussieht? Wieso sollte ich auf sie einhacken? Fühle ich mich dadurch mit meinem Körper besser? Den Spieß umzudrehen und zu behaupten, dass mit denen, die dem Ideal entsprechen, irgendwas nicht stimmen kann, hilft uns nicht weiter. Das führt nur zu neuem Druck und noch mehr Ausgrenzung. Diversität und Vielfalt zu umarmen sollte nicht da aufhören, wo »Attraktivität« anfängt. Was wir stattdessen wollen und brauchen, ist Respekt.

Tretet also einfach mal einen Schritt zurück und stellt euch selbst die Frage, welches Feedback ihr euch erhoffen würdet und mit welcher Intention ihr selbst Feedback gebt. Was würde euch bestärken und Zuversicht vermitteln? Sind es Komplimente für euer Aussehen?

Ich finde es großartig, dass Frauen mittlerweile wieder Komplimente für die Frisur, das Kleid, den Po der anderen verteilen, statt sich nur missgünstig zu vergleichen. Ein richtiger Schritt – aber, wie ich finde, noch nicht der letzte. Schritt zwei hieße nämlich zu überlegen, welche Komplimente uns wirklich etwas geben. Wenn mir jemand sagt, dass ich Zufriedenheit, Stärke und Glück ausstrahle, dann fühlt sich das noch viel krasser an als ein Kompliment über mein Aussehen.

Probiert es aus! Gibt es Menschen in eurem Leben, die euch inspirieren? Die euch immer zum Lachen bringen? Bei denen ihr auch mal traurig sein dürft? Die zuverlässig sind? Gibt es da Menschen, die euch anspornen, Dinge aus einem neuen Blickwinkel zu betrachten? Es gibt so schöne Komplimente, die wir verteilen können und die so viel erfüllender sind. Für beide Seiten.

Fangen wir doch an wertzuschätzen, was jemand sagt, welche Charaktereigenschaften er mitbringt, was sie tut oder auch nicht tut, was wir außergewöhnlich finden, was uns aufmuntert, was uns ein gutes Gefühl gibt – und nicht nur, wie cool sie geschminkt ist.

Auch wenn es guttut, das zu hören: Es sollte nicht das Einzige sein, das zählt. Lasst uns den Menschen Respekt zollen für das, was sie ausmacht, und nicht dafür, wie sie aussehen.

Deshalb möchte ich mit gutem Beispiel vorangehen. Für mich ist Body Positivity viel mehr als ein »Schönreden« gelangweilter Feministinnen, die keine Lust haben, ins Fitnessstudio zu gehen, und deshalb behaupten, ihre Cellulite schick zu finden. Für mich ist Body Positivity der Auftakt zu mehr Respekt uns selbst und anderen gegenüber.

Häufig frage ich mich, wie die heranwachsende Generation mit dem ganzen Druck im realen wie im virtuellen Alltag klarkommt, wenn es mich manchmal schon hart trifft, irgendwelche dummen Kommentare hören oder lesen zu müssen. Ich hatte immerhin etwas Zeit, mich daran zu gewöhnen, ich habe mir die Öffentlichkeit ja quasi selbst ausgesucht und über ein relativ dickes Fell verfüge ich eh. Aber was macht das mit jenen, die gerade in die Pubertät kommen oder mittendrin stecken? Die sowieso ein Bündel aus Unsicherheit und Selbstzweifeln sind und noch gar nicht die Chance hatten, ein gefestigtes Selbstbewusstsein aufzubauen? Wenn ich mir auf Instagram Profile sehr junger Mädchen anschaue, dann werde ich den Eindruck nicht los, dass sie dem Vorbild der Influencer- und Werbewelt schutzlos ausgeliefert sind. Darum liegt es auch an uns, andere Wege aufzuzeigen und Alternativen zu bieten.

Mein Appell: Seid gut zu euch selbst! Unser Körper ist eine irrwitzige Maschine, die unglaubliche Dinge zustande bringt. Seien wir ein bisschen netter zu ihm. Hören wir auf unsere eigenen Bedürfnisse, statt uns welche einreden zu lassen. Verweigern wir uns nicht länger den Respekt. Und lasst uns nicht bei unserem Körper und Body Positivity haltmachen. Lasst uns auf Self Positivity zusteuern! Sie umfasst all die aktuell diskutierten Begriffe wie Achtsamkeit, Selbstliebe, Body Positivity und bewusste Ernährung und verknüpft diese zu einer ganzheitlichen Lebensweise, zu einem positiven Mindset, das auf Empathie, Akzeptanz und Respekt fußt.

Ich möchte euch ermutigen, für euch einzustehen, Nein zu sagen, Grenzen zu ziehen. Ihr müsst nicht alles gut finden. Es ist toll, eine eigene Meinung zu haben. Seid laut, seid leise, seid sanft oder seid hart. All diese Möglichkeiten haben zu dürfen ist, was Feminismus im Grunde will und was Self Positivity will: Es geht darum, ein selbstbestimmtes, uneingeschränktes, freies Leben in all seinen Facetten zu leben, ohne sich dafür zu entschuldigen oder das Gefühl zu haben, sich dieses Recht »herausnehmen« zu müssen. Und wenn ich anderen auf diesem Weg zur Seite stehen und sie unterstützen kann, gibt mir das wiederum ganz viel Mut und Kraft zurück. Kann man mal machen. Probiert's aus!

ICH BIN MIRELLATIV WICHTIG

Selbstliebe und Achtsamkeit. Was für schöne Wörter! Ich bin ja so stolz auf euch, dass ihr das Buch nicht sofort in die Ecke geworfen habt. Versteht mich nicht falsch, das sind wirklich schöne Wörter. Aber sprechen wir den rosa Elefanten im Raum lieber direkt an: Beide Begriffe sind wahnsinnig ausgelutscht und lösen bei mir spontanes Augenrollen aus. Oft werden sie in einem spirituellen oder esoterischen Kontext benutzt, sind überhaupt nicht greifbar und erinnern eher an weichgespülten Hokuspokus. Sie pappen als Label auf allem möglichen Schnickschnack wie Armbändern, Badezusätzen, Kräutertees und Duftkerzen.

Da geht es mir vielleicht wie anderen mit dem Wort Feminismus. Durch und durch positive Begriffe verkommen zu Trendwörtern, um dann inhaltsleer auf jeden Selbstoptimierungs-Unsinn gestempelt zu werden. Das haben sie echt nicht verdient! Ich möchte zwar glauben, dass es dem Feminismus zu mehr Coolheit verhilft, wenn er als Schlagwort auf die T-Shirts eines großen schwedischen Klamottenherstellers gedruckt wird. Ich möchte glauben, dass sich junge Frauen selbstbewusster zum Feminismus bekennen können, weil sich eine Lidschattenpalette »Feminist« nennt. Ich möchte glauben, dass ein Achtsamkeits-Flyer am Kühlschrank funktioniert. Aber ich befürchte, all das hat den gleichen positiven Effekt wie das AC/DC-Shirt von dem besagten schwedischen Hersteller auf die aktive Zuhörerschaft der Band: keinen. Nur weil eine Bewegung zu einem Modeaccessoire wird und eine innere Haltung zu einem Badezusatz, ist beides nicht zwangsläufig in der Mitte der Gesellschaft angekommen. Höchstens in der Mitte der Werbeindustrie.

Doch nur, weil ich mich an der Verwendung der Begriffe störe, sind die Kernaussagen dahinter kein bisschen unwichtiger. Was beim Feminismus gilt, trifft auch für jedes andere Wort zu: Ich kann entweder untätig bleiben, bis sich jemand neue Wörter ausgedacht hat, die mir weniger abgegriffen erscheinen. Oder ich kann die nehmen, die wir schon haben, und sie so beleben, wie es sich für mich richtig anfühlt.

Ob ich unter Selbstliebe den Einsatz beruhigender Teemischungen verstehe, unter Achtsamkeit spezielle Atemtechniken oder unter Feminismus unrasierte Achseln, bleibt nämlich allein mir überlassen. Und ich persönlich sehe da jedenfalls keine tiefgründigen Zusammenhänge.

Für mich ergänzen sich Selbstliebe, Achtsamkeit, Body Positivity, Ernährung, Bewegung und so weiter und machen letztlich eine allgemeine Self Positivity aus, die rein gar nichts mit irgendwelchen Konsumgütern und Äußerlichkeiten zu tun hat.

Zunächst aber noch mal zu den bekannten Begriffen und wie ich sie interpretiere:

Zweierlei soll Selbstliebe hier *nicht* meinen. Ich interessiere mich weder für lieblich-verklärte inspirational quotes, die mir aquarellig auf Internetbildchen entgegenfunkeln oder mich in den entsprechenden Ratgebern zu mir selbst führen sollen. Die haben ihre Berechtigung und mögen für viele Leute bestimmt genau das Richtige sein. Mich schreckt so etwas aber eher ab. Wenn wir alle so happy und deep AF sind, dann frage ich mich nämlich, wieso wir in einer derart unzufriedenen Gesellschaft leben. Ein geteiltes Bildchen hier und da ist schön und nicht verkehrt, ändert aber nicht viel, wenn es nur einen Wunsch, aber keinen gelebten Zustand ausdrückt.

Ebenso wenig hat Selbstliebe etwas mit Egoismus oder Narzissmus zu tun, obwohl der Wortlaut es vermuten lässt. Im Gegenteil: Sie schließt beides aus. Denn ohne die Liebe zu uns selbst können wir auch niemand anderen lieben. Man kann zur christlichen Religion stehen, wie man will, aber dass das Gebot »Liebe deinen Nächsten wie dich selbst« eine der Grundsäulen darstellt, wird kaum ein Zufall sein. Es heißt ja nicht etwa: »Liebe dich selbst wie deinen Nächsten.« Nein, die Selbstliebe wird als gegeben angenommen und zeitlich vor die Liebe zu einem anderen gesetzt.

Insofern weisen Egoisten und Narzissten (männliche wie weibliche) nicht etwa zu viel Selbstliebe auf, sondern viel zu wenig. Sie sind sich selbst nicht genug und daher auf die Bestätigung und die Liebe von anderen angewiesen, um diesen Mangel zu kompensieren. Der Egoist liebt andere Menschen auch nicht um ihrer selbst willen, sondern er liebt die Funktion, die sie erfüllen. Damit macht er sich abhängig. Wenn keiner jubelt, ist er geliefert. Jede Handlung zielt darauf ab, bewundert zu werden. Ein selbstbestimmtes Leben? Fehlanzeige. Wenn ich also nicht selbst mein bestes Publikum bin und lerne, meine Bedürfnisse unabhängig von anderen zu erfüllen, bekomme ich früher oder später ein Problem.

In der Kindheit hing unser Überleben wortwörtlich von unseren Eltern ab. Hätte meine Mutter sich irgendwann in den Kopf gesetzt, mich einfach nicht mehr zu füttern, hätte ich dagegen nichts ausrichten können. Das Urvertrauen, dass wir geliebt werden und wir deswegen wahrscheinlich nicht verhungern müssen, war also fundamental. Später helfen uns Freunde und Partner, uns in der Gemeinschaft aufgehoben zu fühlen. Aber es gibt auch Momente im Leben, in denen wir auf uns allein gestellt sind. Wenn wir dann nicht in der Lage sind, uns selbst den nötigen Halt und die Zuversicht zu geben, steht eine handfeste Krise bevor. Sich selbst zu lieben, sich selbst wichtig zu nehmen und auf sich selbst zu achten, sind also weder moderne Optimierungserscheinungen noch Umschreibungen für egozentrisches Verhalten, sondern die Basis dafür, ein selbstbestimmtes Leben führen zu können.

Und Achtsamkeit? Das bedeutet zwar auch, mir äußere und innere Vorgänge bewusst zu machen und auf diese Weise entspannter zu werden; das englische »Mindfulness« legt nahe, dass unsere Gedanken im hektischen Alltag geordnet, unsere Umwelt bewusster erfahrbar gemacht werden soll, um resistenter gegen Stress zu werden. Nicht selten schwingt beim Thema Achtsamkeit sogar ein Selbstoptimierungsansatz mit: Wir müssen wieder leistungsfähiger und belastbarer sein. Statt die Ursachen für den Stress zu bekämpfen, wird durch Meditation oder aufmerksames Erleben der Umgebung versucht, besser mit den Symptomen klarzukommen. Das ist überhaupt nichts Schlechtes, ändert aber nichts an den Auslösern für die negativen Gefühle.

Für mich bedeutet achtsam sein vor allem, dass ich mich selbst und meine eigenen Bedürfnisse achte, sie wahrnehme und wertschätze. Der Ausgangspunkt ist also Selbstachtung. Meditationen, bewusstes Riechen und Schmecken, Entspannungsübungen und so weiter gehören dazu, sind aber der zweite Schritt nach der inneren Einstellung: Ich achte mich und meine Bedürfnisse, ich handle nach ihnen, ich bin mir selbst wichtig.

Klingt schon ein bisschen spirituell, oder? Aber keine Panik. Ich bin, wie gesagt, nicht euer Guru und will es auch nicht sein. Bei mir müsst ihr nicht eure innere Mitte umarmen (es sei denn, ihr wollt es). Ich wurde weder erleuchtet, noch habe ich in Peru Ayahuasca genommen. Ich glaube ja, dass die Verklärung des Themas die ganze Sache so schrecklich kompliziert und vergeistigt erscheinen lässt, weshalb viele Leute denken, sie könnten das niemals erreichen. Dabei genügt es meiner Erfahrung nach vollkommen, wenn wir uns mit uns selbst auseinandersetzen, wenn wir schauen, was uns guttut, was uns wichtig ist, und uns zugestehen, dass wir das auch verdienen – kurz: wenn wir unsere Bedürfnisse erkennen und ernst nehmen.

Sich mit Selbstliebe und Achtsamkeit zu beschäftigen lohnt sich also! Ich würde euch dafür gerne etwas über einige Maßnahmen aus meinem Alltag erzählen, die mir helfen, mich gut um mich zu kümmern.

Vielleicht bringen euch meine Erfahrungen sehr viel, vielleicht aber auch gar nichts. Aber weiter bringen sie euch auf jeden Fall.

Denn selbst wenn sie euch nicht helfen, so könnt ihr diesen Punkt immerhin von der Liste streichen und wisst: Das wird es nicht sein, was mich zu einem glücklicheren Menschen macht. Ist ja auch schon was wert.

WERTE

Was mir seit Jahren dabei hilft, mich selbst besser zu verstehen und besser kennenzulernen? Dass ich mir immer wieder meine eigenen Werte bewusst mache. Die viel beschworenen inneren Werte spielen nämlich nicht nur bei der Partnerwahl eine Rolle, sie sind auch ein super Wegweiser und Ratgeber. Ich möchte meinen inneren Werten entsprechend handeln, weil sich das einfach gut und richtig anfühlt. Wenn ihr euch mal nicht sicher seid, welchen Weg ihr einschlagen sollt, kann so ein innerer Kompass ungemein nützlich sein. Meistens spüren wir ja intuitiv, wann wir uns »falsch« entscheiden. Da ist so ein ungutes Gefühl bei der Sache, Unsicherheit, viel Abwägen, ein innerer Widerstand. Oft können wir gar nicht genau benennen, woran es denn gerade liegt, dass wir mit einer Entscheidung nicht glücklich sind, wieso es sich anfühlt, als würden wir uns verbiegen. Freunde oder Familie sagen sogar: »Das passt ja gar nicht zu dir.« Aber was genau da nicht passt, das wissen wir nicht. Weil wir unsere eigenen Werte nicht gut genug kennen und vielleicht verlernt haben, auf die Bedürfnisse einzugehen, für die sie stehen.

Möglicherweise ist das ein Problem unserer Generation. Den Begriff »bedürfnisorientiert« gibt es zwar – wenn auch ziemlich umstritten – in Zusammenhang mit Kindererziehung, aber bei einem erwachsenen Menschen? Auf der einen Seite geht es schon sehr viel um uns, irgendwie scheint alles Ego-zentriert zu sein. Ich möchte mich selbst verwirklichen, ich möchte ein freies Leben führen, ich, ich, ich. Im Kern ist das auch gar nicht verkehrt! Aber *wie* mache ich das? Denn paradoxerweise ist uns der Kontakt zu diesem Ich abhandengekommen, obwohl es so sehr im Zentrum steht. Wir kennen unsere eigenen Bedürfnisse überhaupt nicht, schleppen dafür aber einen ganzen Sack voller Erwartungen, Ansprüche und Vorstellungen davon, wie wir gern wären oder wie wir gesellschaftlichen Standards nach zu sein haben, mit uns herum.

Was aber fühlt sich für mich »frei« an? Was bedeutet »Selbstverwirklichung« für mich persönlich jenseits des gesellschaftlichen Drucks? Was brauche ich in meinem Leben? Wer definiert mir diesen ganzen Kram endlich mal?

Letztlich jeder für sich selbst. Selbstverwirklichung bedeutet, Eigenverantwortung zu übernehmen – und das kann unbequem sein. Auf gesellschaftlich akzeptierte Normen und Werte zurückzugreifen erscheint da viel naheliegender und einfacher. Wenn »alle« das so sehen, kann es ja nicht ganz falsch sein. Aber so allgemeingültig gesellschaftliche Grundsätze auch sein mögen, individuell tragfähig sind sie deshalb noch lange nicht und vor allem nicht automatisch. Sie können sogar meilenweit von meinem persönlichen Bedürfnis entfernt sein.

Wenn ich in einer Situation bin, in der ich nicht genau weiß, was ich nun tun soll, die sich vielleicht irgendwie falsch anfühlt, dann versuche ich zunächst, die Antwort in mir selbst zu finden. Klar, das klingt jetzt wieder nach so einem »Gehe in dich, horch in dich rein«. Ich wollte immer schon mal fragen, wie das eigentlich gehen soll. Auf mein »Hallo, ist da jemand?« antwortet jedenfalls erstaunlich selten bis nie eine weise Stimme: »Hallo, Mirella, hier ist dein inneres Ich und ich sage dir, du musst eins mit mir werden!« Und noch viel seltener als nie erklärt mir diese Stimme dann, was ich dafür tun muss. Innere Stimmen haben meist eher was mit Wein zu tun, und dessen Ratschläge sind nicht immer die besten.

Aber über Bauchgefühl und Intuition verfügen wir alle. Wenn wir nicht kapieren, was die uns zu sagen versuchen, müssen wir sie halt für uns (be)greifbar machen. Dafür habe ich – ganz simpel – eine Liste, auf der meine wichtigsten Werte stehen. Wenn ich nicht weiterweiß, krame ich sie hervor und schaue nach. Es hat sich nämlich als viel praktischer erwiesen, eine Situation auf bereits festgelegte Werte hin zu überprüfen, als die Werte erst dann aufzustellen, wenn sie akut gebraucht werden. Dann lenkt mich einfach zu vieles ab, meine Gedanken drehen »Ja, aber«-Schleifen, und ich finde tausend Gründe für oder gegen eine Option.

Also habe ich irgendwann angefangen, diese Liste zu erstellen, die bis heute eine wahnsinnig gute Entscheidungshilfe ist. Wie das geht? Nun, ein schlichtes »Was sind meine Werte?« war mir zu abstrakt. Da fallen mir vor allem Schlagworte ein, die »man« halt so für wichtig erachtet, die kulturell und familiär geprägt sind und deren Relevanz auch niemand anzweifeln würde: Ehrlichkeit, Respekt, und Verantwortung zum Beispiel.

Das sind zweifellos gute und wichtige Werte, aber ob es genau *meine* wichtigsten Werte sind, ist damit nicht gesagt. Es fiel mir viel leichter, mich über konkrete Fragen und Antworten meinen Werten zu nähern. So frage ich mich zum Beispiel: In welcher Umgebung fühle ich mich wohl und was macht sie aus? Sind da andere Menschen, bin ich da alleine, bin ich zu Hause oder auf Reisen, umgibt mich Natur oder Stadt und was könnte das bedeuten? Welche Menschen finde ich inspirierend und welche Eigenschaften schätze ich an ihnen? Was schätze ich besonders an mir selbst und warum? Was macht mir Angst und warum? Worauf möchte ich eigentlich keinen einzigen Tag lang verzichten? Was treibt mich an, was schreckt mich eher ab? Welche vergangenen Entscheidungen haben sich richtig angefühlt? Und für welche Werte stehen meine Antworten?

Es gibt auch die Methode, mithilfe von Strichlisten die eigenen Werte zu definieren. Hierfür kann eine bestehende Liste an Werten als Orientierung dienen. Oder ihr schaut auf eure Vorbilder und welche Werte euch bei ihnen besonders ansprechen. Hinten im Buch habe ich euch diese Ansätze skizziert, damit ihr sie ausprobieren könnt. Wichtig ist, bei sich zu bleiben und nicht zu den Werten zu greifen, die uns besonders moralisch oder anerkannt vorkommen. Priorisiert und achtet darauf, bei welchem Wert sich etwas in euch rührt – sei es Zustimmung oder Widerspruch.

Wenn ihr dann eine, sagen wir, Top-5-Liste eurer Werte aufgestellt habt, könnt ihr anhand dieser eure Entscheidungen auf den Prüfstand stellen. Ist da ein superlukratives Jobangebot im Ausland und euer Top-Wert ist Erfolg? Dann fällt die Entscheidung für den Job bestimmt leicht. Ist euer Top-Wert aber Freundschaft/Familienverbundenheit, so wird sich die Vorstellung, ins Ausland zu gehen, schon wieder nicht ganz so gut anfühlen.

Die steile Karriereleiter ist nicht euer Ding, weil ihr euch dafür verstellen müsstet? Dann ist der Aspekt Finanzen/Erfolg bei euch wahrscheinlich niedriger angesiedelt, als ihr gedacht hättet und euch beigebracht wurde. Dafür spielt vielleicht Authentizität eine größere Rolle.

Einer meiner wichtigsten Werte ist Ehrlichkeit. Ich hasse Lügen, auch Notlügen. Es kommt immer alles irgendwann raus. Wenn ich einfach ehrlich sage, was mich stört, bedrückt, ärgert, kann ich das Problem meistens direkt aus der Welt schaffen. Communication is key! – wieder mal.

Wenn unsere Lebensumstände häufig unseren Werten widersprechen, werden wir unzufrieden. Um das zu vermeiden, versuche ich, so oft es geht meinen Werten entsprechend zu handeln. Natürlich ist mir klar, dass das nicht immer möglich ist. Manchmal muss ich mich den Umständen eben anpassen. Mietezahlen beispielsweise gehört nicht zu meinen Top-Werten, trotzdem muss ich das tun. Ob in der Schule, im Studium oder im Beruf, wir haben nicht immer die Wahl. Aber selbst wenn es nur Nuancen sind, die wir beeinflussen können: Es wird sich besser anfühlen, wenn ihr dabei auf eure Werte achtet, als wenn ihr die Verantwortung ganz aus der Hand gebt und euch zum Spielball der Umstände macht. Ein bisschen Spielraum bleibt uns meistens. Und sobald die Möglichkeit da ist, frei zu handeln, frei zu entscheiden, selbstbestimmt zu leben, solltet ihr sie im Sinne eurer eigenen Werte ergreifen. Mind your own business.

Möglicherweise ist die Erkenntnis, dass gewohnte Normen gar nicht auf euch zutreffen, irritierend. Die Normen und gesellschaftlich vorgelebten Werte bieten ja eine prima Orientierung. Schön sein, schlank sein, reich und erfolgreich sein, wer will das denn nicht?! Ich glaube, es gibt mehr Menschen, als man denkt, denen das alles eigentlich piepegal ist. Aber weil es so verbreitete Ziele sind, fragen sie sich eher, was mit *ihnen* als was mit den Zielen nicht stimmt. Eventuell haben sie diese Ziele sogar schon erreicht und wundern sich, wieso sie immer noch nicht zufrieden sind. Oder sie stehen offen dazu, dass ihnen diese Dinge nichts bedeuten, und werden dafür schief angeguckt. »Wie jetzt, du *willst* gar nicht erfolgreich sein? Du bist nur nicht ehrgeizig genug!« Empathisch geht anders.

Für sich selbst einzustehen und den eigenen Werten gemäß zu handeln, den eigenen Weg zu definieren, kann sich anfühlen wie eine endlose Aufgabe, die euch überfordert. Wenn ihr euer Leben lang auf etwas hingearbeitet habt, nur um dann zu merken, dass euch eigentlich gar nicht viel daran liegt, kann das sogar ziemlich wehtun. Aber sich der eigenen Werte bewusst zu sein, heißt ja nicht, dass ihr direkt alles über den Haufen werfen müsst. Diese Erkenntnis soll bloß dabei helfen, die Weichen für die Zukunft zu stellen, indem ihr eure Entscheidungen auf einer neuen – auf eurer! – Grundlage trefft. Das ist Self Positivity, die Verbindung aus Selbstliebe und Achtsamkeit: Ich bin mir selbst wichtig genug, um meine eigenen Werte zu achten, zu respektieren und mein Leben nach ihnen auszurichten.

Wenn ihr zum Beispiel ein kreativer Freigeist mit hohem Sicherheitsbedürfnis seid – das soll's geben –, dann habt ihr auf der einen Seite womöglich Probleme damit, euch in vorgegebene Strukturen einzufinden. Ihr findet sie blöd, ineffizient, altmodisch, starr. Auf der anderen Seite wird es euch aber auch nicht leichtfallen, ihnen den Rücken zu kehren, da sie eben auch Sicherheit bedeuten. Dieses Dilemma verschwindet nicht, nur weil ihr es einmal benannt habt. Es wird aber greifbarer, und ihr könnt abwägen, welchem Wert ihr im Einzelfall mehr Gewicht beimesst, und euch mit den Konsequenzen dann hoffentlich besser arrangieren. Es ist immer einfacher, etwas zu »ertragen«, wenn ihr wisst, wofür ihr es tut. Und wenn ihr euch den starren Regeln beugt, um euer Sicherheitsbedürfnis zu befriedigen, euch aber gleichzeitig an anderer Stelle Raum freihaltet, um eure Kreativität auszuleben, könnt ihr so für eine zufrieden machende Balance sorgen.

Die Frage nach den eigenen Werten stellt sich nicht nur einmal im Leben. Werte verändern sich im Laufe der Zeit und mit anderen Umständen. Unser sicherheitsliebender Freigeist hat sich vielleicht mit dem Status quo arrangiert, doch beim Thema Familiengründung kriegt er wieder mächtig kalte Füße. Kein Wunder! Doch wenn er versteht, dass seine beiden wichtigsten Werte bei diesem Thema Alarm schlagen, kann er sie sofort besser einordnen und überdenken. Sollte er sich danach für die Familie entscheiden, so kann das die Priorisierung seiner Werte neu mischen, möglicherweise kommt sogar ein neuer Wert hinzu.

Machen wir uns nichts vor: Schwierige Entscheidungen werden immer schwierig bleiben. Aber mein innerer Kompass ermöglicht es mir, sie bewusster zu treffen und die Richtung für die Zukunft selbst festzulegen. Das ist für mich auch deshalb so wichtig, weil ich gewissermaßen unter ständiger Beobachtung stehe. Authentizität als großer Schlüsselbegriff (und übrigens einer meiner Top-Werte) sichert mir meinen Lebensunterhalt. Würden mich die Leute nicht als authentisch erleben, wären meine Zuschauer schnell vergrault. Zu Recht! Schließlich möchte ich ja meine Reichweite nutzen, um Denkanstöße zu geben und um andere zu inspirieren. Für mich ist der Begriff »Authentizität« genauso wenig wie »Feminismus« und »Selbstliebe« zu einem inhaltsleeren Buzzword verkommen. Wenn ich nun selber nicht wüsste, wohin mit mir, wie sollte ich dann glaubhaft für etwas stehen?

Von einer Vorbildfunktion möchte ich dabei lieber nur in Anführungszeichen sprechen, denn ich denke, diese Rolle nimmt man sich nicht, sondern bekommt sie verliehen. Vorbilder sucht sich jeder selbst. Sollte ich für einen Teil meiner Zuschauer zu einem solchen geworden sein, möchte ich auch der Verantwortung gerecht werden, die damit einhergeht. Sie sollen ja keinem falschen Bild auf den Leim gehen.

Ich wähle meine Vorbilder genauso. Auf der Suche nach den eigenen Werten hilft es, von den Menschen zu lernen, die einen inspirieren. Bei mir waren es Menschen aus meinem persönlichen Umfeld ebenso wie Personen im Netz. Wem folge ich, mit wem verbringe ich gerne Zeit, wessen Gedanken berühren mich, wer erweitert meinen Horizont, wer gibt mir ein gutes Gefühl und – zurück zu den Werten – welche Eigenschaften lösen diese positiven Gefühle in mir aus? Authentizität, Humor, Intelligenz, Empfindsamkeit?

Nicht, weil ich diese Person dann kopieren und mir ihre Eigenschaften aneignen will. Sondern weil ich glaube, dass wir instinktiv darauf reagieren, wenn gemeinsame Werte aufeinandertreffen. Irgendwie schwingt man dann anders zusammen, so komisch das auch klingen mag.

Für manche von euch wird das alles kalter Kaffee sein. Manchen wird es super leichtfallen, die eigenen Werte zu benennen. Andere schlagen die Hände über dem Kopf zusammen und fragen sich, was labert die da bloß? Und wieder andere verzweifeln vor dem leeren Blatt Papier und wissen nicht, wo sie anfangen sollen. Wäre ich jetzt eine fröhliche Diplom-Lebenshilfologin, würde ich euch garantieren, dass ihr nur eure inneren Widerstände überwinden müsst, um zu Einsicht und Klarheit und zu einem glücklicheren Sein zu finden. Ich würde euch vielleicht vorschlagen, einen Baum zu umarmen oder ein Mandala zu malen. Bin ich aber nicht. Wenn sich meine Vorgehensweise für euch nicht richtig anfühlt, dann wird es dafür gute Gründe geben. Setzt euch nicht unter Druck, weil irgendwer sagt, dass ihr eure Werte kennen müsst, um ein glücklicher Mensch zu sein. Niemand muss sich hier in irgendeine Sinnkrise stürzen. Wenn ihr auch so ganz gut über die Runden kommt und euch wohlfühlt, füllt bloß keine Listen aus. Kommt ihr hingegen nicht gut über die Runden und fühlt euch ganz und gar nicht wohl, sind Listen vielleicht etwas zu kurz gegriffen. Wenn ihr aber zu dem, was ihr hier lest, irgendeine Form der Zustimmung verspürt, dann probiert es einfach mal aus. Kann man mal machen.

BEDÜRFNISSE

Meine inneren Werte zu kennen ist für mich ein entscheidender Schritt auf dem Weg zu meinen eigenen Bedürfnissen. Wenn ich denen entsprechend lebe, geht es mir gut. Um Bekanntschaft mit ihnen zu schließen, brauche ich allerdings etwas, das wir alle besitzen, auf das zu achten wir nur verlernt haben: Intuition. Sie ist roh und ungefiltert, noch nicht überlagert von rationalem Denken und frei von gesellschaftlichen Normen.

Im Laufe des Erwachsenwerdens müssen wir uns früher oder später auf unser Umfeld einstellen. Wir können nicht nur unserem Verlangen gemäß leben. Vielmehr sollen wir vernünftige, sprich rationale Entscheidungen treffen, die gesellschaftlich anerkannten Zielen (Geld, Einfluss, Erfolg) folgen. Und wenn es gar nicht das ist, was uns glücklich macht? Vor allem müssen es nicht immer die ganz großen Ziele sein, die das Leben bereichern. Oft verdecken sie sogar die Horde an Kleinigkeiten, die uns zufrieden machen würden. Self Positivity heißt für mich auch, all diese Kleinigkeiten, die uns und unser Leben ausmachen, anzunehmen und auf sie einzugehen.

Bei Entscheidungsfragen wird einem zum Beispiel geraten, eine Pro-und-Kontra-Liste zu erstellen. Die taugt mir persönlich gar nicht. Wo ist da denn Platz für meine Intuition? Es gibt da diesen herrlichen Spruch: »Either it's a ›Hell, yeah‹ or it's a ›No‹.« Und genau das spiegelt doch unsere Intuition wider. Bei einer Wohnungsbesichtigung habe ich entweder spontan das Gefühl: »Ja, das ist sie. Hier fühl ich mich zu Hause, da drüben kommt die Couch hin, hier vorne der Esstisch.« Oder eben nicht. So ist es auch mit dem tollen Sommerkleid. Entweder ich kann mich gar nicht lange genug im Spiegel anschauen, oder ich checke erst noch mal das Preisschild, vergleiche andere Kleider, zuppel überall herum, bis ich das Teil schließlich halbherzig einpacke und nie wieder anziehe. Und bei dem potenziellen Partner ist es eigentlich dasselbe. Wenn ich den Typen angucke und alles in mir zustimmt, sollte ich ihn wohl behalten. Sucht aber alles in mir nach Gründen, wieso es vielleicht nicht klappen könnte, ist das kein übermäßig gutes Zeichen. Also stellt euch bei nächster Gelegenheit doch einfach selbst die Frage: Ist es ein »Hell, yeah«, was ihr da im Bauch habt? Dann heißt das Ja. Alles ab »Ja, aber …« ist ein Nein.

Schwieriger wird es, wenn das eigene Bauchgefühl von äußeren Einflüssen übertönt wird. Die gesellschaftliche Norm sagt mir zum Beispiel, ich solle Sport treiben. Ärzte sagen das natürlich auch. Bewegung ist gesund. Was aber, wenn ich mich in einem Fitnessstudio einfach vollkommen unwohl fühle? Muss ich dann lernen, dieses Gefühl auszublenden, mich selbst überwinden und trotzdem hingehen? Müsste es mir da im Sinne der Body Positivity und Selbstliebe egal sein, wie blöd die anderen meiner Meinung nach gucken, weil ich mich dumm anstelle? Nö! Und dafür mache ich mich auch nicht fertig. Mein Körper signalisiert mir intuitiv, was er will und was nicht. Er will Bewegung, hell, yeah! Deswegen tanze ich so gerne. Deswegen mache ich gerne Yoga. Aber in einem Fitnessstudio will er echt nicht so häufig sein. Also schleppe ich ihn da auch nicht hin! Was mich zu viel Disziplin und Überwindung kostet, das halte ich erfahrungsgemäß nicht lange durch. Also mache ich etwas, das meinem Körper guttut und mir Spaß macht. Da kann es auch passieren, dass ich plötzlich wieder meine Pumper-Phase habe, in der ich breitschultrig durchs Fitnessstudio stolziere und gefühlt auf der Hantelbank übernachte. Beides ist völlig okay, entspricht meinem Bedürfnis nach Bewegung, nimmt aber eben auch meine Intuition ernst. Es ist die Aussöhnung von rationalem Verhalten und intuitivem Bedürfnis. Verzicht, Quälerei, Selbstoptimierung hingegen sind mir echt zuwider.

ICH BIN SCHON DAS BESTE ICH, DAS ICH SEIN KANN.

Lasst euch bitte nicht von klugen Sprüchen einreden, es sei anders. Es gibt nicht die »beste Version« von jemandem, es gibt immer nur die eine Version, und die ist in Ordnung! Ich brauche mich nicht zu optimieren. Ich muss nur ein bisschen hinhören …

Ich nenne das »Selbstempathie«. Empathisch zu sein ist vielen Menschen sehr wichtig, und das ist schön. Aber so, wie Selbstliebe der Grundstein für die aufrichtige Liebe zu anderen ist, ist Selbstempathie die perfekte Voraussetzung dafür, anderen gegenüber empathisch zu sein. Ich übe quasi an mir selbst, versuche, mich in mich hineinzuversetzen, meine Wünsche und Bedürfnisse, aber auch meine Unzufriedenheiten und Probleme zu benennen. Das Gespür, das ich dabei entwickle, kommt dann wiederum anderen zugute. Je besser ich meinen eigenen Gefühlshaushalt kenne, desto eher bin ich in der Lage, die Gefühle anderer einzuordnen. Wenn ich weiß, welche Beweggründe hinter meinem Handeln stecken, fällt es mir leichter, auch die Beweggründe von anderen Menschen zu verstehen. Statt ihnen nur zuzuhören, kann ich versuchen, ihre Gedanken nachzuvollziehen. Ich kann ihnen dieselben Fragen stellen, die ich mir stelle, wenn ich unsicher bin und nicht weiterweiß. Und ich kann mich selbst fragen, was eine vergleichbare Situation mit mir anstellen würde. Wenn ich mit mir selbst nicht so hart ins Gericht gehe, wenn ich mir selbst eine gute Freundin sein kann, dann kann ich auch ein besserer Partner, Weggefährte, Zuhörer, Freund für andere sein.

Dank Selbstempathie, Selbstliebe und Selbstachtung habe ich etwas für mich Entscheidendes erkannt und dadurch vieles, an dem ich so arg zu knabbern hatte, verstanden: Ich bin hochsensibel. Klingt wie eine Krankheit, ist aber einfach eine andere Art der Wahrnehmung. Ich habe zu diesem Thema auch ein Video gemacht, das offenbar für viele Zuschauer recht hilfreich war, weil sie sich darin wiedererkannten. Diese Videos, in denen es um ernstere Themen geht, ich denen ich reflektiere und mich bemühe, diffusen Gefühlen oder Erscheinungen einen Namen zu geben, sind für mich selbst wie eine Therapiestunde. Sie helfen mir dabei, für Klarheit zu sorgen. Sobald ich etwas ausspreche, wird es greifbar. Seit dem Hochsensibilitäts-Video habe ich gar nicht mehr großartig über Hochsensibilität nachgedacht. Nicht, weil sie plötzlich verschwunden wäre, sondern weil sie einfach zum Fakt geworden ist, zu meiner Normalität gehört, mit der ich mich angefreundet habe. Ich fühle mich durch sie weder eingeschränkt noch als etwas Besonderes.

Um den folgenden Abschnitt nachvollziehen zu können, müsst ihr nicht hochsensibel sein oder auch nur glauben, dass es so etwas gibt. Ich nehme mich selbst nur als Beispiel, weil ich mich am besten kenne. Wenn ich euch schildere, wie ich mit meiner Hochsensibilität umgegangen bin, dann steht sie stellvertretend für jede Form von Bedürfnis, das wir haben, und jede Form von Unbehagen, das wir empfinden können.

Mein Unbehagen bezog sich vor allem darauf, dass ich mich ständig überfordert fühlte. Ich bin Sternzeichen »Krebs« und denen sagt man nach, sie seien sehr sensible und emotionale Menschen. Keine Sorge, hier folgt kein Sternzeichen-Exkurs. Ich weiß, dass dieses Konzept eine Erfindung des Menschen ist und auf Zufällen basiert. Trotzdem fasziniert es mich, weil eben solche Zufälle in relativer Häufigkeit auftreten und zutreffen. Eigentlich ergibt das keinen Sinn, aber da ich mich darin wiederfinde und es niemandem schadet, kann ich doch meinen ganz persönlichen Sinn daraus ziehen. Für mich bestand er zunächst nur darin, eine Art Begründung für mein Gefühlschaos zu haben. »Ich bin halt Krebs!«

Irgendwann war ich aber so genervt von diesen vielen überwältigenden Emotionen, die immer wieder wie eine Welle über mich hereinbrachen, dass ich herausfinden wollte, ob das noch »normal« ist. Und was macht man da als gebildete junge Frau im 21. Jahrhundert? Klar! Man durchsucht die meist weniger gut gestellten Fragen auf gute-frage.net. (Tut das lieber nicht. Das ist ein ganz seltsamer Teil des Internets.)

Nach ein paar Umwegen, die mich über Horoskope und energetische Steine bis zu psychischen Störungen geführt haben, stieß ich auf einen Artikel über »Hochsensibilität«. Darin habe ich mich auf so erschreckend zutreffende Weise wiedererkannt, dass all die Krankheiten, die man mir vorgeschlagen hatte, im Nu aus dem Rennen waren. Allerdings hatte ich vorher auch nur die Wahl zwischen Pest und Cholera, wie das immer so ist im Internet. Depressionen, Persönlichkeitsstörungen oder ein Tumor, der auf irgendwas im Gehirn drückt, was mich irgendwas anderes tun lässt. Schönen Dank auch.

Aber was heißt eigentlich hochsensibel? Viele Menschen sind sensibel und haben eine empfindsame Seite, bei Hochsensiblen ist diese jedoch sehr stark ausgeprägt. Ich kann mich nicht bewusst entscheiden, ob ich sie zulassen oder eher zurückhalten will, sie ist einfach da.

Emotionen anderer Menschen beeinflussen mich zum Beispiel sehr stark, ich kann sie quasi selbst spüren und am eigenen Leib nachvollziehen. Mit der Konsequenz, dass ich mich gut in andere hineinversetzen kann. Schwierig wird nur die Abgrenzung, wenn ich es eigentlich nicht möchte. Ich kann nicht jede Trauer, jede Unsicherheit, jede Angst zu meiner eigenen machen und jedes Problem der Welt lösen wollen. Immerhin ist da ja auch noch mein eigener Emotionshaushalt – und der reicht oft völlig aus, um mich zu beschäftigen. Mich der Emotionen anderer anzunehmen, ohne mich aktiv vor ihnen schützen zu können, kann daher sehr anstrengend für mich werden.

Auch auf Lautstärke und Geräusche reagiere ich extrem empfindlich. Darum kann ich sehr intensiv Musik hören und richtig darin aufgehen. Will ich aber konzentriert arbeiten, brauche ich absolute Ruhe, was nun mal nicht immer gegeben ist.

Außerdem fallen mir oft Dinge auf, die andere nicht wahrnehmen, weil ich selbst für kleine Reize empfänglich bin. Das ist schön, weil ich mit einem sehr offenen, aufnahmefähigen Blick durch die Welt gehe. Es kann aber auch dazu führen, dass mir mehrere Reize gleichzeitig zu viel werden. Reizüberflutung eben. Mir fehlt ein Filter, mit dem ich mich bei Bedarf gegen meine Umwelt abschirmen kann. So hat alles seine Vor- und Nachteile.

Jede dieser Beobachtungen für sich ergab erst mal kein klares Bild. Dass ich Musik so tief empfinde, hatte ich nicht damit in Verbindung gebracht, dass mich eine laute Umgebung stresst. Generell hatte ich die positiven Effekte immer getrennt von den negativen wahrgenommen. Erst durch die Beschäftigung mit dem Thema Hochsensibilität fielen mir Zusammenhänge auf, die ich vorher übersehen hatte. Es waren nicht einfach nur »schwierige Phasen«, in denen mich mal wieder alles überforderte und ich mich am liebsten verkriechen wollte. Es waren die Sinnesreize, die bei mir stärkere Reaktionen auslösen als bei anderen. Kommen viele auf einmal zusammen, wird es mir zu viel.

Ich begann, die Momente, in denen ich mich überfordert fühlte und zurückzog, in denen ich traurig oder übertrieben launisch war, genau zu beobachten und mich zu fragen, was jeweils die Auslöser für meine intensiven Empfindungen sind. Das braucht Übung, keine Frage. Ich musste erst mal verstehen, dass mich ganz alltägliche Dinge aus der Bahn werfen können, die den meisten Menschen wahrscheinlich nichts ausmachen. Aber es hat sich als sinnvolle Vorgehensweise entpuppt, die ich euch ans Herz legen möchte. Egal, ob ihr dafür Tagebuch führt, Situationen im Kopf miteinander vergleicht, Gespräche sucht oder eine ganz andere Variante findet, Hauptsache, ihr seid offen dafür, Muster zu erkennen. Achtet auf Begleiterscheinungen bei Ereignissen, die für euch stressig sind oder in denen ihr euch unwohl fühlt.

Ich habe gemerkt, dass es bei mir oft dieselben Auslöser in ganz unterschiedlichen Momenten sind, die mich negativ beeinflussen, vor allem aber Menschenmengen, fremde Emotionen und Lärm. Und die nehme ich nun ernst. Ich sage mir also nicht etwa: »Mirella, jetzt stell dich mal nicht so an! Niemand sonst hat da ein Problem mit, du musst da jetzt durch!« Denn genauso wenig, wie ich mich ins Fitnessstudio schleppe, wenn ich da eigentlich gar nicht sein will, werde ich mich absichtlich Situationen aussetzen, die mir mit Sicherheit nicht guttun. Inzwischen habe ich gelernt, diese Seite an mir nicht als Problem zu sehen, das ich überwinden muss, sondern als eine Charaktereigenschaft, die ich respektiere. Natürlich hat sie Auswirkungen auf mein Leben, aber den Umgang damit kann ich selbst gestalten, indem ich mir meiner Bedürfnisse bewusst bin.

Aber dafür muss ich ehrlich zu mir sein. Möchte ich jetzt wirklich auf dieses Event, oder gehe ich eher wegen des sozialen Drucks hin? Mit welchen Personen möchte ich Zeit verbringen? Kann ich gerade die Freundin sein, die jemand braucht, oder bin ich emotional so ausgelastet, dass ich dem gar nicht gerecht werden kann?

Noch schwieriger ist es auszusprechen, dass mir etwas zu viel wird oder dass ich dies oder das nicht möchte. Dass ich nicht mit auf die Party gehen will, weil mir da zu viele Menschen sind. Dass ich lieber für mich sein will, weil mir ein Treffen in diesem Moment mehr Kraft rauben als zurückgeben würde. Dass ich keine Kapazitäten übrig habe, um jemandem meine volle Aufmerksamkeit zu schenken.

Was sich im ersten Moment egoistisch anhören mag, ist in Wirklichkeit das Gegenteil. Indem ich meine Grenzen festlege und sie klar und begründet kommuniziere, nehme ich mich in Schutz, stelle aber gleichzeitig sicher, dass ich für mein Umfeld nicht nur halbherzig bei der Sache bin, weil ich mich verpflichtet fühle. Ein Zuhörer, der eigentlich nur mit seinen eigenen Gedanken beschäftigt ist, ist kein guter Zuhörer, ganz gleich, wie sehr er das auch möchte. Und das ist okay so! In einer buddhistischen Meditation heißt es: »Wir können nur wenig für andere tun, wenn wir selbst verwirrt sind und leiden.« Niemand kann immer zu einhundert Prozent für andere da sein und nie für sich selbst. Ich will meine Mitmenschen auch nicht rätseln lassen, was ich »jetzt schon wieder habe«. Deswegen lasse ich sie wissen, wie ich mich fühle. Das haben beide Seiten verdient.

Ein Beispiel gefällig? Als ich nach Köln zog, war es selbstverständlich, dass ich auch zum Kölner Karneval gehen sollte. Das ist nun mal Tradition und gehört dazu. Um ehrlich zu sein, hatte ich aber überhaupt keinen Bock. Bei dem Gedanken an Tausende betrunkene und verkleidete Menschen kam so gar keine Feierlaune bei mir auf. Aber ich war verabredet. Ich hatte zugesagt, also würde ich das jetzt auch durchziehen, weil sich das so gehört. Ich traute mich nicht abzusagen, hatte Angst vor dem schlechten Gewissen. In mir sträubte sich aber alles so sehr, dass ich wirklich anfing zu heulen, als ich losmusste. Ich wollte nicht. Auf gar keinen Fall.

Schließlich habe ich all meinen Mut zusammengenommen und abgesagt. Ohne mich mit vorgetäuschter Krankheit herauszureden, habe ich ehrlich zugegeben, dass ich solche Veranstaltungen einfach nicht ausstehen kann.

Ich erntete weder Buh-Rufe, noch wurde ich mit brennenden Fackeln durch die Stadt getrieben. Die Freunde, mit denen ich verabredet war, stießen zwar auch keine Jubelschreie aus, aber es war okay für sie – und ich war unglaublich erleichtert.

Die Einzige, die eine große Sache daraus gemacht hatte, war ich selbst. Ich war diejenige, die sich Stress gemacht hatte. Alle anderen waren entspannt und wollten letztlich auch nur, dass es mir gut geht und jeder eine möglichst gute Zeit erleben kann. Wenn das für mich bedeutete, zu Hause zu bleiben, so what? Davon geht die Welt nicht unter.

Hier noch ein alltäglicheres Beispiel: Wenn ich in Berlin bin, quartiere ich mich bei meiner Freundin Vanessa, auf YouTube auch bekannt als Malwanne, ein. Die Tage sind meist sehr ereignisreich, wir sind viel unterwegs, ständig von Leuten umgeben, drehen vielleicht ein Video zusammen. Nach dem Abendessen lässt sie mich dann erst mal eine Weile alleine, weil sie weiß, dass ich einfach keine Kapazitäten mehr habe, um irgendetwas aufzunehmen. Danach kann es dann mit der Abendplanung weitergehen. Wir haben darüber ein- oder zweimal gesprochen und seitdem ist das unser Agreement. Wieder kein großes Ding, ich musste meinen Wunsch weder rechtfertigen noch verteidigen. Ich musste ihn nur aussprechen.

Solche Situationen und einfachen Lösungen zeigen mir, dass es okay ist, wie ich bin – und dafür bin ich sehr dankbar. Wer für ehrlich kommunizierte Gefühle kein Verständnis hat oder mir einzureden versucht, dass die Art, wie ich fühle, »falsch« sei, dem kann ich leider auch nicht mehr helfen. Wem etwas an mir liegt, der wird auch versuchen, mich zu verstehen oder zumindest meine Wahrnehmung zu akzeptieren.

Zu den eigenen Bedürfnissen zu stehen, selbst wenn sie Rückzug bedeuten, heißt nicht, asozial zu sein. Es ist absolut in Ordnung, sich selbst die oberste Priorität einzuräumen. Im Flugzeug soll man ja auch zuerst sich selbst die Atemmaske aufsetzen.

WIR KÖNNEN ANDEREN NUR DANN KRAFT GEBEN, WENN WIR SELBST WELCHE HABEN.

Also achtet auf euren Energiehaushalt!

Hierzu habe ich mal eine Mindmap entworfen: Auf der einen Seite steht, was mir Energie gibt, auf der anderen, was mir Energie raubt. Darauf kann ich jederzeit zurückgreifen, ich kann sie erweitern und versuchen, mehr von dem zu tun, was meine Reserven auffüllt, und weniger von dem, was sie leert. Eine entsprechende Vorlage findet ihr hinten im Buch. Füllt sie aus, falls ihr meint, das könnte zu euch passen und euch guttun.

WIE MAN AUF DEN VERZICHT VERZICHTET

Die drei Leitsätze »Communication is key!«, »Mind your own business!« und »Show some respect!« spielen in meinem Alltag eine entscheidende Rolle. Ich bin nämlich ein Fan davon, Grundsätze nicht nur zu predigen, sondern sie auch zu leben. Hilft ja keinem was, wenn die nur schick klingen, aber nicht umsetzbar sind.

Nachdem ich schon ganz viel darüber erzählt habe, wie wichtig es ist, die eigenen Bedürfnisse wahrzunehmen, sich selbst zu achten, und auf die inneren Werte eingegangen bin, möchte ich euch im Folgenden noch ein paar weitere Tipps aus meinem Alltag mitgeben. Die machen das Ganze greifbarer und ihr könnt sie so abwandeln, wie es für euch passt. Nehmt euch, was sich gut anfühlt, und lasst den Rest weg.

Zuerst soll es um Kommunikation gehen. Offene Kommunikation spielt in meinem Alltag wirklich eine Schlüsselrolle. Je öfter ich mich darin übe, desto mehr vertraue ich auf einen positiven Ausgang, weil mir die eigene Statistik recht gibt. Mich als mein wichtigstes Business zu begreifen ist dagegen nicht immer einfach. Es ist sogar oft ganz schön schwierig. Aber wer läuft schon mit einem Dauergrinsen durch die Gegend, findet sich permanent umwerfend, kümmert sich die ganze Zeit gut um sich selbst und strahlt 24/7 innere Zufriedenheit aus? Ich jedenfalls nicht. Ich bin nämlich nicht immun gegen den Druck von außen, geschweige denn gegen den Druck, den ich mir selbst mache. Um Raum für Ausgleich zu schaffen, habe ich mittlerweile praktische kleine Routinen entwickelt, die mir jederzeit zur Verfügung stehen. Es sind ganz simple Alltagstricks, mit denen ich mich gut fühle und die mir helfen abzuschalten. Beispiele hierzu findet ihr im Abschnitt »Routinen«.

Und auch die Ernährung soll noch zur Sprache kommen. Dass Essen für mich ziemlich wichtig ist, dürfte euch ja schon aufgefallen sein. Viele von uns investieren inzwischen einen Großteil ihrer Zeit, Energie und Optimierungsbemühungen auf die Ernährung. Alles dreht sich darum, wie hübsch unser Essen aussieht, was es enthält beziehungsweise was nicht und wie viele Kilos man damit ab- oder zunehmen wird. Zumindest lässt mich das Internet zu diesem Schluss kommen, denn vor dem Thema kann ich mich kaum retten. Demnach mache ich übrigens ziemlich viel falsch, womit ich aber gut leben kann. Mit dem Grundsatz, mich selbst und meine Bedürfnisse an erste Stelle zu setzen und zu respektieren, ist schließlich auch ein verändertes Mindset verbunden. Es ist nicht mehr von

Verzicht und Scheitern geprägt, sondern einzig und allein an meinen Bedürfnissen und inneren Werten ausgerichtet. Insofern steht Ernährung in diesem Kapitel stellvertretend für alle Bereiche meines Lebens, in denen ich mich intuitiv und unter positiven Vorzeichen auf das besinne, was mir wirklich guttut, statt mir von außen vorschreiben zu lassen, was das zu sein hat.

REDEN IST GOLD

Ha, endlich kann ich mal absichtlich ein Sprichwort verunstalten! Denn ich habe sonst so meine Problemchen mit Sprichwörtern und bestimmten Begriffen, die ich, ohne es zu ahnen, immer wieder falsch benutze. Wenn ihr später im Text über den »Spätzünder« stolpert: Ich dachte bis zu diesem Buch, dass es Spätsünder heißt (was, unter uns, ja auch viel mehr Sinn ergeben würde). Das ist übrigens genetisch bedingt, meine Mama hat letztens gesagt: »Risk is fun.« Kennt man, das altbekannte Sprichwort! Aber sei's drum, das Reden-Schweigen-Sprichwort kenne ich immerhin und kann es hier bewusst umformulieren. Ich halte es nämlich für extrem wichtig, dass wir die Klappe aufmachen, wenn uns etwas stört, statt alles nur stillschweigend zu erdulden.

Dabei ist es auch nebensächlich, was euch fühlen lässt, wie ihr fühlt. Eure Empfindungen sind weder falsch noch schlecht, und es gibt immer einen Grund dafür, dass sie da sind. Manchmal sind diese Gründe so gravierend, dass es nicht nur um ein bisschen Unzufriedenheit oder Traurigkeit geht. Dann reicht es möglicherweise nicht aus, ein wenig am Mindset zu schrauben. Vielleicht wäre dann eine Therapie der sinnvollere Weg. Professionelle Hilfe anzunehmen ist wirklich kein Zeichen von Schwäche oder Versagen. Im Gegenteil. Es zeigt, dass ihr den Mut und das Verantwortungsbewusstsein habt, eure Probleme anzugehen, und gewillt seid, Lösungen zu finden. In der Arbeitswelt ist lösungsorientiertes Handeln doch auch schick. Macht damit nicht an eurer Haustür halt. Wenn ihr unter euren Empfindungen leidet, müsst ihr sie nicht tatenlos hinnehmen.

Die Gründe für ungute Gefühle können aber auch in eurem Wesen liegen. Dann gehören sie zu euch wie die Farbe eurer Augen und haben wie eure Augen Einfluss darauf, wie ihr die Welt wahrnehmt. Daran ist nichts auszusetzen. An euch ist nichts auszusetzen. Wäre doch auch schrecklich langweilig, wenn wir alle exakt dasselbe wahrnehmen und fühlen würden! Unterdrückt weder Freude noch Widerstände, nur weil euch weisgemacht wurde, sie seien nicht richtig oder nicht angemessen. Nehmt sie ernst. Und wenn ihr häufig mit negativen Emotionen zu tun habt, kann eine Umstellung eurer Gewohnheiten helfen. Forscht also nach euren Mustern, denn sobald ihr die Muster erkennt, könnt ihr selbstbestimmt Einfluss nehmen.

Bei mir waren die Auslöser für Angespanntheit, Niedergeschlagenheit und starke Stimmungswechsel gewisse Situationen, Umgebungen oder Konstellationen von Menschen. Allerdings war ich lange der Meinung, dass der Fehler bei mir liegen müsse, denn außer mir hatte ja anscheinend niemand ein Problem. Also habe ich mich dazu gezwungen, mein Unbehagen zu ignorieren und mich diesen Situationen trotzdem auszusetzen.

Betrete ich beispielsweise einen Raum mit Hunderten von Menschen, die zum Socializen und Networken zusammengekommen sind, fühle ich mich so überfordert, dass ich sogar vergesse, wie man anständig »Hallo« sagt. Dann überlege ich tatsächlich, ob ich ein heimatverbundenes »Servus miteinand« rufen oder doch lieber den Handrücken einer Dame küssen sollte. Zu viele Reize prasseln gleichzeitig auf mich ein, als dass ich noch klar denken könnte, und mein Hirn spult ein Sammelsurium an erlernten Verhaltensmustern ab, ohne klar einordnen zu können, welche jetzt passend wären. Alles in mir fordert den sofortigen Rückzug. Da ich aber schlecht schreiend aus einem Raum rennen kann, kaum dass ich ihn betreten habe, bleibe ich, weiß aber nicht, was ich tun soll, halte mich an einem Wasserglas fest und bete, dass mich irgendjemand retten wird. Versucht mal, so zu networken! Meine Anwesenheit bei solchen Veranstaltungen nutzt wirklich niemandem, weder mir noch den anderen. Selbst wenn ich jeden Einzelnen in diesem Raum persönlich kennen und mögen würde, sobald alle auf einem Fleck sind, komme ich einfach nicht mehr hinterher.

Aber seit mir die Parallelen vieler für mich unangenehmer Situationen, Umgebungen und Konstellationen klar geworden sind (Lärm und Trubel zum Beispiel), kann ich trainieren, sie im Vorfeld einzuschätzen. Die Entscheidung, die ich allerdings treffen musste: Bin ich mir wichtig genug, habe ich genug Respekt vor mir selbst, um diese Empfindungen anzuerkennen und meinen Bedürfnissen entsprechend zu handeln?

Die Frage ist natürlich so gestellt, dass sie eigentlich kaum mit »Nein« beantwortet werden kann, denn ihr solltet euch immer wichtig genug sein, um euch nicht absichtlich Schlechtes zu tun. Schließlich gibt es immer noch genügend Momente, in denen ihr es nicht vermeiden könnt, euch unangenehmen Situationen auszusetzen. Solange ihr aber die Wahl habt, nutzt sie in eurem Sinne.

Folglich war meine Antwort ebenfalls »Ja«. Seitdem wird offen und ehrlich kommuniziert: »Das ist mir jetzt gerade zu viel.« Was für eine Erleichterung! Ich kann es benennen und es somit nicht nur für mich, sondern auch für andere verständlich machen. Kein diffuses »Ich weiß ja auch nicht« mehr, keine Überwindung, weil »man das halt so macht«. Mein Umfeld muss nicht mehr hellsehen können oder raten, was mich bedrückt, weil ich es ihnen jetzt sage. Damit gebe ich anderen die Chance, meine Absage oder meinen Rückzug nicht als persönliche Zurückweisung aufzufassen. Sie brauchen sich auch keine Sorgen mehr machen, dass ich irgendwas nicht im Griff habe oder sie vielleicht nicht leiden kann. Und ich muss nun nicht mehr orakeln, was mit mir »falsch« ist. Da ist nicht mehr dieses nagende Gefühl, in Sachen Sozialkompetenz zu versagen.

Ja, Reden ist Gold, weil es alle Beteiligten von der ewigen Grübelei über die möglichen Beweggründe befreit. Die kennen wir wohl alle. Hat sich ein Freund schon längere Zeit nicht mehr gemeldet, fangen wir an, es auf uns zu beziehen. Ohne dass wir die Gründe kennen, drehen sich unsere Gedanken plötzlich im Kreis und klappern verschiedene Erklärungen ab, von denen die meisten nicht gerade erquicklich sind. Aber statt einfach nachzufragen – ohne Vorwurf, wenn's geht –, brüten wir lieber vor uns hin und schleppen die Unsicherheit so lange mit uns herum, bis wir richtig sauer werden: »Ich bin wohl nicht wichtig genug.«

Dabei gibt es hundert Gründe, sich nicht zu melden. Viel zu tun, Stress auf der Arbeit oder in der Beziehung, vorübergehende Kommunikationsmüdigkeit. Außerdem telefonieren manche Menschen lieber als andere. Und solche, die nicht gerne Nachrichten in ihr Handy tippen, soll es auch geben. Wenn ihr euch darüber austauscht, wie euer eigenes Bedürfnis und das eures Gegenübers aussehen, könnt ihr meistens ganz entspannte Kompromisse finden und an einer gemeinsamen Basis arbeiten. Und vielleicht meldet ihr euch beim nächsten Mal einfach selbst, wenn ihr quatschen wollt, und bietet ein offenes Ohr an, statt schmollend darauf zu warten, dass der andere sich rührt. Freundschaft wird ja nicht nach Terminplan gepflegt, wonach jeder in definierten Abständen zum Rapport gebeten wird. Oder ihr einigt euch auf eine gemeinsame Routine: Jeden Donnerstag um 18:30 Uhr wird telefoniert. Gute Sache, wenn beide Seiten damit fein sind! Findet einen Weg, der euren Bedürfnissen entspricht, achtet die Bedürfnisse der anderen und geht Kompromisse ein, die sich für euch tragbar anfühlen. Wenn ihr offen damit umgeht, dass ihr euch mehr Kontakt wünscht, gebt ihr den anderen die Möglichkeit, darauf einzugehen und euch zu verstehen. Und wenn sie es ablehnen? Dann ist es wohl nicht weiter schlimm, wenn Funkstille herrscht.

Vielleicht wird dem einen oder anderen jetzt ganz mulmig zumute, weil ihr eher zu den introvertierten Menschen gehört und euch der Kontaktwunsch anderer oft überfordert. Dann könnt ihr auch das mit derselben Selbstverständlichkeit aussprechen. Wenn es euch guttut, Zeit für euch selbst zu haben, dann nehmt das ernst – und kommuniziert es. Ist doch wurscht, ob es nun gesellschaftlich anerkannter ist, zwanzig beste Freunde zu haben, mit denen ihr euch fünfmal die Woche zum Mittagessen trefft und jeden Samstag feiern geht. Wenn es euch persönlich nicht guttut, lasst es bleiben. Euer perfekter Samstagabend besteht aus Bügeln und Couch? Dann ab auf die Couch und ans Bügelbrett mit euch. Als anerkannte Diplom-Bügologin kann ich das übrigens gut verstehen …

Habt ihr erst mal die Basis dafür geschaffen, dass euer Umfeld euch versteht und eure Bedürfnisse kennt, könnt ihr die Zeit mit ihnen deutlich entspannter genießen. Ihr wisst dann, dass ihr jederzeit aus einer belastenden oder anstrengenden Situation herauskönnt, ohne Ausflüchte suchen oder spontane Ohnmachtsanfälle vortäuschen zu müssen. Ihr könnt euch die Zeit für euch selbst nehmen, ohne deswegen ein schlechtes Gewissen zu haben oder euch komisch vorzukommen. Ihr allein trefft die Entscheidungen. Und diese Freiheit ist superwertvoll.

Viel zu viele Menschen tendieren dazu, sich im Kopf Worstworst-Case-Szenarien auszudenken. So richtig dunkelschwarz. Das kenne ich auch von mir. Wirklich verwunderlich ist dieses düstere Kopfkino allerdings nicht, immerhin wünschen wir uns alle, akzeptiert zu werden, und fürchten uns vor Ablehnung. Also »zerdenken« wir Situationen und malen uns ein so desaströses Bild von dem möglichen Ergebnis aus, bis wir uns nicht mehr trauen, einen Pieps von uns zu geben.

»Wenn ich jetzt absage, wird mich niemand mehr mögen.« »Wenn ich jetzt keine Zeit für ihn habe, werde ich einen Freund verlieren.« »Wenn ich jetzt ehrlich bin, werden mich alle hassen.« An sich spricht gar nichts dagegen, im Rahmen von Krisenbewältigung und Situationsanalyse auch Worst-Case-Szenarien zu entwerfen, um entsprechend gewappnet zu sein. Jedoch sollten wir dann auch dazu in der Lage sein, vernünftig einzuschätzen, wie wahrscheinlich dieser Ausgang realistischerweise ist. Werden sich garantiert alle von mir abwenden? Werde ich sofort aus der Familie geschmissen und enterbt? Werde ich meinen Job verlieren, aus der Wohnung fliegen und obdachlos mit meinem letzten Rest an Datenvolumen einen verzweifelten Hilferuf via Crowdfunding starten müssen? Wird die Welt definitiv untergehen?

Ich versichere euch: In den allermeisten Fällen ist die Situation nicht so schwarz, wie sie uns vorkommt. Wir machen uns nur selbst fertig, indem wir im Kopf schon durchgehen, was alles schieflaufen könnte, ohne uns einmal zu fragen, ob wir nicht vielleicht ein bisschen übertreiben.

Da hätte ich auch ein Beispiel aus Mirellas Alltag parat: Wie ich einen Hund adoptierte (hell, yeah!). Als ich meine Entscheidung getroffen hatte, war die Vorfreude riesig. Ich war richtig euphorisch. Keine halbe Stunde später war meine Laune aber wieder komplett im Keller. Ich stellte mir nämlich vor, wie Familie und Freunde auf die Neuigkeit reagieren würden. In meinem Kopf ging ich bereits jedes einzelne Telefonat durch, stritt mich mit meiner Schwester darüber, ob ich so viel Verantwortung übernehmen könne, erklärte meiner Mama fünfmal, wie alles ablaufen würde, und bei meinem besten Freund befürchtete ich, dass mir vor lauter Augenrollen über seine Belehrungen die Augen schielend stehen blieben.

Ich war wütend, dass mir niemand etwas zutraut, traurig, dass sich keiner mit mir freut, ich war verzweifelt und am Boden zerstört, wollte das ganze Vorhaben schon abblasen, weil mich ja eh keiner versteht – ohne auch nur *einmal* das Telefon in der Hand gehabt und wirklich mit jemandem gesprochen zu haben! Alles war nur in meiner Vorstellung passiert, nur in meinem Kopf.

Als ich dann doch noch all meinen Mut zusammennahm und meine Liebsten anrief, um mir meine Standpauken abzuholen, kam jedoch alles ganz anders. Nur eine halbe Stunde später wusste ich zu meinem größten Erstaunen, dass sich alle mit mir freuten und ich mir den Stress hätte sparen können. Wie in dieser berühmten Geschichte von dem Mann, der sich bei seinem Nachbarn einen Hammer leihen will, dann im Kopf ein völlig absurdes Gebilde aufbaut, wieso ihn der Nachbar nicht leiden kann und ihm den Hammer gar nicht geben will, um schließlich zum Nachbarn zu stürmen, zu klingeln und den ahnungslosen Kerl anzubrüllen, dass er seinen scheiß Hammer behalten kann. Auch ich hatte einen ganzen Familienstreit durchlebt, von dem niemand wusste.

Was ich damit sagen will: Macht euch selbst das Leben nicht schwer, indem ihr gleich alles auf euch projiziert und nur vom Schlimmsten ausgeht. Wenn ihr euch unsicher seid, fragt nach, statt die Unsicherheit über euch bestimmen zu lassen. Damit machen wir uns nur selbst kirre, ändern an der Situation aber gar nichts.

Und was spricht eigentlich dagegen, erst mal vom Positiven auszugehen? Egal, ob ihr gute (oder schlechte) Neuigkeiten mitzuteilen habt, ob ihr jemanden gernhabt, euch aber nicht traut, es zu sagen, ob euch nach einem spontanen Mittagessen ist oder was auch immer: In den allermeisten Fällen meinen es unsere Mitmenschen nicht böse mit uns, sie kennen nur unsere Bedürfnisse nicht. Gebt ihnen und euch eine Chance, indem ihr sie daran teilhaben lasst.

Ein bisschen Mut braucht es dafür schon. Als ich anfing, offen und ehrlich mit den Menschen in meinem persönlichen Umfeld darüber zu sprechen, was so alles in mir vorgeht, hatte ich auch Bedenken, dass sie es sauer, genervt oder abweisend aufnehmen. Aber es konnte auch nicht die Lösung sein, dass ich vor einem Event in Heulkrämpfe ausbreche, weil ich absolut nicht hingehen will, nur um dann mit geröteten Augen und einem halbherzigen Lächeln auf der Matte zu stehen. Das bedeutet ja nicht automatisch, dass ich für nichts zu gebrauchen bin. Wenn mich Freunde um einen Gefallen bitten oder es mal spontan auf eine Reise durch Südamerika gehen soll, sage ich ganz klar: Kann man mal machen. Sich auf Neues einlassen, den Horizont erweitern, raus aus der Komfortzone – alles total empfehlenswert. Es gibt aber auch sehr beliebte Freizeitangebote, die ich einfach nur hasse. Gokartfahren und Oktoberfest, Karneval und sonstige Feiereien mit sehr viel Alkohol und sehr wenigen Hemmungen zum Beispiel. Dazu sag ich: Nein. Kann man mal lassen. Deshalb bin ich nicht weniger wert.

Was aber, wenn mich ein Freund darum bittet, genau bei solchen No-Gos mitzukommen? Die Antwort lautet natürlich: Ehrlich kommunizieren. Mir wurde es noch nie übel genommen, wenn ich erklärt habe, dass ich nicht die geeignete Begleitung sei. Wer will schon eine Spaßbremse mit Ankündigung dabeihaben? Da ich aber auch niemanden im Regen stehen lassen will, habe ich – das ist quasi die Option für Fortgeschrittene – auch schon proaktiv jemand anderes vorgeschlagen, dem es sicher eine Menge Spaß machen würde, Vollgas zu geben. Sowohl beim Gokartfahren als auch beim Biertrinken. Für die gemeinsame Zeit habe ich mir dann lieber etwas ausgesucht, bei dem ich mich nicht so schrecklich fehl am Platze fühle. Letztlich hatten dann alle eine viel bessere Zeit, als wenn ich mich aus falsch verstandenem Pflichtgefühl dazu hätte breitschlagen lassen, doch mitzukommen.

Jeder von uns hat zu jeder Zeit das Recht, Nein zu sagen. Jeder von uns hat aber auch zu jeder Zeit das Recht, laut »Hell, yeah« zu rufen! Lasst euch nichts anderes einreden, vor allem nicht von euch selbst. Redet lieber mit anderen, statt euch zu zwingen oder zu isolieren. Eure Bedürfnisse sind es wert, kommuniziert zu werden.

ROUTINEN

Jetzt hatte ich also immerhin die Grundlage dafür geschaffen, mich nicht ständig in unangenehme Situationen zu manövrieren. Doch das Leben besteht auch aus Situationen, denen ich nicht so einfach aus dem Weg gehen kann. Das eigene Umfeld mit ins Boot zu holen ist daher zwar ein guter und wichtiger Schritt, macht das Leben aber noch nicht zu einer rosaroten Einhornwiese der Glückseligkeit. Immer wieder habe ich mit Unsicherheit, Überforderung und Unausgeglichenheit zu kämpfen. Hier hat es mir geholfen, Routinen zu entwickeln, die meinen Bedürfnissen entsprechen. Auf diese Weise bekommen meine Bedürfnisse den nötigen Raum, sobald sie zu kurz kommen. Das Gute an Routinen? Sie folgen einem immer gleichen Muster, sodass ich nicht über sie nachdenken und viele Entscheidungen treffen muss. Sie helfen mir dadurch, sowohl Energie aufzutanken als auch gleichzeitig Energie zu sparen.

Eine feste Größe in meinem Leben ist Yoga. Es gibt mir Halt und Beständigkeit. Als ich 2017 mehrere Monate durch Südamerika reiste (dazu später mehr), hatte ich keinen Plan, keine festen Aufgaben und auch keine Person an meiner Seite, die mir als Anker hätte dienen können. Es gab keinerlei Konstanten. Ich war allein und ohne wirkliches Ziel auf einem fremden Kontinent, bereiste mehrere Länder, sah viele unterschiedliche Gegenden, lernte immer wieder neue Menschen kennen und wechselte oft die Wohnsituation. Kein Tag war wie der andere, permanente Veränderung. Um dabei nicht den Kopf zu verlieren, brauchte ich eine Routine, musste mir selbst die Konstante sein. Also habe ich damit begonnen, jeden Morgen Yoga zu machen. Das war mein unveränderliches Mantra, etwas, das ich jeden Tag machen konnte, ganz gleich, wo ich gerade war. Beim Yoga war ich unabhängig, brauchte nichts und niemanden außer meiner Matte und ein bisschen Zeit. All die verrückten Tage wollte ich bewusst angehen, nicht einfach in den Tag hineinleben und, erdrückt von den vielen neuen Eindrücken, nur noch vor mich hin reisen. Ich wollte keinen Trott – aber ein Ritual.

Yoga war genau das Richtige für mich. Zum einen ist es natürlich gut, sich zu bewegen. Vor allem uns Vielsitzern mit unseren verkürzten Sehnen und verspannten Rücken kann das überhaupt nicht schaden. Das hat auch gar nichts Spirituelles an sich, beim Yoga nimmt man einfach Positionen ein, in denen man im Alltag selten verharrt. Zumindest ich habe normalerweise selten den Kopf unterhalb meiner Hüfte, wenn ich am PC sitze und Videos schneide. (Wäre aber mal eine interessante Herangehensweise.) Yoga fordert Bereiche meines Körpers, die sonst wenig zu tun haben.

Viele der Positionen beim Yoga sind aber nicht nur ungewohnt für den Körper, sondern auch total schwierig zu halten. Und da ich schon völlig ausgelastet bin damit, zu atmen und nicht umzukippen, komme ich garantiert nicht ins Grübeln. Den Hintern im geforderten Winkel in die Luft strecken, den Rücken gerade lassen, den Kiefer entspannen, dabei das Atmen nicht vergessen und am besten noch lächeln und sich den drohenden Pups verkneifen … Wer da noch Energie übrig hat, sich den Kopf zu zermartern, der hat wahrscheinlich noch nicht die richtige Position gefunden. Also erst mal weder New Age noch Erleuchtung. Yoga bietet zwar die Möglichkeit, sich in eine spirituelle Richtung zu entwickeln, aber das ist kein Muss. Gegen »müssen« bin ich eh allergisch. Yoga ist einfach eine effektive Form, um den Kopf freizukriegen.

Und schließlich kommt man in der Schlussentspannung – auch Shavasana oder ganz lebensbejahend Totenstellung genannt –, mit der jede Yogastunde ausklingt, in einen meditationsähnlichen Zustand. Dabei werden die Gedanken fokussiert oder losgelassen. Auch das lässt sich völlig unesoterisch erklären. Da Yoga ziemlich anstrengend sein kann – Anstrengung der angenehmen Art – ist diese Entspannungsphase nötig. Man ist halt platt! Mehr als Nichtstun ist dann nicht mehr drin, aber es ist bewusstes Nichtstun, etwas, das viele von uns gar nicht mehr kennen. Nach körperlicher Anstrengung fällt mir das viel leichter, als wenn ich auf dem Sofa oder Boden sitze und mir vornehme: Mirella, jetzt machste mal nichts. Meditation ist nämlich etwas, das ich nicht so richtig draufhabe. Viele schwören ja auf Meditation, schwärmen davon, wie toll es sei, und ich kann es mir auch gut vorstellen. Deshalb werde ich mich mit dem Thema auf jeden Fall noch intensiver beschäftigen. Bislang habe ich es aber noch nicht hinbekommen, wirklich zu meditieren. Irgendetwas bringt mich immer raus, lenkt mich ab, will nicht so ganz funktionieren. Wenn ich mir fünfzehn Minuten Zeit nehme, um zu meditieren, fühle ich mich danach gut, keine Frage. Aber genauso gut, wenn nicht sogar besser, fühle ich mich nach einem fünfzehnminütigen Mittagsschlaf. Womöglich bin ich eher der Typ Powernap. Wäre auch vollkommen in Ordnung. Wo kämen wir denn da hin, wenn nur ein bewusst lebender Mensch des 21. Jahrhunderts ist, wer meditiert oder Yoga macht oder literweise Abnehmtee in sich reinkippt. Mein Motto ist deshalb ja auch nicht: Muss man so machen. Sondern: Kann man mal machen. Wenn es für mich oder dich taugt, go for it. Wenn nicht, halt dich bloß nicht damit auf, dich deswegen schlecht zu fühlen. Ich erwarte nicht, dass jeder, der mein Buch gelesen hat, danach umgehend die *hier kompliziert Yoga-Position einfügen, bei der man sich garantiert erst mal was verrenkt* beherrscht, weil ihr sonst keine coolen Kids mehr seid. Yoga, Meditation oder was auch immer ist nicht *der* Halt, den ihr in eurem Leben unbedingt braucht, um ausgeglichener zu werden. Ich persönlich finde nur, dass es hilfreich ist, *einen* Halt in Form einer Routine, eines Rückzugsortes zu haben, um mehr Stabilität im eigenen Alltag zu gewinnen. Einen Halt, über den ihr selbst bestimmen könnt und der nur von euch abhängt!

Nach meiner Südamerika-Reise habe ich Yoga als festen Bestandteil in mein Leben integriert. Nicht nach Terminplan, sondern als eine Option, die mir zur Verfügung steht, wann immer ich eine Konstante brauche. Als Freiberuflerin, die manchmal tagelang nur zu Hause ist, kann es mir schon mal passieren, dass ich in einen Trott verfalle und mir jegliche Motivation flötengeht. Nach dem Aufstehen könnte ich mich ohne Weiteres zwei Stunden vor den Fernseher setzen und mein Müsli schlürfen, um mich dann irgendwann mit einem tiefen Seufzer an die Arbeit zu machen. Beginne ich den Morgen aber, indem ich mich nach dem Aufstehen erst mal zwanzig Minuten auf der Yogamatte verrenke, fühle ich mich fit, wach und bereit für den Tag. Ich bin schon in Bewegung, die nächtliche Verspannung ist weggedehnt – und so gehe ich mit einer ganz anderen Attitude an meinen Schreibtisch.

So eine »Morgenroutine« gelingt mir aber echt nicht immer. Manchmal mache ich Yoga und manchmal sitze ich doch zwei Stunden vor dem Fernseher, löffle mein Müsli und schmuse mit meinen Haustieren. Das ist meine Form von Balance. Ich zwinge mich nicht. Auch nicht zu irgendeiner anderen Form von Sport. Ich richte mich nach meinem Bedürfnis. Spätestens wenn ich zwei Wochen lang keinen Sport gemacht habe, werde ich unerträglich, weil ich zu viel Energie in mir habe, die rausmuss. Wenn sich das in Form von Hibbeligkeit äußern würde, wäre es ja vielleicht noch unterhaltsam, aber ich werde richtig launisch. Und das ist weder für mich noch für meine Umwelt angenehm. Mein Körper signalisiert mir damit: Mach mal was! Doch ob ich mich danach fühle, ins Fitnessstudio oder tanzen zu gehen, eine Radtour oder einen Dauerlauf zu machen oder wie ein Putzteufel durch die Wohnung zu jagen, entscheide ich spontan. Und es fühlt sich großartig an! Die schlechte Laune löst sich in Luft auf. Manchmal kann ich es selbst kaum glauben, wie gut es funktioniert, nur auf mich selbst zu hören. Zwang hingegen gibt der schlechten Laune nur neue Nahrung!

Mit Prokrastination ist es übrigens genauso. Wir alle brauchen Pausen und Auszeiten. Wenn wir uns aber dazu zwingen oder unser schlechtes Gewissen sich meldet, haben wir absolut nichts gewonnen. Die Zeit, die wir uns genommen haben, nutzen wir dann nicht bewusst, um abzuschalten, und die Aufgaben, die wir dafür »vernachlässigen«, werden trotzdem nicht erledigt. Eine Lose-Lose-Situation. Also erlaubt euch Pausen, auch sie sind Routinen, aber seht zu, dass ihr auch wirklich auftankt. Ihr seid dann um einiges produktiver, als wenn ihr euch durch die Aufgabe *und* die Auszeit quält.

Meine perfekten Auszeit-Garanten sind Clarissa und Jürgen. Wer meinen Kanal nicht so gut kennt: Nein, hierbei handelt es sich nicht etwa um das Ehepaar von schräg gegenüber. Clarissa ist mein Hund und Jürgen mein Kater. Beide fordern – mit unterschiedlicher Penetranz – ihr Recht. Ob ich nun der Meinung bin, eine

Pause zu brauchen oder nicht, interessiert sie herzlich wenig. Jürgen legt sich im Zweifelsfall einfach quer über was auch immer ich gerade mache, um meine Aufmerksamkeit zu erregen, und Clarissa … Nun ja, sie ist noch nicht stubenrein. Selbst wenn ich mir eine Auszeit nicht zugestehen würde, den Tieren kann ich ihre Streicheleinheiten und Gassi-Runden kaum abschlagen. Das Training mit dem jungen Hund, das Spazierengehen und die ausgiebigen Kuschelsessions mit beiden beruhigen mich total. Bestimmt gibt es irgendeine wissenschaftliche Studie über die positive Wirkung von Katzenschnurren auf die menschliche Psyche. Setzt einen gestressten Menschen in einen Raum voller Kätzchen und er kann gar nicht anders, als glücklich zu sein.

Außerdem habe ich beim Spazierengehen die besten Ideen. In meiner gewohnten Umgebung fehlt mir oft die Inspiration. Da kenne ich ja schon alles, alles ist an seinem Platz, nichts fällt mir mehr so richtig auf. Da sind die Synapsen im Tiefschlaf und das macht mich träge. Für mich allein würde ich mich vielleicht nicht aufrappeln können, aber der Hund ist ein unwiderstehlicher Anreiz, um meinen Hintern hochzubekommen und meinen Augen neue Reize zu gönnen.

Insofern tun die beiden Vierbeiner etwas ganz Wundervolles für mich. Sie erden mich, machen mich ausgeglichen, bieten mir immer einen Grund, die aktuelle Aufgabe links liegen zu lassen. Manchmal habe ich das Gefühl, gerade keine Pause zu verdienen oder dass eine Auszeit jetzt nicht wichtig ist. Aber Clarissa und Jürgen sind immer wichtig. Sie schenken mir bedingungslose Liebe, auch und vielleicht sogar besonders dann, wenn ich sie für mich selbst gerade nicht aufbringen kann.

Nun kann sich natürlich nicht jeder ein, oder wie ich gleich zwei Haustiere anschaffen, aber sie stehen hier auch eher stellvertretend für eine Betätigung, die eure Zeit und Aufmerksamkeit in Anspruch nimmt, euch glücklich macht und erfüllt. Ein Instrument spielen, zeichnen, tanzen, in meinem Fall seit Neustem auch puzzeln! Ohne Witz, puzzeln ist der Hammer und entspannt dermaßen! Vielleicht mache ich mal einen Livestream, in dem ich nur puzzle. Tausend Teile aufwärts. Könnte ja ein neuer Trend werden, so ähnlich wie Leuten dabei zuzuschauen, wie sie glitzernden Schleim kneten.

Wie eure Routinen aussehen, bleibt euch überlassen. Wichtig ist nur, dass ihr Spaß daran habt – sonst stolpert ihr nur von einem Aufraffen ins nächste. Und – juhu, gleich noch ein Tipp von der Lebenshilfologin – probiert, diese Routinen *bewusst* zu tun. Wenn ich eine TV-Sendung schaue, dann nehme ich mir auch Zeit dafür, und zwar ohne schlechtes Gewissen. Der Fernseher läuft nicht, weil ich eine Geräuschkulisse brauche. Premium-Sendungen wie den Bachelor, Love Island und Bachelor in Paradise sind für mich eigene Rituale, auf die ich mich freuen kann. Second Screen versuche ich dabei möglichst zu vermeiden. Diese ständige Berieselung aus mehreren Quellen gleichzeitig kann einfach nicht gut sein. Da nehme ich weder das eine noch das andere wirklich wahr – und ich glaube nicht, dass das an meiner mangelnden Multitasking-Fähigkeit liegt. Schlimmstenfalls gewöhnen wir uns nämlich so sehr daran, parallel immer mindestens zwei Reizen nachzugehen, dass es uns zu wenig unterhaltsam oder zu wenig produktiv erscheint, uns nur mit einer Sache zu beschäftigen. Ein Gespräch allein ist nicht mehr spannend genug, eine Serie nicht mehr fesselnd genug, der Podcast allein reicht nicht mehr. Trotzdem gelingt es mir überhaupt nicht, gleichzeitig Informationen aus mehreren Kanälen zu verarbeiten. Kein Wunder also, dass mir die Serie nach einer halben Stunde langweilig und unlogisch vorkommt, wenn ich nur die Hälfte mitkriege und längst den Faden verloren habe, weil ich nebenbei chatte oder mal schnell bei Facebook vorbeischaue.

Abgewöhnt habe ich mir dieses Verhalten mithilfe einer Tracking App, die misst, wie viel Zeit ich täglich mit meinem Handy verbringe. Im Schnitt sind das locker vier Stunden. Ganz ohne kann ich nicht, da ein Teil meines Jobs am Handy stattfindet. Aber mir vor Augen zu führen, wie viel Zeit es frisst, erinnert mich daran, mir aktiv Freiräume zu schaffen, in denen ich voll und ganz anwesend bin. An meinen freien Tagen sinkt die Nutzungsdauer inzwischen immer häufiger unter eine Stunde. Und genau diese Tage habe ich oft viel besser in Erinnerung, weil ich mit allen Sinnen präsent war. Ich habe sie wahrgenommen.

Auch das ist zur Routine geworden: Egal, womit ich mich gerade beschäftige, ich versuche es so bewusst wie möglich zu tun. Das Handy ist nicht der ultimative Teufel. Aber ich will nicht, dass es mich beherrscht. Ich will schon noch das Sagen haben und steuern, was ich tue. Das gilt online wie offline. Bewusstes Treibenlassen im Netz, um über Neues stolpern zu können und mich inspirieren zu lassen, gehört ebenso dazu wie bewusstes Offlinesein. Mich nur auf eine Sache zu konzentrieren musste ich erst mal wieder üben. Anfangs kam es mir auch so vor, als würde ich dadurch nicht genug schaffen und etwas anderes vernachlässigen. Aber das ist natürlich Quatsch, denn ich vernachlässige viel mehr, wenn ich mehrere Dinge auf einmal tue. Kaum etwas, das auf meinem Handy passiert, ist so wichtig, dass ich, sobald es »Pling« macht, darauf reagieren müsste. Und sollte es doch so wichtig sein, dann hat es auch meine komplette Aufmerksamkeit verdient und nicht nur fünfzig Prozent. Auf diese Weise nutze ich meine Zeit viel effektiver und mein Gehirn muss nicht permanent von links nach rechts hüpfen wie ein Welpe in einem Bällebad.

Mein Handy hat übrigens auch kategorisches Schlafzimmerverbot. Abends kommt es zum Aufladen ins Arbeitszimmer und im Idealfall nehme ich es am nächsten Tag erst nach Yoga, Frühstück und Duschen wieder in die Hand. Diese Routine sorgt dafür, dass ich meine Nächte nicht mit Herumscrollen verbringe und mich im Bett über irgendwelchen Mist aufrege, der mich dann bis in den Schlaf verfolgt. Sie erleichtert mir auch den Start in den Tag, weil ich keinen Kommentarspalten mit abstrusen Beiträgen begegne, die mir erst meine Laune und dann den Glauben an die Menschheit ruinieren. Mein Handy ist nicht in Reichweite und so komme ich gar nicht erst in die Versuchung, mich selbst zu stressen. Wer will sich schon mit Low Carb beschäftigen, während man genüsslich in seine morgendliche Stulle beißt? Wer will schon mit Ausländerfeindlichkeit und sexistischem Bullshit geweckt werden? Stellt euch das mal bildlich vor: Ihr ladet eine Horde von Trollen dazu ein, sich morgens, wenn ihr am verletzlichsten seid und eure Anti-Scheiße-Schutzschilde noch nicht hochgefahren habt, um euer Bett zu versammeln und euch ihre Ansichten ins Gesicht zu brüllen! Nach einer Yogasession und einem guten Frühstück sind ihre Ansichten zwar nicht weniger ätzend, aber ich kann zumindest deutlich besser damit umgehen.

Apropos Frühstück und Essen! Kochen und backen entspannen mich total. Wieso also nicht eine Routine daraus machen? Bei mir fängt es schon mit dem Einkaufen an. Ich *liebe* einkaufen. In einem gut sortierten Supermarkt kann ich mich locker zwei Stunden verlieren. Neue vegane Produkte lösen bei mir eine ähnliche Hysterie aus wie der wöchentliche Supreme Drop bei den Hypebeasts und Resellern. Ich finde Lebensmittel einfach spannend und liebe Essen in jeder Form. Ein fast tägliches Highlight ist es, Abendessen zu kochen. Für manche mag das jetzt nicht gerade überwältigend klingen, aber ist es nicht super, wenn man weiß, dass jeder Tag mindestens eine Sache hat, auf die man sich richtig freuen kann? Vor allem wenn es sich um etwas wie Kochen, Putzen, Yoga, Aufräumen oder Lesen handelt, also Freuden, die man sich einfach selbst bereiten kann. Es muss nicht immer der Skydive über Melbourne mit anschließendem Tauchgang am Great Barrier Reef sein.

Ich nehme mir auch gerne mal bewusst eine oder zwei Stunden Zeit, um zu backen. Dazu suche ich mir ein leckeres Rezept heraus, mache mir einen Podcast, eine Serie oder einen Vlog an und bin sofort im Mutti-Modus. Da mir der Teig während des Backens keine Informationen zu verkünden hat, finde ich es übrigens völlig okay, »nebenbei« einen Podcast oder eine Serie laufen zu lassen. Das gilt auch fürs Bügeln. Während solcher Tätigkeiten ist mein Gehirn herrlich frei und offen, weil nur meine Hände beschäftigt sind.

Ein großer Vorteil des Backens, abgesehen vom meditativen Teigkneten, ist außerdem der herrliche Duft, der durch die Wohnung strömt. Das sorgt für eine großartige Wohlfühlatmosphäre. Da kann keine Vanille-Duftkerze der Welt mithalten! Große Koch- oder Backsessions finden bei mir jedoch nicht nach Terminplan statt. Ich koche zwar beinahe täglich, betreibe dabei aber ganz unterschiedlich viel Aufwand.

»Routine« klingt nach durchgeplant und gesetzt. Ich meine damit aber eine Handlung, die einem gewissen Muster folgt und mir zur Verfügung steht, wann immer ich schlecht gelaunt, unzufrieden oder unentspannt bin, und von der ich weiß, dass sie mir hilft. Ich bekomme dadurch ein Repertoire gegen miese Gemütszustände, auf das ich zurückgreifen kann. Denn gerade, wenn es mir nicht gut geht, fehlt es mir oft an Energie, um mir aktiv etwas auszudenken, das mich aus meinem Loch herausholt. Kenne ich aber schon ein paar erprobte Methoden, muss ich nur noch eine auswählen, aber keine neue erfinden. Ich fühle mich XY? Koch was, das wird dir helfen. Ich fühle mich Z? Mach Yoga, danach geht's dir besser.

Das gibt mir ein Gefühl der Sicherheit, das ich gut brauchen kann, weil ich ein so reges Gefühlsleben habe und mich schnell überfordert fühle. In meinen Routinen tanke ich Kraft und kann wie auf Knopfdruck loslegen. Schließlich weiß ich, wie und dass sie für mich funktionieren und mir am Ende des Tages geholfen haben werden. Das Argument »keine Zeit« hält mich nicht davon ab. Zeit hat man eigentlich ja nie, man nimmt sie sich. Wenn ich sie mir für etwas nehme, das mir Kraft gibt, ist das Gefühl der Befriedigung ein ganz anderes, als wenn ich mich dem automatisierten Nichtstun (nicht zu verwechseln mit dem bewussten Nichtstun!) hingegeben hätte. Mich von Social Media oder dem Fernseher berieseln lassen, um aus einer für mich negativen Situation zu flüchten? Das ist keine Bedürfnisbefriedigung, sondern ein Bedürfnisbetrug.

Essen dagegen ist eigentlich immer befriedigend. Wer etwas anderes behauptet, ist mir suspekt. Essen zubereiten, essen gehen und natürlich Essen essen gehören zu meinen absoluten Lieblingsbeschäftigungen. Ein gutes Gefühl gibt mir vor allem eine bewusste, in meinem Fall vegane Ernährung. Die Entscheidung, mich vegan zu ernähren, war hauptsächlich ein – Obacht! – Bauchgefühl. Ich fühle mich besser, wacher, energiegeladener, also all das, was jeder predigt, obwohl ich zunächst selbst skeptisch war. Doch auf mich trifft es zu – und genau das verstehe ich unter »bewusster« Ernährung: Werde dir darüber bewusst, was dir guttut. Dazu kann natürlich gehören, was wir essen, wo es herkommt, mit welchen Stoffen es versetzt wurde und was alles passieren musste, bis es auf unseren Tellern landet. Aber den Effekt am eigenen Leib zu spüren ist noch mal eine ganze Ecke überzeugender als die rein vernunftgesteuerte Herangehensweise. Mir geht es nicht darum, mich besser als andere zu fühlen, weil ich vernünftiger bin und ihnen moralisch irgendwie überlegen. Ich ernähre mich nicht vegan, um mit dem Finger auf andere zeigen zu können. Ich tue das nur für mich, weil es in Übereinstimmung mit meinem körperlichen Wohlbefinden und meinen inneren Werten steht. Dadurch fühle ich mich besser – nicht im Vergleich zu anderen, sondern einfach im Vergleich zu vorher.

ERNÄHRUNG

Hier kommt nun der dritte Schritt ins Spiel. Nach der Kommunikation und den Routinen geht es um die Ernährung als Beispiel für ein verändertes Mindset.

Ich möchte mein eigener Maßstab sein und hinter meinen Entscheidungen stehen können, weil sie sich richtig anfühlen und nicht etwa, weil sie im Trend liegen oder von außen an mich herangetragen werden. Ob mir jemand gegenübersitzt, der seinen Kaffee mit Milch trinkt oder ein Steak ist, ist mir egal. Ich muss mich nicht mal zurückhalten, um nichts dazu zu sagen, will ja auch niemanden belehren. Wenn ich jemanden zum Umdenken inspirieren kann, ist das großartig. Aber das schaffe ich erfahrungsgemäß nicht, indem ich andere verurteile und ihnen ein schlechtes Gefühl gebe. Daher verstehe ich auch, wieso viele bei dem Thema Veganismus mit den Augen rollen. Auch mich nervt die Vegan-Polizei, die immer genau darauf guckt, ob ich gerade brav veganen Käse esse, weil ich ja sonst ein schlechter Mensch bin. Ich kann euch gar nicht sagen, wie sehr es mir auf den Keks geht, mich vor anderen für meine Essensweise zu rechtfertigen. Dabei sind viele von den Fingerzeigern wahrscheinlich gar nicht vegan, finden es nur toll, anderen ihre Fehler unter die Nase reiben zu können. Mit welchem Recht eigentlich? Und was soll das bewirken? Alles, was so provoziert wird, ist doch nur Trotz und Abwehr. Jedes Fünkchen Neugier, Aufgeschlossenheit, intrinsische Motivation wird damit im Keim erstickt.

Ich möchte viel lieber mit gutem Beispiel vorangehen und die Machbarkeit in den Mittelpunkt stellen. Ein einfaches »Probier mal meins« kommt meist viel besser an als: »Iiiiihhh, da ist ja Ei drin! Weißt du eigentlich, dass die männlichen Küken alle geschreddert werden? Hier ein Video!«

Gute Gefühle sind überzeugend, denn gute Gefühle sind gute Lehrmeister. Wir wollen sie wieder und wieder haben. Schlechte Gefühle hingegen meiden wir wie der Teufel das Weihwasser.

Allerdings möge sich bitte auch der Fleischesser mit Vorverurteilungen zurückhalten wie: »Alle Veganer sind militante Nervensägen, die Erstickungsanfälle bekommen, wenn sie nicht alle fünf Minuten verkünden, dass sie vegan sind«. Ich persönlich sage das ziemlich selten und leide an erstaunlich wenig Atemnot.

Doch zurück zum Thema, wie ich meine Lebensweise mit meinen Bedürfnissen in Einklang bringe. Für mich gehört dazu unter anderem die vegane Ernährung. Wichtig finde ich, auf das eigene Gefühl zu hören – bei der Ernährung ebenso wie in anderen Lebensbereichen. Das ist oft gar nicht so einfach. Vor allem in Sachen Ernährung hat sich ein komischer gesellschaftlicher Trend durchgesetzt: Dem Körper durch Nahrung etwas Gutes zu tun wird mit Verzicht assoziiert, tendenziell ungesundes Essen hingegen als Belohnung verstanden. Was bitte schön ist denn da psychologisch schiefgelaufen?

Ein Symptom dieses Trends ist der sogenannte Cheat Day. Wer schon mal seine Ernährung umgestellt hat oder entsprechenden Instagram-Kanälen folgt, der kennt dieses Phänomen. Neues Leben, neues Körpergefühl, yay! Aber eigentlich wird sich nur nach dem einen Tag in der Woche gesehnt, an dem all das fettige Zeug, das man sich sonst verkneift, hineingeschaufelt wird. So wird das »schlechte« Essen zum Ziel umfunktioniert, zum heiß begehrten Seitensprung aus der lästigen Zweckehe mit dem ganzen gesunden, langweiligen Kram.

Dabei sollte doch eigentlich das gute Essen unsere tägliche Belohnung sein für unseren Körper, der uns überall hinbringt und immer für uns da ist! Stattdessen bauen wir unser Leben um den Verzicht: neunzig Prozent Verzicht, bei dem wir uns nicht wirklich gut fühlen, weil verzichten nun mal blöd ist. Und zehn Prozent Belohnung für den Verzicht, bei der wir uns so richtig gönnen, uns aber auch irgendwie nicht gut fühlen, denn cheaten ist ja was Negatives. Eine Schwäche, die wir uns zwar erlauben, die aber trotzdem bedeutet, dass wir nicht stark genug sind, um es ganz durchzuziehen.

Macht also hundert Prozent schlecht fühlen. Glückwunsch! Aber wollen wir die ganzen Carbs, Süßigkeiten und das frittierte Essen deshalb weniger? Also ich nicht. Künstliche Knappheit hat eine riesige Macht über uns. Wir begehren, was wir nicht haben können. Deshalb wird dieses Begehren durch einen Cheat Day pro Woche auch nicht kleiner. Bei mir jedenfalls nicht. Wenn ihr damit gut zurechtkommt, dann ändert bitte nichts. Habt ihr aber Probleme mit dieser »Selbstdisziplin«, dann geht es euch vielleicht wie mir. Wenn ich an einem Tag so richtig übertreibe, fühle ich mich abends matt und eklig, und Pickel kriege ich auch davon. Mein Körper zeigt mir damit ziemlich deutlich, was er von so einer Binge-Eating-Aktion hält: nicht viel. Belohnt fühlt er sich nicht – außer Magengrummeln und Verdauungsprobleme sind seine missverstandene Art mir zu zeigen, dass er mich gernhat.

Statt den Verzicht in den Vordergrund zu rücken, versuche ich daher, meine eigenen Bedürfnisse ins Zentrum zu stellen. Eigentlich nur eine Veränderung der Vorzeichen, aber in unserem Kopf stellt das superviel an.

Weder die Pizza noch der Burger sind das Problem. Ich esse beides mit Begeisterung. Aber weil ich mir nichts davon versage, verspüre ich auch nicht dieses starke Verlangen, das durch den Reiz des Verbotenen entsteht.

Nehmen wir mal an, ihr liebt Kekse. Damit können sich, denke ich, die meisten identifizieren. Nun fängt es schon damit an, wie wir diesen Umstand für uns selbst benennen. »Ich habe eine Schwäche für Kekse« klingt ganz unverfänglich, legt aber die Betonung auf »Schwäche«. Wieso tun wir das? Wieso ist es denn eine Schwäche, etwas zu mögen, das nur zu dem einen Zweck auf der Welt ist, lecker zu sein? Ihr seid nicht schwach, weil ihr gerne Kekse esst – ihr seid normal! Ihr neigt zudem dazu, sehr viele Kekse auf einmal zu essen? Um diese »Gefahr« einzudämmen, erlaubt ihr euch nur eine kleine Anzahl an Keksen pro Tag. Diese Anzahl ist definitiv geringer als die Menge, die ihr ohne Reglementierung verputzen würdet. Richtig stolz seid ihr wahrscheinlich trotzdem nicht auf euch, weil die »Schwäche« immer noch da ist. Ihr genießt die Tagesration nicht richtig, weil sie kleiner ist als euer Verlangen und doch größer als das, was ihr euch zuzugestehen bereit seid.

Was wäre aber, wenn euch jemand sagen würde, dass ihr jeden Tag so viele Kekse essen könnt, wie ihr wollt? Klingt erst mal wie ein Kindheitstraum. Ihr stellt euch vor, wie ihr in einem Silo voller Kekse badet. Wie lange aber könnt ihr Kekse essen, bis ihr wieder Lust auf etwas anderes bekommt? Tatsächlich gar nicht so lange. Vielleicht schlag ihr drei-, vier- oder auch zigmal über die Stränge, aber irgendwann wird euer Verlangen abnehmen. Irgendwann hat der Körper wieder Bock auf Salat oder Pfannengemüse. Von ganz alleine. Die Kekse werden erst zur Gefahr, indem wir sie uns verbieten.

Wenn mir mein Körper sagt, dass er jetzt eine große Pizza will, soll er sie haben und sie auch genießen dürfen. Und danach gerne noch ein Eis. Weil ich weiß, dass er nicht danach schreit, um eine Leere mit Trostkalorien zu füllen oder gegen den Verzicht anzukämpfen, sondern weil mir das jetzt gerade guttut. Und wenn er Salat will, dann kriegt er den.

Zu Beginn einer solchen Umstellung wird er euch das Signal »Pizza!« vielleicht noch deutlich öfter senden als das Signal »Salat!«. Die Konditionierung hatte immerhin Jahre, wenn nicht Jahrzehnte Zeit, sich festzusetzen und Pizza als größere Befriedigung zu definieren als Gemüsepfanne. Aber das findet in unserem Kopf statt, nicht in unserem Körper. Deswegen ist ein verändertes Mindset in meinen Augen auch so viel effektiver als eine Diät.

> DIÄTEN ÄNDERN NUR DEN SPEISEPLAN MEINES MAGENS, ABER NICHT DIE GELÜSTE MEINES GEISTES.

Folglich sind Kalorien auch keine moralische Maßeinheit, es gibt sie nicht in »gut« und »böse«. Kalorien sind erst mal nur Kalorien. Was uns möglicherweise zu schaffen macht, ist unser Verlangen nach Zucker, nach Geschmacksverstärkern, nach Beschäftigung und das schlechte Gewissen, das damit einhergeht. Überall gibt es so viele Regeln und Einflüsse, die uns vorgehalten werden, dass wir dabei eins nicht mehr tun: uns selbst zu fragen, wann wir wieso worauf Bock haben.

Stellt euch vor, ihr geht an einem Café vorbei und es riecht nach frischen Waffeln. Sofort bekommt ihr Lust darauf, welche zu essen. Manchmal geht das sogar so weit, dass die Lust einer richtigen Heißhungerattacke gleichkommt. Statt nun aber zu denken: »Es ist noch nicht mal Mittag und ich habe noch nichts Vernünftiges gegessen, ich darf jetzt keine Waffel« (übrigens eine sehr gängige Konditionierung aus dem Elternhaus: Nachtisch erst, wenn du deinen Brokkoli gegessen hast!), probiert es mal anders. Fragt euch, ob ihr eigentlich hungrig seid. Falls die Antwort Nein lautet: Was löst dann gerade diesen extremen Appetit aus? Im Waffel-Fall ist es der Geruch. Aber wieso? Nur weil er angenehm ist? Oder triggert er vielleicht positive Erinnerungen, auf die ihr eigentlich viel mehr Appetit habt als auf die Waffel an sich?

Damit will ich nicht sagen, dass ihr euch die Waffel verkneifen sollt. Aber ihr könnt der Ursache für euer Bedürfnis auf die Spur kommen. Ist es Langeweile, Traurigkeit, Gewohnheit, Nostalgie, Belohnung, Freude? Oft wird der Drang schon dadurch schwächer, dass ihr die Ursachen erkennt. Oder ist es eher Energiemangel, Unterzuckerung, Hunger, Müdigkeit, Durst? Dann sind es körperliche Bedürfnisse und das Signal bedeutet: »Ich brauche Energie!« Zucker ist ein schneller Energielieferant, weshalb der Körper in dem Moment auf den verheißungsvollen Duft anspringt. Jetzt können wir dem Verlangen nachgeben, aber vielleicht fällt uns auch eine andere Möglichkeit ein, länger und effizienter an Energie zu kommen. Team Carbs würde sich dann hier zu Wort melden und eine schöne Schnitte Brot empfehlen.

Generell: Carbs sind nicht der Teufel. Ganz im Gegenteil: Jesus is Bread! Ich habe schon mal in einer Insta-Story erwähnt (by the way an alle, die nicht regelmäßig alle meine Insta-Stories gucken: Was macht ihr mit eurem Leben?), dass ich eigentlich viel lieber Brotfluencerin wäre. Meine Bewerbung sähe in etwa so aus: Hi, ich bin Mirella, und hiermit bewerbe ich mich bei der National Bread Society Association »Jesus is Bread« als Brotfluencerin. Zu meinen Stärken zählen das Schmieren von Brot, das Dekorieren von Brot und das Essen von Brot. Meine Schwäche ist leider das Schneiden von Brot, aber jeder hat ja Verbesserungspotenzial. Ich würde mich sehr freuen, das neue Gesicht für Brot – das Brotgesicht, Mirella das

Brot – zu werden. Schreibt gerne an mich oder mein Management. Da mögen übrigens auch alle sehr gerne Brot. Danke!

Ein frisches Brot ist das Geilste überhaupt. Und es bringt mich nicht um! Was mich umbringt, ist vor Essen zu sitzen und es nicht essen zu dürfen. Das bekommt mir nicht gut und anderen Menschen um mich herum übrigens auch nicht, es könnten dabei nämlich welche zu Schaden kommen.

Wenn ich in mich hineinhorche, woher mein Verlangen kommt, kann ich viel über meine Bedürfnisse lernen. Ich bin nicht mehr hilflos ausgeliefert, sondern kann bewusst entscheiden. Bewusste Ernährung im wörtlichen Sinne. Ich nehme meine Bedürfnisse ernst, statt sie zu unterdrücken. Sie sind ja nicht ohne Grund da. Ob ich sie dann mit Essen befriedige oder mit etwas anderem, das möglicherweise viel besser auf mein Bedürfnis eingeht, hängt von der Situation ab. Essen im Speziellen und Bedürfnisbefriedigung im Allgemeinen werden somit nicht mehr als (negative) Zeichen von Schwäche gewertet, sondern als (positive) Signale, die unser Körper oder unser Geist uns aus einem bestimmten Grund sendet. Das verringert Stress, nimmt den Druck und befreit von Versagensängsten – alles Gefühle, die bei mir zu Binge Eating geführt haben.

Das klingt naiv und viel zu einfach? Aber ich glaube wirklich daran, dass uns unser Körper sagt, was er braucht, wenn wir wieder lernen hinzuhören. Dass er selbst eine ganz gute Balance findet, wenn wir ihn nur lassen. Auf den Verzicht zu verzichten klingt nach totalem Luxus, wo doch alle Welt so superdiszipliniert durch die Gegend stapft und für Ernährungsergänzung wirbt, damit wir wenigstens noch irgendwelche Nährstoffe zu uns nehmen. Dabei ist »Verzicht auf Verzicht« eigentlich nur eine Kehrtwende zurück zu einem ursprünglichen, zu einem normalen Verhältnis zum Essen. Ich wäre doch völlig bescheuert, den Kuchen, den ich so herrlich entspannt gebacken habe, hinterher nicht auch entspannt zu essen.

Wenn ich auf die Signale meines Körpers höre, dann kommt es relativ selten vor, dass ganz oben auf seiner Wunschliste Pommes, ein kompletter Kuchen für mich allein und frittierte Mars-Riegel (oder ein anderer Schokoriegel eurer Wahl) stehen. Ausgewogenes Essen, das mir Energie schenkt und mich sättigt, ohne dass ich mich vollgestopft fühle, steht da sehr viel häufiger. Das ist nämlich echtes Soul Food.

Ich glaube, dass wir von der Werbung, den ganzen unrealistischen Vorbildern, den Medien und der Umwelt schon so mit dieser verqueren Verzichts- und Belohnungsdenke eingelullt sind, dass wir gar nicht mehr wissen, was unser Körper sich wirklich wünscht. Wann er Bewegung braucht, wann er einen Salat will, wann Kuchen gebacken werden sollte und wann der Lieferdienst dran ist. Das Sprichwort »Wer schön sein will, muss leiden« (heißt doch so, oder?) kommt ja nicht von ungefähr. Allerdings finde ich Menschen, die die ganze Zeit eine selbst auferlegte Leidensmiene zur

Schau stellen, nicht wirklich schön. Menschen, die genießen können, eine gewisse innere Balance gefunden haben und Lebensfreude ausstrahlen, wirken auf mich viel attraktiver und auch inspirierender. Doch wenn ich mir immer nur Vorbilder suche, die ein schier unerreichbares Ideal verkörpern, vermiest einem das natürlich die Laune. Mich motivier es jedenfalls nicht. Und ein Bild von einem sehr schlanken und wahrscheinlich retuschierten Model am Kühlschrank hat mich auch noch nie vom Essen abgehalten – sehr wohl aber vom Genuss. Doppelt dumm, denn die Polster habe ich dann auf den Hüften und dabei nicht mal Spaß gehabt.

Ich möchte mir nichts verbieten, sondern meine Knet-&-Back-sessions genauso wertschätzen wie ein gemeinsames Essen mit Freunden im Restaurant oder das Klingeln des Pizzaboten. Alles hat seinen Platz und seinen Ort und seine Zeit. Auf Verzicht und Quälerei kann ich gut verzichten.

Ich möchte bedürfnisorientiert statt normorientiert durch die Welt gehen. Ich möchte »mir etwas Gutes tun« zur Normalität erklären und das »cheaten« als angemessene Reaktion auf ein Bedürfnis. Indem ich mit einem positiven Mindset an die Sache herangehe, mache ich es mir viel einfacher. Klingt wie »Schlank durch Nichtstun«? Vielleicht. Aber »schlank« ist gar nicht mein Maßstab, sondern »zufrieden«. Mein knackiger Marketing-Spruch: Zufrieden durch Nichtstressen.

Was es mir bei all meinen Diätversuchen so schwer gemacht hat, durchzuhalten und »Erfolge« zu erzielen, war das schlechte Gefühl dabei. Alles drehte sich nur noch ums Essen, das plötzlich mit Stress und negativen Emotionen verbunden war. Ewig Verzicht, ewig Versagen, nie war ich gut genug. Ich habe mir und meinem Körper eine der größten Befriedigungen genommen, die ich überhaupt kenne. Hände hoch, wer trotz Hunger noch ein umgänglicher Mensch ist und nicht zum Hulk wird! Ich war gereizt, wurde schnell wütend oder habe geheult. Und das alles nur, um irgendeinem Bild zu entsprechen. Dass ich dabei weder zufrieden noch schlanker wurde, wundert mich im Nachhinein nicht.

Nur weil wir in einer Überflussgesellschaft leben, ist »Verzicht« noch lange nicht automatisch das neue »cool«. Auf übertriebenen Konsum zu verzichten ist cool. Auf Wasserverschwendung zu verzichten ist cool. Auf Müllberge zu verzichten ist cool. Aber auf Carbs verzichten, damit wir alle endlich dünn und glücklich werden? Auf Emotionen verzichten, damit wir nicht cringy rüberkommen? Auf Erinnerungsgegenstände in unseren Wohnungen verzichten, damit wir #minimalism schreiben können?

Wer verzichtet, gilt als diszipliniert. Zu verzichten heißt, die Kontrolle zu haben. Und es heißt, besser zu sein als jene, die es nicht schaffen zu verzichten, die schwach sind. Wir bekämpfen die Leere in uns mit noch mehr Leere. Der einzige Unterschied: Die zweite Leere ist selbst gewählt.

Dabei verlernen wir zu unterscheiden, wann Verzicht sinnvoll ist, weil er sich gegen ein moralisch oder gesundheitlich bedenkliches Übermaß richtet, und wann es nur noch um Kontrollzwang geht. Nachhaltigkeit, Veganismus, Minimalismus, bewusste Ernährung sind alles gute Ansätze, die in meinem Leben eine Rolle spielen. Aber wenn dahinter ein Wettbewerbsgedanke steht, wenn der negativ konnotierte Verzicht zum Ideal erhoben wird, dann bekommen sie einen schlechten Drive. Ich möchte viel lieber nach einer positiven Maxime leben.

ICH MÖCHTE DAS MACHEN UND DAS GÖNNEN IN DEN MITTELPUNKT STELLEN, NICHT DAS MÜSSEN UND DEN VERZICHT.

Meine Motivation soll nicht extrinsisch durch Trends oder gesellschaftliche Strömungen entstehen, sondern intrinsisch durch mein Wohlbefinden und meine inneren Werte. Nur dann kann sie von Dauer sein.

Das mag sich im ersten Moment total egoistisch anhören. Aber ich glaube nun mal daran, dass ich meinem Ziel, mir selbst und der Welt etwas Gutes zu tun, viel näher komme, wenn ich mein Handeln positiv denke. Diese Einstellung hat meinen Alltag maßgeblich beeinflusst. Wenn ich auf der Couch liege und mir eine Pizza reinziehe, dann »cheate« ich nicht, ich betrüge mich nicht selbst. Man kann das nämlich mal machen, ohne dass die Welt untergeht. Ich kann auch mal ein paar Kilo zu- oder abnehmen, ohne dass ich damit irgendwelche Ideale verrate. Ich kann auch mal meinen Freunden ehrlich und offen sagen, dass mir der Sinn nicht nach Party steht. Deswegen bin ich kein schlechter Mensch.

Ein gelebtes entspanntes »Kann man mal machen« ist deshalb so wirkungsvoll, weil es nicht mit einem (Selbst-)Vorwurf daherkommt. Niemand muss erst mal die ungeschriebenen Zehn Gebote des Veganismus herunterbeten können, niemand muss es sich erst mal *verdienen*, in den Club der coolen Verzichter aufgenommen zu werden. Wenn mir schon von Anfang an das Gefühl vermittelt wird, irgendwo nicht erwünscht zu sein, weil ich irgendwelche Kriterien nicht erfülle, dann geh ich da doch nicht noch mal hin!

Bei dieser exklusiven Haltung geht es letztlich darum, sich am Scheitern der anderen aufzugeilen, sich zu profilieren. Schau her, mein Verzicht ist verzichtiger als deiner! Ich trage nämlich gar keine Klamotten und mit dem Essen habe ich ja schon vor Ewigkeiten aufgehört und mein Minimalism-Game is on fleek, denn ich lebe in einer Tonne. Ha! Damit hat aber nur Diogenes von sich reden gemacht, und der hat auf öffentlichen Plätzen masturbiert und Säulen umarmt. Was für ein Role Model …

Wozu also der Wettstreit? Und was wäre der Gewinn? Wo findet die Preisverleihung statt, wer ist die Academy? Ja, wo bleibt eigentlich mein Verzichts-Award? Dürfte ich den überhaupt annehmen, oder müsste ich großmütig verzichten? Stelle ich mir super vor: »Ich nehme diesen Preis nicht an!«, und dann klatscht keiner, weil wir darauf nämlich auch schon verzichtet haben und Häppchen gibt's am Ende eh keine, Wein auch nicht, und alle gehen mies gelaunt nach Hause.

Bewussten Konsum generell mit Verzicht gleichzusetzen ist doch bekloppt. Das führt nur dazu, dass es uns schwerfällt und wir ständig scheitern, uns das selbst als Schwäche vorwerfen und dadurch garantiert nicht glücklicher werden. Umdenken! Wenn ich mir, meinem Körper und meiner Umgebung etwas Gutes tue, dann nicht unter dem Deckmantel des Verzichts. Niemand wird an einer Pizza zugrunde gehen (es sei denn, man ist tödlich allergisch auf den Belag). Wie bei allem im Leben kommt es auf das Maß an. Und dieses Maß, der Maßstab, sind wir selbst. Lasst uns nicht verzichten, sondern gönnen. Und lasst uns dieses Gönnen auf etwas beziehen, das uns guttut. Ich gönne mir eine mit Liebe selbst zubereitete ausgewogene Mahlzeit. Ich gönne meinem Körper neue Energie, mit der er arbeiten kann und die mein Gehirn fit macht für coole Ideen. Ich gönne mir gute Gesellschaft mit einem leckeren Veggie-Burger und lasse das Brötchen ganz sicher nicht weg. Mein Leben soll sich nicht darum drehen, wie ich mich am besten verrückt machen kann und in welchen Lebensmitteln welche schrecklichen Inhaltsstoffe versteckt sind. Mein Leben soll sich darum drehen, wie ich mich gut behandle. Das sorgt nicht dafür, dass schlechte Inhaltsstoffe und meine Lust auf Chips verschwinden. Aber wenn sich die Gedanken nicht immer nur darum drehen, was alles schlecht und ungesund und zu vermeiden ist, sondern darum, was alles gut und lecker und wertzuschätzen ist, verlieren die negativen »Verlockungen« an Macht, werden immer weniger gefährlich und lassen sich irgendwann steuern. Mittlerweile lege ich eine Tüte Chips beiseite, obwohl noch etwas drin ist, weil ich einfach genug habe.

Wahrscheinlich war dieses neue, positive Mindset die schwierigste, aber auch weitreichendste Veränderung in meinem Alltag. Zu lernen, mich nicht mehr selbst für alles fertigzumachen und die seltsamen Standards der Medien und der Gesellschaft einfach zu ignorieren, ist nicht von heute auf morgen erledigt. Noch immer habe ich oft genug daran zu knabbern und Tage, an denen ich mich so dick und hässlich finde, dass ich dem Selbstmitleid und toten Trostkalorien verfalle. Aber ich versuche dann trotzdem, mich nicht dafür zu verurteilen. Denn ebenso wie Sport machen, Salat essen und Pizza bestellen gehört in Selbstmitleid baden manchmal zu meinen Bedürfnissen. Und auch das kann man mal machen.

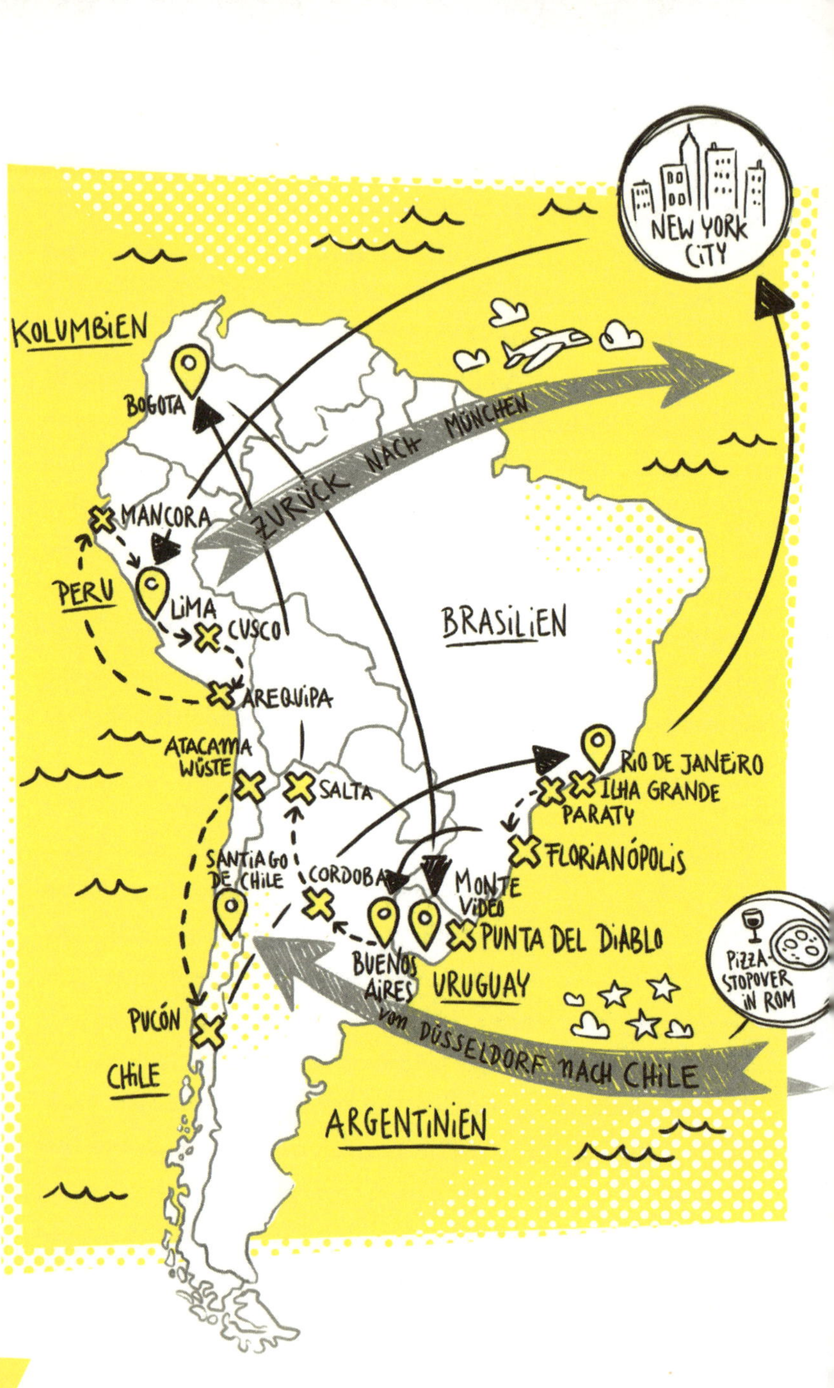
NEW YORK CITY
KOLUMBIEN
BOGOTA
ZURÜCK NACH MÜNCHEN
MANCORA
PERU
LIMA
CUSCO
AREQUIPA
BRASILIEN
ATACAMA WÜSTE
SALTA
RIO DE JANEIRO
ILHA GRANDE
PARATY
FLORIANÓPOLIS
SANTIAGO DE CHILE
CORDOBA
MONTE VIDEO
PUNTA DEL DIABLO
BUENOS AIRES
URUGUAY
PIZZA-STOPOVER IN ROM
VON DÜSSELDORF NACH CHILE
PUCÓN
CHILE
ARGENTINIEN

Auch mal mutig sein

Viele Menschen, die im Leben mal nicht weiterwissen und den Weg zu sich selbst verloren haben oder diesen überhaupt erst mal finden wollen, gehen auf Reisen. Die Erleuchtung scheint näherzuliegen, je weiter weg wir dafür müssen. Eine ganz einfache Rechnung also: mehr Kilometer = mehr Erleuchtung.

Das klingt jetzt spöttisch, ist aber gar nicht so gemeint, zumal ich auch zu diesen Leuten gehöre – und irgendwie ist es doch so gemeint, weil ich mich frage, woher dieser Zusammenhang in den Köpfen und Herzen eigentlich kommt: »In Australien, in Vietnam, in Indonesien wird die Antwort auf alle Fragen liegen und ich werde endlich herausfinden, was ich im Leben wirklich will und wer ich bin! Vor der eigenen Haustür geht das einfach nicht!«

Wieso? Vielleicht, weil wir da so umzingelt sind von den Vorstellungen, wie wir waren, wie wir sein wollen und wie wir zu sein haben, dass der Blick völlig verstellt ist für das, was uns eigentlich entspricht. Zu viele Varianten des eigenen Ichs, um sich selbst kennenzulernen.

Paradox, dass man erst wegfahren soll, um sich wieder einholen zu können. Aber wenn es nicht so gut klappen würde, würden wahrscheinlich weniger Leute in der Ferne auf die Suche nach sich selbst gehen.

Wer allerdings verreist, um vor Ort nur Schnitzel und Krautsalat zu bestellen, während er sich über die mangelnden Deutschkenntnisse des einheimischen Personals beschwert, wird wohl nicht viel mehr als einen Sonnenbrand mit nach Hause nehmen. Auch das Alleinreisen ist kein Garant für tiefste innere Einkehr. Meiner Erfahrung nach ist es aber nicht verkehrt, ab und zu die eigene Komfortzone zu verlassen. Wer sich auf Neues einlässt, profitiert meist auch davon. Ich persönlich habe in der Zeit, in der ich allein gereist bin, völlig neue Seiten an mir kennen- und schätzen gelernt. Und solltet ihr merken, dass das so gar nichts für euch ist, ist das ja immerhin auch ein learning.

Meine Reisen haben mich extrem erfüllt und glücklich gemacht. Ich habe vieles über mich gelernt, was mir zu Hause nicht möglich gewesen wäre. In meiner gewohnten Umgebung war ich kaum noch mit Situationen konfrontiert, für die ich nicht schon längst Verhaltensmuster entwickelt hatte. Verhaltensmuster, die eigentlich nichts über mich selbst aussagten, höchstens etwas über meine Fähigkeit zur Anpassung. Reisen tut mir deshalb so gut, weil es mich vor neue Herausforderungen stellt, an denen ich wachsen kann.

Der Zeitpunkt für eine lebensverändernde Reise ist nicht selten ein Moment zwischen zwei Lebensphasen. Zwischen Schule/Studium/Beruf oder zwischen Trennung und Neuanfang haben wir die Chance, aus dem gewohnten Umfeld auszubrechen und in die große weite Welt hinauszuziehen.

Der Grundstein für die Art und Weise, wie ich gerne reise und die Welt entdecke, wurde aber schon früher gelegt. Die Art und Weise, wie meine Mutter unsere Urlaube gestaltet hat, als ich noch ein Kind war, hat mich geprägt. Wir sind früher niemals – und ich glaube wirklich niemals – zweimal an denselben Ort gefahren. Meine Mutter war kein All-inclusive-Club-Urlauber, sondern hat immer eher das Außergewöhnliche gesucht. Das musste nicht gleich Survival im Regenwald bedeuten. Aber ihr war es wichtig, dass wir eine eigene Unterkunft hatten und kein Hotel. Touristenführungen, wie sie jeder macht, ging sie aus dem Weg, denn sie wollte wirklich etwas sehen von der Stadt oder dem Land, in dem wir waren. So waren wir zum Beispiel in Marokko, von dem ich vorher nicht wusste, wie schön es dort sein kann, und in Montenegro, von dem ich vorher nicht mal wusste, dass es existiert.

Die größte und sicher spektakulärste Reise aber führte uns in die USA. Ich war damals zehn Jahre alt. Meine Mama hat uns ein Auto gemietet und dann sind wir die Westküste runtergefahren. Ist heute gar nicht mehr so außergewöhnlich, vor fünfzehn Jahren und mit einem Kind im Schlepptau sah das aber noch ein bisschen anders aus. Damals war die Welt noch nicht so zusammengewachsen und gefühlt klein wie heute. Die USA waren ein anderer Planet.

Außerdem spricht meine Mama kein Wort Englisch. Sie hat Tschechisch und Russisch in der Schule gelernt. Um ihre Sprachkenntnisse an einem Beispielsatz zu verdeutlichen: »Do you want some Kartoffel?« Kartoffel dabei englisch ausgesprochen, denn deutsche Wörter einfach englisch auszusprechen ist für sie das hauptsächliche Sprachmerkmal. Auch mein Wortschatz war noch recht überschaubar. Ganz schön mutig also, als alleinerziehende Mutter mit einem kleinen Mädchen in ein Land zu reisen, in dem niemand deine Sprache spricht und du die Landessprache nicht beherrschst.

Aber guess what! Irgendwie hat's geklappt. Und das war für mich und meine eigenen Trips wohl das prägendste Fazit aus unseren verrückten Reisen: Es wird schon klappen. Gut möglich, dass mich das ermutigt hat, selbst nach China, Indonesien oder Vietnam zu fliegen, ohne die Sprache zu können. Klar komme ich mit meinem inzwischen passablen Englisch häufiger weiter als meine Mama mit ihrem Russisch. Aber ich habe mir im Vorfeld noch nie Sorgen wegen irgendwelcher Sprachbarrieren gemacht. Ich hatte ja oft genug am eigenen Leib erfahren, dass schon alles gut geht. Mal mehr, mal weniger stressig. Rückblickend frage ich mich zwar schon, wie wir das damals eigentlich alles auf die Reihe gekriegt haben, aber letztlich ging immer alles gut aus. Ich fand es ermutigend und inspirierend, dass meine Mama sich mit Begeisterung in eine so ungewisse Sache stürzte. Gleichzeitig wurde sie in ihrem Tun dadurch bestärkt, dass ich mich schon als Kind gut mit neuen Situationen arrangieren und sehr selbstständig mit Veränderungen umgehen konnte. Das hat mir übrigens eine große Portion Selbstbewusstsein gegeben, ohne dass es mir damals bewusst gewesen wäre.

Für meine eigenen Reisen war darum immer klar: Ich will Neues sehen, ich will in Bewegung bleiben. Drei Wochen im selben Hotel am Pool liegen, das ist nichts für mich. Versteht mich nicht falsch. Ich liege wirklich ausgesprochen gerne, aber eben bevorzugt an unterschiedlichen Orten. Und wie meine Mama neige ich heute dazu, Dinge eher auf mich zukommen zu lassen, als sie im Vorfeld groß zu planen. Denn letztlich habe ich es eh nicht in der Hand und kann nicht beeinflussen, was passieren wird, wenn ich von ausgetretenen Pfaden abweiche.

Ich möchte nicht behaupten, dass meine Art zu reisen die einzig richtige ist, sondern dass ich mit ihr sehr gut zurechtkomme und es mich sehr beruhigt, »meine« Art gefunden zu haben. Ich weiß aber auch, dass es Leute gibt, die auf Planbarkeit und Sicherheit stehen.

Für die beginnt der Urlaub schon mit der Vorbereitung und sie schüren ihre Vorfreude, indem sie genaue Routen festlegen und Reiseführer wälzen. Weil ihnen das einfach Spaß macht. Jeder sollte da dem eigenen Empfinden folgen.

Ganz ohne Planung geht es aber auch bei mir nicht. So musste meine erste richtig große Reise ohne Mama, dafür mit meinem damaligen Freund, zumindest in Grundzügen vorbereitet werden. Sieben Monate nach Australien und Neuseeland zu fliegen ist kein spontaner Entschluss. Ich habe akribisch darauf hin gespart und neben der Schule gekellnert, um mir die Reise nach dem Abitur leisten zu können. Das Geld hat natürlich trotzdem hinten und vorne nicht gereicht, aber deswegen heißt diese Form des Reisens ja auch Work & Travel und nicht Relax & Travel.

Heute kennt wahrscheinlich jeder irgendwen, der Work & Travel gemacht hat. Aber ist man selbst die Person, die ans andere Ende der Welt reist, fühlt sich das schon ganz schön groß an. Wenn man mal ein Wehwehchen hat, kann man nicht binnen zwei Stunden zu Hause sein und sich bei der Mama ausheulen. Wir reden hier nämlich von vierundzwanzig bis dreißig Stunden im Flugzeug und einer Menge Kohle, die man dafür auf den Tisch legen muss. Deswegen war das schon ein beträchtlicher Schritt. Bereut habe ich ihn aber nie.

Für Kost und Logis haben wir damals für die seltsamsten und coolsten, manchmal auch nicht so coolen Leute gearbeitet. Ich habe Alpakas geschoren – völlig verrückte Tiere, die nach dem Scheren echt lustig aussehen, googelt mal –, mitten im Nirgendwo bei einem schwulen Pärchen zwei aggressive Bullen, Schlangen und den Hot Tub – weirde Kombination – gehütet und bei einer alten Dame gearbeitet, die allerdings überhaupt nichts mehr gehört hat, weshalb wir da auch nicht lange geblieben sind.

Natürlich haben wir auch für echtes Geld und nicht nur für Verpflegung und Unterkunft gearbeitet. Kirschenpflücken in Neuseeland klingt zwar sehr romantisch, ist aber ein echter Knochenjob. Um fünf Uhr ging es raus, um sechs Uhr wurden bei null Grad und noch halb gefrorenem Tau die ersten Kirschen gepflückt, bis mittags kletterte das Thermometer auf dreißig Grad bei praller Sonne. Dazu ein dämlicher Typ, der auf seinem Quad hin- und herfährt und dir sagt, dass du doch bitte ein bisschen schneller machen sollst. Herzlichen Dank und f**k dich doch selbst auf deinem scheiß Quad!

Aber alles in allem war es eine großartige Erfahrung, weil wir so viel gesehen und so viele neue Menschen kennengelernt haben. Und obwohl ich gleich eine Lobeshymne aufs Alleinreisen singen werde, in Gesellschaft unterwegs zu sein hat natürlich Vorteile. Ich konnte jeden Moment mit meinem Freund teilen, wir konnten uns gegenseitig motivieren und später in Erinnerungen schwelgen. Anderen davon zu erzählen, wie es damals war, ist einfach etwas anderes, als wenn jemand dabei gewesen ist und alles mit einem zusammen erlebt, gesehen, gerochen und geschmeckt hat. Viele Momente bekommen so eine ganz eigene Qualität.

Hätte natürlich auch schiefgehen können. Wir waren zwar schon einige Jahre zusammen, aber noch nie so sehr aufeinander angewiesen und voneinander abhängig. Für eine Beziehung eine Art Härtetest. Uns aber hat die gemeinsame Reise sehr verbunden.

2017, vor meiner Südamerikareise, dem bislang größten Projekt meines Lebens, sah meine Welt allerdings etwas anders aus. Ich war so unabhängig, aber auch so ziellos wie nie zuvor. Ich hatte mich von meinem Freund getrennt, mit dem ich immerhin seit meinem vierzehnten Lebensjahr zusammen gewesen war, hatte das Studium beendet und verdiente meinen Lebensunterhalt mit YouTube. Kein Luxusleben in Saus und Braus, aber die Plattform ermöglichte es mir, prinzipiell überall auf der Welt zu arbeiten, wann und wie ich es wollte. Das klingt toll und nach unglaublich viel Freiheit? Stimmt auch beides. Doch es bedeutet, dass ich mir meine Ziele und nächsten Schritte immer selbst setzen muss. Da kommt kein neues Projekt von außen rein, dem ich zugeteilt werde. Da wartet keine Beförderung, für die ich mich anstrengen und auf die ich hinarbeiten kann, und auch keine Auftraggeber, die mir Deadlines vorschreiben. Ich muss mir meine Aufgaben selbst stellen. Und das fiel mir in dieser Zeit, als ich so gesehen das erste Mal Single und an nichts und niemanden mehr gebunden war, gar nicht so leicht.

Ich hatte mich schon sehr stark über meine Beziehung definiert, immerhin hatte sie einen Großteil meines bisherigen Lebens ausgemacht. Mein Partner war immer da gewesen, immer an meiner Seite, eine feste Größe, auf die ich mich jederzeit verlassen konnte. Natürlich hatte ich meine Entscheidungen auch im Hinblick auf ihn getroffen. Jetzt traf ich sie nur noch für mich, unabhängig von anderen Menschen. Das war ungewohnt und ein bisschen beängstigend.

Was wollte ich denn überhaupt? Was wollte ich für mich selbst? Bislang hatte ich nie so denken müssen. Verrückt eigentlich. Ich hatte das Gefühl, mich auf einmal selbst hinterfragen zu müssen. Obwohl die Situation neu war, kam mir mein bisheriges Umfeld jetzt viel zu bekannt vor, weder inspirierend noch herausfordernd. So viel war mir schon mal klar: Ich wollte neue Eindrücke und Einflüsse in meinem Leben. Ich wollte nicht mehr in der Stadt wohnen, in der ich aufgewachsen war. Ich wollte einen Cut. Aber wie sollte der aussehen?

Gut für die Dramaturgie des Buches wäre jetzt Folgendes: Also habe ich von heute auf morgen meine Wohnung gekündigt, meinen Rucksack gepackt, bin zum Flughafen, habe mir ein One-Way-Ticket gekauft – und dann einfach auf und davon, auf der Reise zu mir selbst.

Ganz so filmreif war es allerdings nicht. Schließlich wusste ich ja nicht mal, wohin ich überhaupt wollte. Ich wollte raus, aber bedeutete das nun umziehen oder verreisen? Wie sich herausstellen sollte: beides. Da ich bei meinem zukünftigen Wohnort zwischen Berlin und Köln schwankte, widmete ich mich zunächst der Reiseplanung. Wo ist denn schönes Wetter? Denn schönes Wetter war mir wichtig, so viel wusste ich immerhin schon. Ich kam auf Südamerika und begann, mir schon mal eine grobe Route zusammenzustellen. Der Plan: einfach mal für unbestimmte Zeit rauskommen.

Aber wann es losgehen sollte, davon hatte ich immer noch keinen blassen Schimmer. Meine Wohnung in Nürnberg hatte ich zwar schon gekündigt, aber viel weiter war ich nicht gekommen. Es brauchte einen Wink des Schicksals, wenn man so will.

Dieser kam – den heutigen Zeiten entsprechend – per Twitter. Kelly, auf YouTube als Kelly MissesVlog bekannt, postete ein Bild von der Salar de Uyuni, einer riesigen Salzebene in Bolivien. Darunter die Frage, wer da mal hinwill. Ohne groß darüber nachzudenken, antwortete ich: »Ja, ich hätte Bock!« Bolivien liegt schließlich in Südamerika, und Spanisch hatte ich in der Schule gehabt; das würde ich dort sicher prima ausbauen können. Also auf nach

Brasilien! (Heute weiß ich natürlich, dass Bolivien nicht in Brasilien liegt, sondern ein eigener Staat ist, und dass man in Brasilien auch kein Spanisch, sondern Portugiesisch spricht. In Bolivien hingegen wird tatsächlich Spanisch gesprochen, doch bis in die Salar de Uyuni sind wir nicht gekommen, weil wir dann doch lieber die letzte Woche bei dreißig Grad am Strand als bei null Grad in der Salzwüste verbracht haben. Jetzt habe ich aber immerhin einen Grund, noch mal nach Bolivien zu reisen, also letztlich wieder alles gut.)

Das ganze Unternehmen hätte natürlich auch komplett in die Hose gehen können. Kelly und ich kannten uns nur ein bisschen, hatten uns zwar immer gut verstanden, aber so nah, dass wir einfach mal ein paar Wochen zusammen auf einem fremden Kontinent verbringen würden, standen wir uns damals eigentlich noch nicht. Aber wird schon klappen, dachte ich nach guter alter Mamamanier. Ich hatte einen Wink gebraucht und hier war er nun. Ich wäre blöd gewesen, diese Chance nicht zu ergreifen. Und: Ja, auch wenn ich heute davon schwärme, auch mal alleine unterwegs zu sein, der erste Schritt ist bekanntlich der schwierigste und ich finde es überhaupt nicht verwerflich, sich dabei ein bisschen Unterstützung zu holen.

Kelly und ich buchten und nur knapp sechs Wochen später saßen wir im Flieger. Sie mit einem Hin- und Rückflug, ich tatsächlich mit dem sagenumwobenen One-Way-Ticket der grenzenlosen Möglichkeiten … Nein, das ist gelogen. One-Way-Tickets sind nämlich meistens teurer als Hin- und Rückflug zusammen, weshalb ich als Sparfuchs die günstigere Variante gewählt habe, obwohl ich sicher war, den Rückflug nicht anzutreten. Clever, was?

Zunächst fühlte sich alles wie ein ganz normaler Urlaub an, die 10.600 Kilometer einmal außen vor gelassen. Kelly würde drei Wochen bleiben, und so versuchten wir natürlich, bis dahin so viel wie möglich zu sehen und zu erleben. Hierbei fiel mir der erste große Unterschied auf: Ich hatte alle Zeit der Welt – und deswegen nicht diesen Drang, jetzt sofort alles sehen und erleben zu müssen. Mir war es nur wichtig, dass Kelly aus ihren drei Wochen das meiste rausholen konnte. Auch wenn ich auf meiner weiteren Reise Besuch bekam, konnte ich mich jedes Mal darauf konzentrieren, dem anderen eine gute Zeit zu ermöglichen. Ich hatte nie das Gefühl, selbst zu kurz zu kommen oder irgendwas zu verpassen. Das tat wirklich sehr gut.

Für den Einstieg ins große Abenteuer war Kellys Begleitung perfekt. Ich fühlte mich nicht einsam, musste nicht allein im Flieger sitzen, hatte nicht so viel Zeit, um mir Gedanken zu machen und alles noch mal zu hinterfragen. Trotzdem fühlte ich mich mutig. Mir geht es ja gar nicht darum, immer die Mutigste von den Mutigsten zu sein. Ich muss nicht immer höher, schneller, weiter hinaus. Mut definiert sich für mich auch nicht durch Spontanität und Lebensgefahr. Mut ist eine sehr subjektive Angelegenheit. Wenn sich etwas für mich wie eine Herausforderung anfühlt und ich sie annehme, dann kann ich stolz darauf sein. Egal, ob das schon zigtausend Menschen vor mir gemacht haben oder besser waren oder es sie mehr Überwindung gekostet hat. Mut lässt sich nicht messen. Mut lässt sich nur fühlen.

Ich hatte keine Wohnung mehr in Deutschland, ich wusste nicht, wie es meinem YouTube-Kanal bekommen würde, wenn ich plötzlich Reisevlogs statt Comedy-Videos hochlade. Ich begab mich also wissentlich in eine wenn auch nicht lebensbedrohliche, so doch zumindest existenzgefährdende Lage. Das kann man mutig oder dumm nennen. Aber so war meine Situation nun mal. Und natürlich ist mein Beruf ein unglaubliches Privileg, dessen bin ich mir sehr bewusst. Dass ich weder an einen Ort noch an einen Vertrag gebunden bin, eröffnet mir große Freiheiten. Ich musste keinen festen Job kündigen, ohne zu wissen, wie es für mich weitergeht. Trotzdem hätte diese Auszeit, die ich mir genommen habe, gravierende Konsequenzen haben können. Es hätte passieren können, dass ich damit alles, was ich mir auf YouTube aufgebaut hatte, in den Sand setze. Die Zuschauer hätten abspringen können, weil sie nicht mehr das zu sehen bekamen, wofür sie meinen Kanal abonniert hatten. Und wenn ich den Algorithmus nicht regelmäßig füttere, kann ich mit der Zeit empfindlich an Sichtbarkeit einbüßen.

Der cleverste Businessmove war die Reise also nicht, sondern ziemlich riskant. Aber es geht nicht darum, wer mehr aufs Spiel setzt. Respekt verdient nicht nur, wer ein noch größeres Risiko eingeht. Jeder ist sein eigener Maßstab. Mut kann bedeuten, in einen Fahrstuhl zu steigen oder eine Spinne zu berühren. Es kann bedeuten, einen Fallschirmsprung zu machen oder eine Familie zu gründen.

MUT IST, WAS SICH FÜR *DICH* MUTIG ANFÜHLT.

Und ich möchte gerne jeden ermutigen, sich den kleinen wie den großen Herausforderungen zu stellen. Weil es sich so gut anfühlt und ihr dabei so viel über euch lernen könnt.

Viele schrecken vielleicht vor einem großen Schritt zurück, weil er auf den ersten Blick nicht vernünftig wirkt. Weil sie sich gebunden fühlen, an den Partner oder die Arbeit. Aber wenn ihr an einem Punkt seid, an dem ihr für euch selbst keine klare Richtung mehr erkennt, an dem ihr euch selbst irgendwie fremd seid, ist so ein Risiko eventuell immer noch kleiner als die Gefahr, sich zu verrennen und unglücklich in der Situation zu verharren.

(An dieser Stelle Props an alle Segway-Fahrer, weil gerade eine Gruppe hier an dem Café vorbeidüst, in dem ich sitze. Ich will das unbedingt auch mal machen. Meine dusselige Lektorin hat mich falsch verstanden und in ihren Unterlagen vermerkt, dass ich Segway fahren will, wenn ich alt bin. Das ist natürlich Quatsch. Ich will es noch in diesem Jahr machen! Mal schauen, ob es klappt, bis das Buch erscheint … Segway fahren gehört jedenfalls eindeutig in die »Kann man mal machen«-Kategorie!)

ICH BIN MIR GENUG

Für mich fühlte sich schon die erste Etappe meiner Reise nach einem echt großen Ding an, zumal in absehbarer Zeit die zweite Etappe folgen sollte … Als es so weit war, setzte ich Kelly ins Taxi zum Flughafen, drückte sie ganz fest, winkte ihr, und dann stand ich da. Komplett allein in den Straßen von Santiago de Chile.

Zurück im Hostel saß ich auf meinem Bett und dachte in der einen Sekunde ganz euphorisch: »Okay, jetzt geht's los!«, und in der nächsten panisch: »Oh je, was jetzt?!« Ich war auf mich allein gestellt. Freiheit pur, aber was tun damit? Nun ging die Zeit mit mir selbst los.

Plötzlich zählte nur noch ich. Was ich machen will. Was ich sehen will. Was ich erleben will. Erst mal aber musste ich mich daran gewöhnen, wirklich mit mir allein zu sein. Daran, nur mich als Leitfaden zu haben, als ausschlaggebendes und einziges Kriterium.

Weil ich noch nicht genau wusste, wie das eigentlich geht, habe ich für meine ersten Allein-in-Südamerika-Aktivitäten zunächst auf das mir Bekannte zurückgegriffen. Die Highlights des Landes, in dem ich gerade war, googelte ich. Unter den Top 10 fand ich hauptsächlich Museen, Plätze, Parks und Statuen.

Nichts gegen Museen, Plätze, Parks und Statuen. Aber ich fühlte sofort, dass ich mich dafür gerade überhaupt nicht interessierte. Es ist super, dass so viele Leute diese Sehenswürdigkeiten gut fanden und eine positive Bewertung für Skulptur XY abgegeben haben, aber für mich klang das alles viel zu sehr nach Standard-Urlaub. Eine Erkenntnis machte sich breit, die mir vorher nie gekommen war: Ich bin einfach nicht der Typ für Museen, Plätze, Parks und Statuen. Aber was für ein Typ bin ich denn dann? Man geht doch in Museen! Man schaut sich doch Statuen an! Oder? Was kann man denn sonst überhaupt machen?

Essen! Eigentlich ist immer das Erste, was ich in einer fremden Stadt mache, auf Google Maps nach gut bewerteten Restaurants zu suchen. Und dann begebe ich mich dorthin und esse. Healthy Food, geiles Essen, das ist das, wofür ich brenne, was mich glücklich macht. Wieso also nicht auch auf einem fremden Kontinent so vorgehen? Naheliegende Antwort: Weil ich allein war. Mich gedanklich allein an einem Tisch sitzen zu sehen, hatte etwas so schrecklich Bemitleidenswertes. »Allein« hat den faden Beigeschmack von »einsam«, dabei sind das zwei komplett verschiedene Dinge. Einsam bin ich unfreiwillig. Das Alleinsein ist selbst gewählt.

Und da ich ganz einfach keine Lust hatte, immer jemanden zu suchen, der mit mir essen geht – was übrigens kein Problem gewesen wäre, man findet unter anderen Reisenden immer wen –, habe ich mich an das Alleinessen gewagt. Eine riesige Überwindung, aber siehe da, es war gar nicht schlimm. Ich war mir selbst genug. Meine Begleitung war mein Essen und das hat meine volle Aufmerksamkeit bekommen. Ich habe mich auf mich, auf das Essen, auf meine Empfindungen und Geschmackserlebnisse konzentriert. Wieder ein Stückchen mehr Freiheit, denn ab jetzt konnte ich mich entscheiden: Will ich in Gesellschaft essen oder lieber allein? Ich fühlte mich nicht mehr unvollständig ohne ein Gegenüber.

Von nun an gehörte Essen allerdings zu jenen Dingen, die sogar ich plante. Da verstehe ich keinen Spaß. Ich wollte möglichst viel, möglichst gut, landestypisch und authentisch essen. Ich wollte das Land, das ich bereiste, auf diese Weise kennenlernen, erleben, schmecken und wertschätzen. Dieser Part ist mir einfach zu wichtig, um etwas dem Zufall zu überlassen.

Es kann reizvoll sein, durch die Straßen der Welt zu wandeln und das erste Restaurant zu besuchen, das einen anlacht. Aber ehe ich Gefahr laufe, vor einem unappetitlichen Gericht zu sitzen, dafür noch Geld auszugeben, um dann sehr, sehr unglücklich zu sein, werde sogar ich zum Profi-Planer. Denn wir wollen ja nicht unglücklich sein. Wir wollen das beste Essen der Stadt! Das gute Zeug! Eat all the food!

Deshalb fange ich seitdem schon eine halbe Ewigkeit vor jeder Reise damit an, die geilsten Restaurants zu recherchieren und in der Vorfreude zu schwelgen, dort demnächst zu sitzen. Wenn mich jede Form der Planung so befriedigen würde wie diese, würde ich wahrscheinlich kaum noch etwas anderes machen.

Lasst euch eure Vorgehensweise auch nicht nehmen, wenn sie euch zufrieden macht. Dem einen mag es spleenig erscheinen, viel zu planen, dem anderen seltsam, auf Lidschatten YZ nicht verzichten zu können oder besondere Ansprüche an ein Kopfkissen zu haben. Aber solange ihr nicht zwanghaft den Kippschalter fürs Licht nur in gerader Anzahl betätigen könnt (das ist nämlich superblöd, weil ihr dann nie zum Ziel kommen werdet) oder sonst wie an Lebensqualität einbüßt, könnt ihr das genau so machen. Ihr müsst weder planlos durch die Gegend wandern, um das Leben genießen zu können oder euch selbst zu finden, noch müsst ihr einer festen Route folgen. Es geht darum, den Weg zu entdecken, der sich für euch richtig anfühlt und bei dem ihr den Kopf für neue Eindrücke freikriegt. Wenn ihr alles durchgeplant habt, weil euch das ein gutes Gefühl gibt und ihr euch dadurch befreit fühlt, dann ist das genau derselbe Effekt, den ich durch mein Nichtplanen empfinde – vom Essenplanen abgesehen, versteht sich.

Ein weiteres Hobby von mir, das mir erst in Südamerika so richtig bewusst geworden ist: Supermärkte! Ich suche den nächsten großen Supermarkt auf und beschäftige mich dort locker eine Stunde damit, jedes einzelne Regal abzugehen und zu gucken, was es beispielsweise in Uruguay, aber nicht in Deutschland gibt beziehungsweise was ich noch nicht kenne. Das fasziniert mich dermaßen und bringt mich dem Land, in dem ich gerade bin, auf eine alltägliche Art so nahe, wie es kein Museum könnte.

Wenn ihr allein reist, könnt ihr so was einfach mal machen. Denn das Schöne ist: Ihr müsst euch vor niemandem rechtfertigen, wieso es euch glücklich macht, Supermarktregale zu inspizieren. Ihr müsst niemandem erklären, was ihr gerade eine Stunde oder länger in diesem Laden gemacht habt. Außer dem Sicherheitspersonal vielleicht, auf das ihr ziemlich verdächtig wirkt, wenn ihr eine halbe Ewigkeit durch die Gänge schleicht und alles anpacken müsst, als hättet ihr noch nie eine Dose Tomatensoße gesehen. But no one cares! Solange sie euch nicht wirklich bei was erwischen und in den Knast sperren natürlich. Klauen ist uncool.

Weiterer Punkt auf der Liste von Dingen, die ich sehr gerne mag: Tiere! Ein unvergessliches Erlebnis war das Schwimmen mit wilden Delfinen in Neuseeland. Im ersten Moment habe ich vor Aufregung fast hyperventiliert, mich dann aber beruhigt und mit den hunderten Delfinen um mich herum eine Quietschgeräuscheunterhaltung gestartet. Die erste Begegnung mit einem Manta-Rochen in Indonesien war so schön und beängstigend zugleich, dass es in meinem Neoprenanzug plötzlich angenehm warm wurde. Und als ich in Uruguay zum ersten Mal ein wildes Capybara sah, war ich komplett aus dem Häuschen. Offenbar hat jemand Meerschweinchen genommen und diese riesig groß wachsen lassen. So süß! Den Bildern aus Südamerika nach zu urteilen habe ich 1) keine Tiere, dafür aber alles andere gegessen, 2) Tiere gestreichelt und 3) Tierpositionen beim Yoga gemacht. Das waren meine drei Hauptbeschäftigungen. Und ich bereue nichts!

Kommt euch mega lame und wie pure Zeitverschwendung vor? So ohne Kultur und Sehenswürdigkeiten? Kein In-der-Schlange-Anstehen, um irgendwo hochgefahren zu werden und dann wieder runterzugucken? Nö. Ich hatte die Zeit meines Lebens und darauf kommt es an! Ich habe in mich hineingehört, herausgefunden, was mir guttut und worauf ich Bock habe, und genau das dann getan. Möglich, dass ich damit touristische Must-sees verpasst habe, macht mir aber nichts. Und weil ich allein unterwegs war, musste ich auch niemandem erklären, welches Gefühl es in mir auslöst zu entdecken, dass es in Peru auch Heinz Ketchup gibt. Oder wieso ich ausgerechnet nachts um zehn Uhr noch eine Torte für mich ganz allein haben will. Ja, in Montevideo haben Tortengeschäfte auch nach zehn noch geöffnet. Ich bin also aus meinem Hostel, zwei Blöcke weitergestiefelt, habe mir eine Torte zum Mitnehmen bestellt und sie in meinem Hostelbett verdrückt. Es war eine Schokotorte und sie war sagenhaft lecker! Das hätte bei etwaigen Mitreisenden durchaus Fragen aufwerfen können. Bei den richtigen vor allem die Frage »Bringst du mir eine mit?«, aber das weiß man vorher ja nie so genau. Dieser Moment und diese Torte waren jedenfalls nur für mich und haben mich sehr glücklich gemacht.

Ein paar Monate später habe ich mich allerdings doch gerechtfertigt, als ich mein »Warum ich fett geworden bin«-Video gedreht habe. Aber selbst dafür war es gut! Denn ich mag dieses Video sehr und ich mag die Message dahinter. Ohne die Schokotorte und jede Menge weiterer köstlicher Momente wäre es niemals zustande gekommen.

Okay, anfangs war es beängstigend, allein unterwegs zu sein. Aber schließlich fühlte ich mich vor allem befreit und in mir selbst bestärkt. Ich konnte alles selbst entscheiden. Was möchte ich unternehmen? Kann ich auch mal einfach nichts tun? Wie fühlt sich das an? (Ergebnis: Erst noch sehr komisch, weil es so ein seltsames schlechtes Gewissen triggert, hat sich dann aber mit der Zeit richtig gut angefühlt.) Wie schnell möchte ich reisen? Möchte ich an diesem Ort länger bleiben, weil ich gerade coole Leute kennengelernt habe? Möchte ich jenen Ort lieber skippen, weil mir überhaupt nicht nach Großstadt zumute ist und ich lieber in der Natur sein will? Möchte ich einen Ausflug machen? Möchte ich ein Video drehen? Kann ich alles machen, weil ich mich mit niemandem abstimmen muss. Ich habe dadurch nicht nur gelernt, meine eigenen Urteile zu fällen und mein Bauchgefühl wahrzunehmen, sondern auch, auf beides zu vertrauen. Dank dieser positiven Bestätigung fiel es mir immer leichter, mich auf mich selbst zu verlassen.

Mein Ausflug auf den Vulkan Villarrica in Pucón veranschaulicht diese Entwicklung besonders gut. Ich habe ihn bestiegen. Allein. Na ja, natürlich waren ein Guide und andere Reisende dabei. Aber ich war trotzdem für mich. Knapp 2.850 Meter ist der Vulkan hoch. Steil. Es ging über Eis und Vulkangeröll. Normalerweise hätte man mich erst ewig dazu überreden müssen. Nicht, weil ich nicht gewollt hätte, sondern weil ich gedacht hätte, ich schaffe es eh nicht. Ich bin nicht sportlich genug, ich bin nicht mutig genug, um da hochzuwandern. Die Strecke hat es nämlich wirklich in sich.

Ich wäre also in meinen alten Trott verfallen und hätte gemault. »Ich kann das nicht. Ich hab Angst. Was ist, wenn was passiert?« Und so weiter. Ich bin keine Draufgängerin. Also hätte ich jemanden gebraucht, der mich erst mal dazu bringt mitzugehen. Der mir den Mut zuspricht, der mir fehlt. Spätestens auf der Hälfte des

Weges hätte ich erneut motiviert werden müssen, um bis nach oben zu laufen. Ich hätte safe das Heulen oder Meckern angefangen. So bin ich einfach. Wenn ich das Gefühl habe, etwas ist zu schwer für mich, ist meine erste Reaktion, den Kopf in den Sand zu stecken und eine Runde zu heulen. Irgendwer kommt dann schon, der mich in den Arm nimmt, und dann geht es auch wieder weiter. Wäre Unsinn, was anderes zu behaupten. Ich kann eine echte Heulsuse sein und mag Auffangnetze. Vor allem in Form von mir lieben Personen. Und da ich in meinem bisherigen Leben eigentlich ganz gut damit gefahren war, gab es ja auch auf den ersten Blick keinen Anlass, das zu ändern, oder?

Bis zu diesem Vulkan. Denn dem war piepegal, ob ich heule oder nicht. Der Guide hat auch einfach sein Ding durchgezogen und hätte sicher keine Rücksicht auf Verluste genommen. Den habe ich eh nur selten und wenn, dann nur ganz klein in der Ferne gesehen. Einzige Option also: Mirella, du heulst und meckerst jetzt nicht. Du schaffst das jetzt allein.

Es war gigantisch. Wir waren keine hundert Meter weit gekommen, da fingen meine Beine schon an wehzutun. Doch in keinem Moment habe ich daran gezweifelt, dass ich bis zu diesem riesigen Krater komme. Ich habe hochgeguckt, gesehen, wie steil es ist, und mich gefragt, ob das jetzt echt noch vier Stunden lang so weitergehen soll. Alles klar …! Aber es war nie dieses »Alles klar, das schaffe ich niemals«. Es gab nur einen Weg, und der war nun mal hoch. »Alles klar, auf geht's.«

Etwas durchzustehen, von dem ich wusste, dass ich früher hingeschmissen hätte, war krass. Mich diesen Weg hochzuquälen, ohne zu nörgeln, mich auf den Ausblick zu freuen und schließlich darüber, es geschafft zu haben – es alleine geschafft zu haben –, war eine unfassbare Motivation.

Ich habe vorher geschrieben, dass es wunderschön ist, Momente zu teilen. Aber als ich oben auf dem Krater ankam und ins Tal blickte, hatte ich diesen Moment, diesen Erfolg, dieses Gefühl einzig und allein für mich. Ich stand da und klopfte mir innerlich auf die Schulter: Ich bin mutig genug, ich bin kräftig genug, ich bin mir selbst Motivation und Ansporn genug, um jetzt hier oben zu sein. Ich habe es nicht getan, um irgendwen zu beeindrucken, um kein Spielverderber zu sein, um mithalten zu können, nicht, weil irgendwer gepusht hat, den ich nicht enttäuschen wollte. Ich habe niemanden gebraucht.

An diesem Tag habe ich erfahren, was es heißt, über sich hinauszuwachsen, und war unendlich stolz auf mich. Es ist extrem wertvoll, Support zu haben. Aber wäre ich nicht auf mich gestellt gewesen, dann hätte ich nicht erkannt, wie viel ungeahnte Kraft in mir selbst steckt, die ich bislang einfach noch nicht benötigt hatte. Ein Gefühl, das mich noch bis heute anspornt und ermutigt.

Dieser Augenblick auf dem Gipfel steht stellvertretend für viele Augenblicke auf meiner Reise, für Augenblicke, die ich allein anders wahrgenommen habe, als ich es in Gesellschaft getan hätte. Da gibt es dann halt kein: »Guck mal, hier, der Dingens, der Sonnenuntergang! Der ist so schön! Machen wir doch 300 Bilder für Instagram und das Familienalbum, damit wir den nicht vergessen!« Trotzdem erinnere ich mich. Ich habe einfach nur dagesessen und war mein eigenes, applaudierendes Publikum. Ich konnte wertschätzen, dass ich das jetzt erleben darf, und hatte nicht das Gefühl, jemanden zu brauchen, damit es überhaupt erst einen Wert bekommt. Es gab so viele Momente, die vollkommen waren, so wie sie waren. Denen nichts gefehlt hat. Mir hat nichts gefehlt. Und ich begriff:

DIE RICHTIGE GESELLSCHAFT GIBT UNSEREM LEBEN ETWAS HINZU. ABER ES IST NIEMALS UNVOLLSTÄNDIG.

Solltet ihr trotzdem befürchten, beim Alleinreisen zu vereinsamen, kann ich Entwarnung geben. Nie schien es mir einfacher, neue Leute kennenzulernen, als allein in Südamerika. Wenn ihr mit Freunden oder eurem Partner unterwegs seid, dann bildet ihr quasi schon eine Einheit, eure eigene Bubble. Als solche seid ihr euch genug, ihr braucht niemand anders kennenzulernen. Allerdings wirkt ihr auf Außenstehende auch eher wie eine in sich geschlossene Gruppe. Wer allein reist, kommt ziemlich schnell ins Gespräch, da es so viele Gleichgesinnte gibt, die man unterwegs trifft.

In den ersten Tagen hatte ich damit auch noch so meine Probleme. Ich bin nun mal eher zurückhaltend, gehe nicht unbedingt offen auf Leute zu und sage: »Hi, ich bin Mirella, und ich erzähl dir jetzt mein Leben. Pass auf, das ist megaspannend!« Aber nach dem dritten Hostel merkte ich ziemlich schnell, wie der Hase läuft und dass alle Anwesenden wirklich Bock haben, Kontakte zu knüpfen und neue Leute kennenzulernen. Nach ein paar guten Erfahrungen überwand auch ich meine Scheu und es fiel mir zunehmend leichter, mit Fremden zu quatschen.

Mir ist übrigens aufgefallen, wie viele Frauen allein reisen. Auch wenn sich die Meinung hält, dass das gefährlich sei. (Mir kam es nicht übermäßig riskant vor, solange man sich nicht wie ein Volldepp verhält und nächtens seinen teuren Schmuck in besonders armen Vierteln zur Schau stellt.) Männer – so meine Erfahrung – sind eher in Gruppen, mit dem Bruder oder besten Freund unterwegs. Dass so viele Frauen ohne Begleitung die Welt erkunden, mag daran liegen, dass Frauen eher dazu neigen, sich und ihren Weg zu hinterfragen und auf Sinnsuche zu gehen. Ist reine Spekulation, könnte aber ein Grund sein.

Im Hostel läuft es dann meist folgendermaßen ab: Man kommt an, setzt sich zu den Leuten – irgendwelche neu zusammengewürfelten Grüppchen sitzen eigentlich immer in der Lobby herum –, isst mit denen was, unterhält sich und findet bald raus, dass alle das gleiche Ziel haben: zu wissen, wo man gut hingehen kann, wo das Essen am besten ist und wo es etwas zu erleben gibt. Gesprächsthemen sind also vorhanden. Bei manchen kommt man über diese essenziellen Fragen nicht hinaus, mit manchen möchte man auch weiter nichts zu tun haben, bei anderen wiederum merkt man schnell, dass man auf einer Wellenlänge ist. Also alles wie im normalen Leben, nur dass mir die Grundstimmung viel entspannter vorkam. Streit gab es eigentlich nie. Wieso sollte ich mich auch mit jemandem streiten, den ich wahrscheinlich schon morgen, spätestens nach wenigen Tagen nie wiedersehen werde? Lohnt sich gar nicht. Alle wollen eine gute Zeit haben, und die dauert einfach so lange, wie sie dauert.

Das gilt für platonische Zwischenmenschlichkeiten ebenso wie für romantische. Vielleicht hat man nur die kommenden drei, vier, fünf Tage, weil die Reiserouten danach wieder auseinandergehen und man aus entgegengesetzten Ecken der Welt kommt. Aber dann muss ich mir auch keine Gedanken machen, ob meine Mutter den jetzt toll findet, was meine Freunde sagen, wo man zusammen hinzieht und wer seinen Job aufgibt. Dieser Illusion traumatischer Teenie-Urlaube gibt sich niemand mehr hin. Was zählt, ist der Moment – und der ist, für sich genommen, genau richtig. Hoffentlich. Wenn ihr euch ein bisschen Mühe gebt.

FOMO

Vielleicht fragt ihr euch, ob eigentlich auch mal irgendwas blöd auf meiner Reise war? »Du reist allein nach Südamerika? Als Frau? (Als Mann konnte ich ja schlecht reisen.) Brasilien soll doch so gefährlich sein …!« Diese Fragen waren im Vorfeld so oft auf mich eingeprasselt, dass ich mir irgendwann nicht mehr sicher war, ob ich mich vielleicht besser schon mal für immer von meinen Leuten verabschieden sollte, weil ich safe nicht mehr lebend zurückkommen würde. Ich war stark verunsichert. Bin ich völlig übergeschnappt? Was mache ich hier eigentlich? Plötzlich fühlte es sich nicht mehr an wie eine vor mir liegende Auszeit, sondern als hätte ich einen Urlaubstrip in ein Kriegsgebiet oder einen Schnorchelkurs in einem aktiven Vulkan gebucht. Dabei bin ich von Natur aus nicht mal sonderlich unvorsichtig. Von allein wäre ich jedoch nicht darauf gekommen, dass ich mein eigenes Todesurteil unterzeichnet hatte.

Ich nahm mir dann aber vor, das große Wagnis mit eingeschaltetem Gehirn und gesundem Menschenverstand zu meistern – wie in jeder anderen Lebenslage halt auch. In Brasilien bin ich nicht unbedingt in eine Favela spaziert, um dort Selfies mit meiner teuren Kamera zu machen. Ich bin nicht durch die Straßen gelaufen und habe »Hey, hier ist euer Hypebae, ich kauf mir Supreme!« gerufen. Ich habe mir auch nicht mit Geldscheinen Luft zugefächelt, wenn's warm war. Ist mir alles natürlich sehr schwergefallen, habe ich aber wirklich hinbekommen. Eigentlich habe ich mich an dieselben Regeln gehalten wie überall sonst auch: Lauf nachts nicht durch dunkle Gassen und zwielichtige Viertel und verhalte dich nicht wie ein Ekel. Natürlich wäre es viel schöner, wenn die Welt anders wäre. Wir sollten alle zu jeder Zeit frei und unbeschwert durch jede Straße hüpfen können (wie ein Ekel sollten wir uns allerdings nie benehmen). Aber so ist die Welt leider nicht.

Vielleicht bin ich naiv, aber ich habe mich in Südamerika weder sicherer noch unsicherer gefühlt als in Deutschland, Dänemark oder Disneyland. Selbst während des Karnevals in Rio ist nichts passiert, obwohl ich mir sicher war, dass ich dort bestimmt häufig angemacht und angefasst werden würde. Immerhin kommen hier Millionen von Menschen aus aller Welt zusammen, die Stimmung ist ziemlich hot, die Teilnehmer sehr knapp bekleidet und der Alkohol fließt in Strömen. Wie ein deutsches Volksfest also, nur in gigantisch und mit garantiert gutem Wetter und besseren Tänzern. Aber anders als beim Kölner Karneval lief das das ganze Spektakel völlig ohne nennenswerte Zwischenfälle ab. Liegt vielleicht daran, dass eh schon überall halb nackte Brüste und sagenhaft knackige Hintern zu sehen sind, sodass nicht mehr nach allem gegrapscht werden muss, was wackelt.

Ich möchte das Gewaltproblem in Brasilien nicht verharmlosen. Insbesondere Gewalt gegen Frauen ist dort ein akutes Thema und viele Urlauber werden beraubt, sicherlich auch in größerem Ausmaß als in Deutschland. Aber man ist schon mal gut beraten, wenn man als wohlhabender Tourist nicht allzu offensichtlich mit allerlei Wertsachen bepackt durch die Gegend stapft. Man wird nicht zwangsläufig gleich nach dem Verlassen des Flugzeugs zur Begrüßung überfallen.

Natürlich gab es während der Reise auch hier und da Momente, in denen ich mich nicht recht willkommen gefühlt habe. Das wurde mir allerdings eher von anderen Reisenden vermittelt als von Einheimischen. So kam ich zum Beispiel mal in ein Hostel, in dem sich alle Anwesenden offenbar bereits kannten. Ich fühlte mich wie die Neue in der Klasse, total fehl am Platz. Meine grandiose Lösungsstrategie: Erst mal bei Freunden in Deutschland anrufen und mich ausheulen, weil die mir ja so super helfen können, wenn ich in Rio in einem Hostel sitze. Die rufen dann nämlich an der Rezeption an und sagen den anderen Kindern, sie sollen die Mirella jetzt gefälligst auch mal mitspielen lassen! Aber mir fiel nichts Besseres ein, außerdem brauchte ich die Bestätigung, dass die anderen Kinder blöd sind und ich ja eigentlich doch eine ganz coole Person bin.

Nachdem mir das versichert worden war, ich mich ausgemault und neuen Mut geschöpft hatte, nahm ich mir vor, der Situation eine zweite Chance zu geben. Wenn ich mit den Leuten nicht klarkommen sollte, wäre das eben so. Ich konnte ja jederzeit wieder gehen.

Und, wie ist die Geschichte ausgegangen? Ich habe alleine in meinem Zimmer geheult.

Nein! Habe ich natürlich nicht. Das wäre jetzt eine echt miese Lehre. Ich hatte nämlich einen unglaublich schönen Abend, der ganz anders ausging, als ich es mir anfangs erhofft hatte. Mehr möchte ich dazu nicht sagen. Eine Gentlewoman genießt und schweigt.

Was ich daraus gelernt habe? Ich hatte Vorurteile und habe meine eigene Unsicherheit in das Verhalten anderer hineininterpretiert. Mir darüber Gedanken gemacht, wieso die eine so komisch guckt und der andere so komisch redet. Dabei muss das absolut nichts mit mir zu tun gehabt haben – es muss noch nicht mal stimmen. Die meisten Menschen, das sage ich gerne noch mal, wollen uns nichts Böses. Und auf Reisen haben alle Bock auf eine gute Zeit. Manchmal braucht man einfach ein bisschen, um miteinander warm zu werden.

Ich war richtig stolz, nicht gleich die Flinte ins Korn geworfen, sondern einen zweiten Anlauf genommen zu haben. Wäre ich nicht allein unterwegs gewesen, hätte ich das gar nicht erst versucht. So aber bin ich um eine positive Erfahrung reicher, die mich darin bestärkt, dass es gut ist, offen auf neue Situationen und Menschen zuzugehen und auch mal ein wenig Geduld zu haben.

An meinem eigenen Verhalten, aber auch im Vergleich zu den Bekanntschaften, die ich in Südamerika gemacht habe, ist mir aufgefallen, dass Offenheit nicht der erste Aspekt ist, der einem in Verbindung mit der deutschen Mentalität einfällt. Wir gehen oft mit Vorurteilen aufeinander zu und bilden uns vorschnell eine leider meist eher negative Meinung.

Entsprechend wurde ich vor Reiseantritt vor vermeintlichen Risiken gewarnt und mein Plan mit Skepsis aufgenommen. Das Positive und die Chancen zu sehen, fiel den meisten schwer. Bei fremden Menschen raten wir oft zu Vorsicht und »gesundem Misstrauen«. Wenn jemand Interesse zeigt, unterstellen wir gerne irgendwelche Hintergedanken. Sogar uns selbst sehen wir negativ: Wen sollte denn schon interessieren, was wir zu erzählen haben? Wir wollen ja auch niemanden mit unserem Kram langweilen. Oder anders gefragt: Wen geht's denn was an? Denn so richtig gerne teilen wir unsere Geschichte eigentlich nicht mit Fremden, wenn wir mal ehrlich sind. Konfrontiert mit neuen Menschen und Situationen, sind wir erst mal tendenziell reserviert, verschränken abwartend die Arme vor der Brust und schauen uns das Ganze aus sicherer Entfernung an.

In Südamerika hatte ich das Gefühl, dass alle um mich herum völlig anders waren. Klar, ich hatte viel mit Reisenden zu tun, die wahrscheinlich vom Naturell her allem Neuen gegenüber aufgeschlossen sind. Aber auch der Vibe bei den Einheimischen erschien mir so positiv und voller Neugier, dass der Kontrast besonders deutlich wurde. Es war für mich ebenso überraschend wie erfrischend zu bemerken, dass die Leute echtes Interesse zeigen. Dass sie davon ausgehen, dass ihr Gegenüber ein guter Mensch ist und etwas Spannendes zu berichten hat. Sie können sich in dieser Annahme bestätigt sehen oder eben auch nicht, aber die positive Grundeinstellung verändert schon den gesamten ersten Eindruck. Etwas zu bestätigen ist immer einfacher, als es zu widerlegen und jemanden vom Gegenteil zu überzeugen. »Der Deutsche« (den es so natürlich nicht gibt) ist eher skeptisch und hofft, von einem unbekannten Gesprächspartner nicht zu Tode gelangweilt, um Geld angebettelt oder genervt zu werden. Er geht lieber erst mal vom Negativen aus, um sich dann gegebenenfalls »positiv überraschen« zu lassen.

Die Sichtweise, wonach sich ein Mensch Respekt und Wertschätzung erst verdienen muss, ist mir hochgradig unsympathisch. Klar kann es vorkommen, dass die Wellenlänge nicht stimmt. Dann ist das halt so. Aber mein Gegenüber muss doch nicht erst seinen Wert beweisen, um für mich als Gesprächspartner infrage zu kommen und von mir akzeptiert zu werden.

In Südamerika war ein komplett anderes Mindset am Werk, obwohl einfach nur die Vorzeichen getauscht wurden. Ich mag diese offene Mentalität und Grundeinstellung sehr und versuche seitdem, sie in meinen Alltag zu integrieren. Natürlich kann sich jemand meine Anerkennung verscherzen, indem er sich mir gegenüber bescheuert verhält. Bis dahin aber gilt die Unschuldsvermutung. Ich bemühe mich, stets davon auszugehen, dass mich jede neue Bekanntschaft bereichern kann. Ich bin zwar eine, die wirklich gerne mal meckert, weil das Spaß machen und sehr befreiend sein kann. Aber dafür habe ich ja meinen YouTube-Kanal, auf dem ich mich jederzeit und mit Leidenschaft über Menschen, Dinge und Verhaltensweisen aufregen kann.

Die Befürchtungen in Bezug auf das Alleinreisen haben sich also allesamt nicht bestätigt. Weder wurde ich überfallen, noch bin ich vereinsamt. Mir ist nichts Schlimmes widerfahren und ich habe viele Frauen getroffen, denen es ebenso erging. Ich hatte auch kein Problem, mit anderen Leuten in Kontakt zu kommen und konnte mir eigentlich immer aussuchen, ob ich für mich bleiben oder in Gesellschaft sein wollte.

Aber sag mal, Mirella, was ist denn mit Heimweh? Monatelang weg zu sein geht doch an niemandem spurlos vorbei, oder?

Tatsächlich kam ich nach einigen Monaten an den Punkt, an dem ich ganz genau spürte, dass ich nun genug gereist bin. Ich hatte es regelrecht satt. Der dreißigste unfassbar schöne Wasserfall war irgendwann auch nur noch Wasser, das in eine Schlucht fällt, der hundertste malerische Strand irgendwann auch nur noch Sand, der am Meer liegt, und die Mangos schmeckten zwar immer noch tausendmal besser als irgendwo sonst, aber ich hatte einfach mal wieder Lust auf ein gutes deutsches Brot.

Dieser Moment war … interessant. Ich hatte mir vorgenommen, etwa ein halbes Jahr zu reisen. Aber schon nach dreieinhalb Monaten habe ich gemerkt, dass es mir langsam reicht. Ich konnte diese tollen Dinge, diese tollen Orte nicht mehr richtig wertschätzen, nicht mehr richtig wahrnehmen. Ich hatte mich daran gewöhnt. Das Besondere war zu meinem Alltag geworden. Total verrückt, dass das so schnell gehen kann, aber so war es nun mal. Und ich fand es gut, dass ich mir das eingestehen konnte. Dass ich überhaupt in der Lage war, zu bemerken, was sich verändert hatte, es mir aber nicht vorgeworfen habe. Immerhin hätte ich den Fehler ja auch bei mir suchen können. Hätte mir sagen können, wie undankbar ich war, weil ich diese großartige Chance, die sich mir hier bot, nicht nutzte. Aber ich habe nicht auf mir rumgehackt, sondern meine veränderten Empfindungen ernst genommen. Dann bin ich halt nur vier Monate weg und nicht sechs, wie geplant. So what? Wenn mein Bedürfnis nach Ferne und Abenteuer damit gedeckt ist, wieso sollte ich das gute Gefühl überstrapazieren und es damit kaputt machen? Diese vorgegebenen sechs Monate gab es ja nur in meinem Kopf. Ich konnte genauso gut vier draus machen.

Das erste Heimweh war allerdings schon viel früher aufgetaucht, bereits wenige Wochen, nachdem ich aufgebrochen war. Der Kontakt zu meiner Heimat fand hauptsächlich über das Internet statt. Durch Instagram und Co. bleiben wir ja irgendwie immer verbunden und können am Leben der anderen teilhaben, auch wenn wir gerade nicht da sind. Aber genau hier lag auch der Knackpunkt: Es sah so aus, als hätten alle wahnsinnig viel Spaß – ohne mich. Das hat mich richtig getroffen. Man nennt das FOMO, fear of missing out. Obwohl ich selbst gerade das größte Abenteuer erlebte, hatte ich Angst, daheim etwas zu verpassen, während ich mutterseelenallein auf der anderen Seite der Welt saß.

Aber, Achtung, Spoiler: Man verpasst gar nichts! Das ist etwas, das ich auf jeder großen Reise gelernt habe. Ich kam zurück und hatte das Gefühl, dass die Zeit zu Hause stehen geblieben war. Kaum etwas hatte sich verändert. Das meiste hatte ich eh um drei Ecken mitbekommen und wirklich weltbewegend war es eigentlich nie. Wäre es so gewesen, man hätte es mich wissen lassen. Daher auch mein ganz großer Tipp, wenn ihr Heimweh habt: Setzt euch nicht ans Handy und stalked eure Leute. Versucht nicht, euch in diese bekannte Welt zu flüchten. Dann erlebt ihr nämlich von beiden Welten nichts. Auf die eine, die bekannte, habt ihr nun mal gerade keinen Zugriff, und der anderen, der neuen, tut ihr damit unrecht. Ihr wisst doch, wie Social Media funktioniert. Kaum jemand lädt ein gelangweiltes Selfie hoch mit der Unterschrift »Ich weiß einfach gar nichts mit mir anzufangen, das Leben ist so boring«. Natürlich werden nur die guten, aufregenden Momente geteilt.

Andersrum ist es übrigens genauso. Zu Hause sitzen Freunde und Familie und schauen sich die Bilder an, wie ich auf dem Vulkan stehe. Sie sind sich sicher, dass ich gerade die beste Zeit meines Lebens habe, während bei ihnen so rein gar nichts Aufregendes passiert. Dabei sitze wiederum ich in Wirklichkeit in einem schlechten

Hostel, lasse mich von Bettwanzen kneifen und heule vor Heimweh.

Deshalb wollte ich mich von Heimwehattacken nicht runterziehen lassen. Und Heimweh war ja auch nicht der Grund, wieso ich schließlich meine Reise beendete. Es war schlicht die Übersättigung mit neuen Eindrücken. Mein Zuhause, besonders aber die Menschen, die es für mich ausmachen, zu vermissen habe ich sogar als etwas Positives aufgefasst. Klar fühlte es sich im ersten Moment nicht gut an. Ich habe mich allein gefühlt, verlassen, sogar ungeliebt. Kurz: Ich habe mich leer gefühlt. Aber eigentlich war das nur mein Radar, der mir zeigte, wer und was mir wichtig ist.

Gegen Ende der Reise habe ich verstanden, was es eigentlich war, das ich zu Hause vermisste: Ich hatte Bock, mich wieder in meine Arbeit zu stürzen. Ich wollte mir einen neuen Alltag aufbauen. Ich wollte meinen Umzug vorantreiben und mich endlich entscheiden, ob ich nach Berlin oder Köln ziehen will. Ich wollte meine Freunde und meine Familie wiedersehen. Ich wollte meine Karriere angehen und mir ein neues Privatleben schaffen. Ich hatte wieder richtig Lust auf mein »normales« Leben, aus dem ich vor wenigen Monaten noch so ziellos aufgebrochen war.

Das war das beste Heimweh überhaupt. Ich wollte mein Leben wieder in die Hand nehmen und selbst gestalten – genau das also, was mir vor der Reise als so unangenehme Aufgabe erschienen war. Die Gestaltungslust war mir mehr und mehr abhandengekommen. Ich hatte nicht mehr wahrgenommen, was mich glücklich machte und erfüllte. Prinzipiell war ja alles ständig verfügbar gewesen und dadurch wie der dreißigste Wasserfall irgendwann selbstverständlich geworden.

Jetzt aber fielen mir selbst Kleinigkeiten auf. Ich vermisste meinen Smoothie-Maker, mein allerliebstes Sushi-Restaurant und mein eigenes Bett mit dem Kopfkissen, das nicht aus diesen komischen kleinen Knüddeln besteht, die sich immer falsch um den Kopf anordnen. Jetzt freute ich mich wieder so richtig darauf. Ich hatte diese Auszeit, diesen Abstand gebraucht, um mein Leben zu Hause wieder schätzen zu können.

Natürlich ist das eine Binsenweisheit, dass man erst merkt, was man hat, wenn es nicht mehr da ist. Trotzdem macht es einen riesigen Unterschied, diese Erkenntnis am eigenen Leib zu spüren. Und so wurde aus der Angst davor, etwas zu verpassen, Vorfreude darauf, was ich noch alles erleben konnte.

Jede Form von Reisen, egal ob klein oder groß, lang oder kurz, allein oder in Gesellschaft eröffnet mir wieder einen neuen Blick auf die tollen, wertvollen, alltäglichen Dinge, die ich bereits in meinem Leben habe. Es ermöglicht mir, das Bekannte und Unbekannte gleichermaßen schätzen zu lernen. So entgehe ich dem FOMO, denn ich lasse dem einen wie dem anderen seinen Platz und Wert zu seiner Zeit.

Heimweh zeigt mir, dass ich überhaupt ein Zuhause habe. Für mich ist das kein konkreter Ort, es sind eher besondere Menschen, Umgebungen, alltägliche Dinge, die mir das Gefühl geben, hierherzugehören. Und so schließt sich der Kreis: Letztlich ist jede Reise von zu Hause weg immer auch ein Schritt näher zu mir selbst. Jedes Mal weiß ich ein bisschen besser, wofür es sich lohnt zurückzukehren.

ALL THE SINGLE LADIES!

Ich war zwar schon Single, als ich mich nach Südamerika aufmachte, aber so richtig kam dieser neue Zustand in meinem Alltag erst an, als ich wieder in Deutschland war.

Single. Uff. Ich fühlte mich plötzlich wieder wie damals mit vierzehn, denn da war ich das letzte Mal »Single« – und mit vierzehn ist man auch eigentlich gar nicht Single, man ist einfach nur vierzehn. Freunde sagen mir auch, dass ich quasi seit meiner Geburt in einer Beziehung war. Keinerlei Dating-Erfahrung. Keine Ahnung davon, wie dieses ganze Single-Game funktioniert. Bin ich für andere attraktiv? In welcher »Liga« spiele ich eigentlich? Wie zum Geier flirtet man? Wie unterscheide ich diesen sagenumwobenen flirty Blickkontakt von dem amüsierten »Du hast da noch Schokolade am Kinn kleben«-Blick? Help!

Ich war vollkommen überfordert. Ich wusste nicht mal, welchen Typ Mann ich ansprechend fand oder ob ich einen »Typ« habe. Über andere Männer hatte ich mir während meiner siebenjährigen Beziehung nämlich nie Gedanken gemacht. Jetzt aber musste ich mein Umfeld erstmals näher in Augenschein nehmen.

Und siehe da: Es gab sehr viele attraktive Menschen! Also erstmal Entwarnung, denn das Angebot war vorhanden. Mit der Zeit kam aber die Ernüchterung: Da ich nicht die leiseste Ahnung hatte, wie man flirtet oder datet oder irgendwie auf sich aufmerksam macht, half mir das reine Angebot überhaupt nicht weiter. Abgesehen davon waren viele bereits vergeben, was mit Anfang, Mitte zwanzig keine große Überraschung hätte sein sollen. Ich fühlte mich wie ein Pokémon-Trainer, der sehr viele seltene Pokémon um sich herum hat, aber keinen einzigen Ball, um eins zu fangen. Ich hätte ich nicht mal gewusst, wie man den wirft. Die einzige Attacke, die ich kannte, war »Heuler«, und das zählt ja eigentlich nicht mal, weil nur Pokémon attackieren können und ihre Trainer ohne sie einfach umherlaufende Niemande mit komischen Kappen und seltsamen Frisuren sind. Schwierig.

Also versuchte ich es mit einem anderen Ansatz. Immerhin war ich in letzter Zeit so erfolgreich darin gewesen, mich selbst besser kennenzulernen, dass mein neuer Zustand ja auch eine Chance sein konnte. Ich könnte mich doch einfach neu erfinden. Als Single-Mirella! Das war doch auch lebenswert, oder? Also suchte ich nach Beispielen, wie frau sich der Welt als Single präsentieren konnte. Und wo findet ein moderner Mensch die Wahrheit und nichts als die Wahrheit? Genau, im Internet. Laut Social Media gibt es drei Optionen fürs weibliche Singlesein:

1 Der Sad Single, #foreveralone

Du bist zu anders. Zu tollpatschig. Zu deep und emotional. Es gibt in dieser schrecklich oberflächlichen und gemeinen Welt einfach nicht den passenden Deckel für deinen süßen kleinen Topf. Ben &

Jerry's ist dein ständiger Begleiter. Deine nagende Sehnsucht schlägt schon beinahe in Resignation um, die sich durch das Teilen von traurig-selbstironischen Memes äußert. Es gibt niemanden, der so weird, so cute-weird ist wie du. Zum Glück gibt es Ben & Jerry's in sehr vielen verschiedenen Sorten, die die Facetten deines Selbstmitleids widerspiegeln. Aus den Packungen baust du dir einen Turm, ein Gefängnis, und hoffst, dass dich eines Tages ein Prinz daraus befreit, denn ohne einen Partner bist du nun mal nicht komplett.

2 Die Schlampe

Du kriegst dreißig Wiener Würstchen (wahlweise vegan) gleichzeitig in deinen Mund. Du bist mit vielen Männern befreundet, damit der Würstchen-Vorrat nie zur Neige geht. Du sprichst sehr gerne und sehr häufig über Würstchen. Du bist allzeit bereit und nimmst alles mit, was sich dir bietet. Dein Leben ist ein All-you-can-eat-Buffet. Alle um dich herum sind entweder neidisch oder verklemmt oder beides.

3 Die Emanze

Du magst Männer nicht besonders. Du kannst nur ohne einen Partner so richtig unabhängig sein. Beziehungen sind Gift und verhindern unweigerlich jegliche Form der Selbstbestimmtheit. Dir wird häufig geraten, dich mal hart durchnehmen zu lassen, was du zum Anlass nimmst, immer und immer wieder zu betonen, dass du keinen Mann brauchst und willst und es um deine sexuelle Autonomie blendend bestellt ist. So oft, dass es schon wieder verdächtig wirkt. Du trägst deine Unabhängigkeit wie einen Schutzschild vor dir her, aber wovor du dich schützt, wird nicht ganz klar.

1, 2 oder 3? Ob du wirklich richtig stehst, siehst du, wenn das Licht angeht! Bei mir aber blieb es stockdunkel, denn mit keiner dieser Alternativen konnte ich mich anfreunden.

Natürlich habe ich die drei Kategorien absichtlich überspitzt. Ich wäre ganz schön blöd, wenn ich mich erst über die angebliche »Schlampenlogik« auskotze und dann Frauen als »Schlampe« bezeichne, weil sie gern viel Sex mit verschiedenen Männern haben. Ich wäre ziemlich unempathisch, wenn mir die Tragik hinter #foreveralone nicht klar wäre. Und ich wäre ziemlich unreflektiert, wenn mir nicht auffallen würde, dass ich oft genug der dritten Kategorie zugeordnet werde, ohne das zu wollen. Ich weiß, wie scheiße sich das anfühlt.

Aber ich sagte ja auch ganz bewusst: laut Social Media. In den sozialen Netzwerken habe ich diese drei Kategorien gefunden und es dürfte nicht verwunderlich sein, dass sie wie fast alle dortigen Kategorien keinen verlässlichen Spiegel der Realität darstellen. Oft handelt es sich nicht mal um selbst gewählte Konzepte, sondern um Fremdzuschreibungen, die niemand erbeten hat. Die Öffentlichkeit urteilt nur zu gerne darüber, ob ein Mensch ohne Beziehung überhaupt glücklich sein kann, die richtige Partnerwahl getroffen hat, in Wirklichkeit betrogen wird oder sich durch eine Beziehung nur persönlich bereichern möchte. Alles ist entweder scheiße, wird gar nicht thematisiert oder #couplegoals (dazu später mehr). Das Konzept »zufriedener Single, der mit sich selbst im Reinen ist« taucht hingegen selten auf. Was nun aber, wenn ich nicht an #couplegoals glaube und die Single-Kategorien auch nicht zu mir passen?

Ich war irritiert. Brauche ich einen Partner, um etwas wert zu sein? Kann ich nur ohne Partner selbstständig und unabhängig sein?

Kann ich meine Sexualität ausleben und trotzdem noch respektiert werden? Werde ich ab jetzt nur noch literweise Eiscreme vorm Fernseher verputzen und in den dreckigen Ärmel meines Pullovers schnäuzen?

Alles ganz großer Quatsch. Aber das Netz präsentierte mir für das Singledasein nicht viel mehr Facetten. Es gibt die perfekte Beziehung, die im Idealfall auch noch monetarisiert und für den Kommerz ausgeschlachtet wird – oder eben nichts.

Obwohl, es gibt tatsächlich auch Idealisierungen des Singledaseins. Immerhin könne man als Single nicht verletzt werden und deswegen solle man sich bloß vor Beziehungen hüten, weil sie unweigerlich und alternativlos in ein dunkles und endloses Tal der Tränen führen.

Hier ist eine Psychologie am Werke, die Beziehungen und Liebe mit Schmerzen gleichsetzt. Ebenfalls eine ziemlich wacklige These! Das Gegenteil von solo ist ja nicht zwangsläufig Betrug und Respektlosigkeit, genauso wenig wie das Gegenteil von Beziehung automatisch Trauer und Leid bedeutet. Wenn das so wäre, könnte ich mich ja direkt vergraben gehen.

Generell überwiegt aber die Überzeugung: »Wer Single ist, der hat verloren.« Ganze Trash-TV-Formate wie Love Island oder Bachelor in Paradise sind nur darauf ausgelegt, diesen einen Fakt in unser Gehirn zu prügeln: Wenn dich keiner der Kandidaten will – egal, wie bescheuert die sein mögen und wie wenig man sie selbst will! –, wenn dich keiner wählt, bist du raus. Deswegen verbieg dich und schleim dich ein und präsentier dich wie ein appetitliches Probierhäppchen im Supermarkt, damit dich bloß jemand mitnimmt, ehe du so eine eklige Kruste ansetzt.

Obwohl uns klar sein sollte, dass diese Sendungen von Anfang bis Ende wenig mit echten Gefühlen zu tun haben, bleibt die unterschwellige Message hängen: Ohne Partner bist du eigentlich ein bedauernswertes Würstchen.

Doch keine Angst, heißt es dann als gut gemeinter Trost, auch für dich wird noch der Richtige kommen! Schließlich hat nur mit ihm alles einen Sinn und ich habe nur zu warten und mich an mein kümmerliches Dasein zu klammern, bis er mich von meinem Elend erlöst. Was für ein Bullshit!

Wieso aber spreche ich dann überhaupt über diese Konzepte, obwohl sie so realitätsfern sind? Ich könnte ja auch einfach mit den Schultern zucken und mich davon nicht weiter beeindrucken lassen. Wahrscheinlich sollte ich das sogar. Aber wie bei unrealistischen Schönheitsidealen, die den Großteil der Wirklichkeit ausblenden, stellen auch diese Beziehungsideale etwas mit mir an. Sie beeinflussen mich, ob ich will oder nicht. Wer dazu neigt, den eigenen Hüftumfang oder die Bauchwölbung mit anderen zu vergleichen, der macht sicher nicht vor dem Beziehungsstatus halt.

Eifersucht, Zankereien, Mundgeruch am Morgen oder schlechter Sex kommen entweder nicht vor oder werden zur Belustigung anderer Menschen ausgeschlachtet. Und schmerzhafte Einsamkeit, verpatzte One-Night-Stands, Zurückweisung, Unsicherheiten und Schwäche? All diese Begleiterscheinungen des ganz normalen (Single-)Lebens werden totgeschwiegen oder ins Lächerliche gezogen. Woher also sollte ich als Singleanfänger wissen, wie's geht? Überall bekam ich nur zuckrig überidealisierte Bilderbuchbeziehungen zu sehen, die mir nicht mal erstrebenswert erschienen, und gleich daneben ein großes schwarzes Loch der Schrecklichkeiten.

Mein vierzehn Jahre altes Single-Ich im Körper einer Dreiundzwanzigjährigen hatte keine Ahnung, wie es sich dieser Herausforderung stellen sollte. Neues ist scheiße. Unbekanntes ist scheiße. Es machte mir Angst, weil ich nicht wusste, was auf mich zukommen würde. Die erste Reaktion darauf? Klar, Flucht zurück ins Altbekannte! War doch alles gar nicht so schlimm, oder? Rückblickend erinnert man sich eh immer nur an die guten Zeiten. Ich könnte doch einfach wieder in mein altes Leben, in dem ich noch eine Beziehung hatte, zurückkehren. Es hat doch alles so gut gepasst … Halt, stopp, Mirella! Jetzt rede ich! Hätte alles so gut gepasst, dann wärst du auch noch in der Beziehung. Die Umstände haben sich geändert und die perfekte Beziehung, in die du dich gerade zurücksehnst, existiert überhaupt nicht.

Trotzdem schien alles besser zu sein, als alleine zu bleiben. Der Gedanke lag so nahe, meine neu gewonnenen Erkenntnisse und geistigen Errungenschaften über Bord zu schmeißen, nur um mich dieser Angst einflößenden Situation nicht stellen zu müssen. Dabei spürte ich ganz genau, dass zurück zum Ex nicht das war, was ich eigentlich wollte.

Um mich nicht mehr so viel mit der Vergangenheit zu beschäftigen, musste ich Hilfe im Hier und Jetzt suchen. Da gab es ja auch noch Freunde, die sich mit dem Thema besser auskannten als ich. Für die hatte ich jetzt eh wieder mehr Zeit und die wollte ich nutzen.

Ich hatte also die Wahl: Entweder an meinen Freundschaften arbeiten, Unterstützung anbieten und Unterstützung erfahren oder mein Umfeld auf die Probe stellen, in Selbstmitleid versinken und eine tierische Nervensäge werden. (Juhu, klingt nach richtig viel

Spaß!) Jeder von uns kennt diese eine Person im Freundeskreis, die sich nur meldet, wenn sich der Traumpartner vom letzten Mal als Niete entpuppt und/oder sie sitzen gelassen hat. Die mit Entscheidungen hadert, einfach nicht zum Punkt kommt, ständig zweifelt und in einer Tour um die immer gleichen Fragen kreist. Man muss ja schließlich sichergehen, dass die Traumniete noch immer ein Arsch ist, mit dem man eh nichts mehr zu tun haben will. »Aber irgendwie ist er ja doch ganz süß …« Nein, ist er nicht, und war er auch nie!

Genau diese Person war ich eine Zeit lang. Doch obwohl ich selbstmitleidig war und die immer gleichen Fragen stellte, war da diese Gewissheit: Meine Freunde werden mir ihr Ohr leihen, sich dieses Gejammere auch noch zum hundertsten Mal anhören und für mich da sein. Dafür an dieser Stelle ein ganz aufrichtiges Danke!

Zu meiner – wie vielleicht zu jeder – Single-Phase gehörte das wohl dazu. Ich habe in Selbstmitleid gebadet, mich über Gebühr mit ungesundem Essen getröstet, mich aber immerhin nicht komplett eingeigelt, sondern sehr viel Zeit mit meinen geduldigen Freunden verbracht. Irgendwann muss ich dann damit aufgehört haben, allen auf den Keks zu gehen. Stattdessen wurde viel geplant und unternommen. Und natürlich habe ich getan, was jeder Single tut: Tinder runterladen. Nicht aus purer Verzweiflung. Ich hatte da echt Bock drauf. Alle haben drüber geredet, also wollte ich mir eine eigene Meinung bilden. Denn darüber, *wie* man neue Leute kennenlernt, weiß ich genauso wenig wie darüber, *wo!* Schließlich arbeite ich ja hauptsächlich von zu Hause aus, da kann mir der süße neue Kollege schon mal nicht über den Weg laufen. Und wenn ich mal weggehe, werde ich so gut wie nie angesprochen. Mehr als ein abgedroschenes »Öfter hier?« kommt da nicht bei rum. Ich selbst kriege die Klappe allerdings auch nicht auf und habe bekanntermaßen so meine Probleme mit dem Blickkontakt. Ich sollte mich also nicht beschweren, frage mich aber, wie groß eigentlich das Zeitfenster zwischen »noch halbwegs bei Verstand« und »sternhagelvoll« ist. Viele ballern sich ja so dermaßen den Schädel weg, dass an ein angeregtes oder sogar anregendes Gespräch gar nicht mehr zu denken ist. Wer im Club nach was Festem sucht, der hat es echt nicht leicht. Aber, Jungs und Mädels, das hier ist keine generelle Absage ans Flirten in Clubs oder Bars! Wenn ihr nett und sympathisch seid, dann ist es am Ende völlig egal, wie tollpatschig ihr euch anstellt und wie blöd der Spruch vielleicht ist, den ihr bringt. Solange er nicht so klingt, als hättet ihr ihn schon vor Jahren in der Schule auswendig gelernt, bereits erfolglos eurer ganzen Klasse und allen euren Freunden vorgetragen und würdet ihn jetzt wahllos bei jedem potenziellen Geschlechtspartner im Club platzieren wollen, ist alles gut. Try it. Nur weil ich kein Glück hatte, muss das ja nicht auch auf euch zutreffen! Seid nett, aufrichtig, interessiert, selbstironisch und fasst bitte erst mal nichts an. Danke.

Auch der Partnerbörse Supermarkt misstraue ich. Bitte, zeigt mir einen, der wirklich die Liebe seines Lebens zwischen Tiefkühlkost und WC-Reiniger kennengelernt hat. An alle Spezialisten da draußen, die in ihrem Tinder-Profil »Wir können ja sagen, wir hätten uns im Supermarkt kennengelernt« stehen haben: Man lernt niemanden im Supermarkt kennen! Und ich werde unsere Beziehung sicher nicht mit einer Lüge beginnen. Was soll denn das für eine Basis sein?

Leider hatte auch niemand in meinem Freundeskreis einen passenden Single im Portfolio und der interessante Rest schien kategorisch vergeben zu sein. Allerdings wurden mir keine Sedcards zugeschickt, sodass mir da vielleicht jemand durch die Lappen gegangen ist. Zum Glück wurde ich aber eben gerade nicht alle fünf Minuten gegen meinen Willen verkuppelt. Ich war zwar offenkundig auf der Suche, aber die Entscheidung darüber, wen ich daten wollte, wurde mir nicht von übereifrigen Freunden abgenommen. Wenigstens sie vermittelten mir so nicht das Gefühl, ohne Freund nur ein halber Mensch zu sein und dass es überlebensnotwendig sei, mich wieder unter die Haube zu bringen. Mit diesem Gefühl kämpfte ich eh schon die ganze Zeit. Es hätte mich ziemlich fertiggemacht, wenn Freunde es auf diese Weise noch bestätigt hätten.

Man bewarf mich auch nicht auf Schritt und Tritt mit Brautsträußen oder schubste mich an der Bar in ahnungslose Männer, die dann ihren Drink verschüttet und mich sicher ziemlich blöd gefunden hätten. Macht so was bloß nicht. Menschen derart aggressiv verkuppeln zu wollen, gibt denen nur das ungute Gefühl, dass mit ihnen irgendwas nicht in Ordnung ist. Nichts gegen eingefädelte Aktivitäten, bei denen eure Single-Freunde aufeinandertreffen und sich kennenlernen können. Aber hockt dann bitte nicht gespannt wie ein Flitzebogen daneben und fragt alle paar Minuten: »Und? Und?!« Das hilft einer flirty Stimmung nicht gerade auf die Sprünge.

Vereine sollen ja auch noch eine gute Möglichkeit sein, den Traumprinzen kennenzulernen, habe ich mal gehört. Die einzige Mitgliedschaft, die ich vorweisen kann, ist allerdings im Fitnessstudio und da will ich maximal trainieren, aber wirklich nicht flirten. Wenn ich gerade komplett durchgeschwitzt bin und mir die Haare wirr ins Gesicht hängen, möchte ich nicht mal gesagt bekommen, dass ich »süß« bin. Das ist vielleicht unfair von mir, weil man mir nichts rechtmachen kann. Aber beim Sport will ich doch nicht niedlich sein. Ich mache das nicht, um dabei hübsch auszusehen. Und wenn ich's richtig mache, bin ich dabei auch nicht nett anzuschauen, sondern mein Gesicht nimmt die Farbe meiner roten Haare an und ich gucke sehr, sehr grimmig! Von mir aus kann ein Flirt gerne in schweißtreibender körperlicher Anstrengung enden, aber doch bitte nicht damit anfangen. Das fühlt sich für mich einfach falsch an.

Nachdem also alle offensichtlichen Optionen ausgeschieden waren (weil ich ein schwieriger Mensch bin, der jemanden zum Flirten will und sich im gleichen Atemzug darüber beschwert, wenn jemand mit mir zu flirten versucht), habe ich ernsthaft darüber nachgedacht, noch mal ein Studium zu beginnen. Da sind doch immerhin viele Menschen, die man kennenlernen kann, oder nicht? Vielleicht Sport-Lehramt? Da dürften doch ein paar knackige Jungs dabei sein … Meine Güte, ist das dein Ernst, Mirella? Ja, mein voller Ernst. Da braucht jetzt auch niemand drüber zu lachen. Ich hatte mich sogar beim Infoabend der Uni angemeldet! Aber ich und Sportstudium? Hell no. Gehobener Dienst bei der Polizei war auch noch so ein Gedanke. Frau Obert[1] klingt ja auch super autoritär. Oder Psychologie. Frau Doktor Obert! So weit ist es dann aber zum Glück doch nicht gekommen. Zumindest noch nicht.

---

1 Mein Name ist übrigens nicht Mirella Obert. Ich nenne meine Zuschauer manchmal »Mirelloberts«, daraus hat eine Journalistin mal mit halbem Auge geschlussfolgert, dass mein Name Mirella Obert sei. Besonders schön, da sie im Artikel nicht sonderlich positiv über eine Empowerment-Aktion berichtete, an der ich beteiligt war. Natürlich wurde der Fehler korrigiert, als ich darauf hinwies. Der Running Gag aber ist geblieben. Aktuell ist es sogar mein Twitter-Name und wenn man ihn auf Amazon eingibt, kommt man coolerweise zu diesem Buch hier.

Da erschien mir Tinder doch die bessere Alternative, weil ich nicht gleich ganz neue Lebenspläne schmieden musste. Gab ja auch nichts mehr zu verlieren. Also App gestartet und auf ins Abenteuer! Ich war richtig aufgeregt. Wie funktioniert das alles? Was macht man da? Werde ich die große Liebe finden?

Das gesamte Konzept wurde mir allerdings ziemlich schnell suspekt. Ein Rating nur anhand von Bildern, bei dem ich mich in wenigen Sekunden oder sogar Millisekunden entscheiden soll, ob jemand als Partner infrage kommt? Das kam mir Spanisch vor. Natürlich bin ich schon mal jemandem über den Weg gelaufen und dachte sofort: »Wow! Du wirst der Vater meiner Kinder!«, weil ich diese Nase an allen meinen Nachfahren sehen will. Aber zu so jemandem gehe ich ja nicht hin und frage, ob er Babys machen will. Ich meine, was ist denn, wenn er Ja sagt? Dann hab ich den Salat!

So richtig schöne Menschen gucke ich mir gerne an, lasse mich von ihrer Schönheit blenden, aber eher so wie von einem Gemälde oder besonders hübschem Porzellan, das in einer Vitrine steht. Ich fühle mich selten von jemandem angezogen, von dem ich gar nichts weiß, und Perfektion finde ich eher langweilig. Außerdem kann jemand noch so schön sein; wenn er nur Mist von sich gibt, ist die Attraktivität im Nu flöten. Hätte er doch bloß die Klappe gehalten und mir die Illusion gelassen. Jetzt wird das mit dem Nachwuchs nichts mehr, Mister! Dagegen kann es sehr wohl vorkommen, dass mir jemand auf den ersten Blick gar nicht auffällt, er dann aber den Mund aufmacht und umgehend zum hottest guy alive wird.

Es gibt ja so viele Faktoren, die einen Menschen anziehend machen können. Geruch, Mimik, Gestik, Stimme … Kurzum: Chemie! Wie ich die über ein paar Bilder entdecken sollte, war mir schleierhaft. Besonders, wenn es Bilder von einer Person sind, die mir den Rücken zukehrt, sich hinter einer Taucher- oder Skibrille versteckt oder winzig klein in den endlosen Fluten des Ozeans auf einem Surfbrett verschwindet. Ich möchte nicht oberflächlich erscheinen, aber ohne ein Gesicht samt Augen wird das mit der Chemie ja noch schwieriger. Ich suche doch einen Partner, keinen Reiseführer. Ich freue mich auch wirklich, wenn jemand ganz viele weibliche Freunde hat, die ich dann irgendwann alle mal kennenlernen kann. Wenn die aber auf jedem Bild von Mister Hahn im Korb zur Schau gestellt werden, hemmt das irgendwie meine persönliche Vorstellung von einem harmonischen Date. Werden die alle mit uns am Tisch sitzen? Ist das der Typ Frau, auf den du stehst oder eben nicht stehst? Ist die eine da rechts womöglich deine Ex-Freundin? Zu viele Fragen, die ich mir an diesem Punkt einfach nicht stellen möchte.

Spoiler: Bei mir hat das mit Tinder nicht geklappt. Ich habe die Hoffnung nicht sofort und für alle Zeiten aufgegeben, aber dafür sehr oft und immer wieder aufs Neue. Habe die App deinstalliert und neu installiert. Am Endergebnis hat es nichts geändert. Ich hatte kein einziges Date.

Ich war allerdings neugierig, wie es anderen mit der App ergangen war, weshalb ich später eine kleine Umfrage in meinem Freundes- und Bekanntenkreis sowie auf Twitter gestartet habe. Dort wurde mir berichtet, dass die Rechnung bei einigen sehr wohl aufgegangen ist und sie sich über Tinder glücklich verliebt haben. Oder sie hatten andere, weniger langfristige Ziele verfolgt und sind damit gut gefahren. Das finde ich beides schön und völlig in Ordnung, weil es zeigt, dass Menschen nun mal verschieden sind und alle die Möglichkeit bekommen, ihre jeweiligen Bedürfnisse auszuleben. Tinder hat ihnen dabei helfen können. Nur für mich ist die App offenbar nicht der richtige Weg. Und da ich ja schon mit dem Konzept dieser Dating-App nicht warm geworden war, wäre es auch sinnlos gewesen, weiter dranzubleiben, nur weil es für andere funktioniert hat. Beim Flirten und Daten ein komisches Gefühl zu haben ist generell kein guter Ratgeber. Daher stresst euch bitte nicht, wenn ihr entweder keinen Zugang zu dieser Form des Online-Datings findet oder aber mittlerweile einen eigenen Kalender angelegt habt, um eure ganzen Verabredungen zu koordinieren. Der eine hat ein gutes Gefühl dabei, etwas zu lassen, die andere dabei, etwas zu tun. So ist das eben.

Möglich, dass ich es auch schon vollkommen falsch angefangen habe. Ich habe Tinder nämlich das erste Mal in meiner Heimatstadt Nürnberg installiert. Also dort, wo ich aufgewachsen bin und mein bisheriges Leben verbracht hatte. Dort, wo ich gefühlt alle kannte, weil Nürnberg echt nicht so groß ist. Beste Idee! Da findet man dann ruckzuck all die alten Kindergartenfreunde und Klassenkameraden, mit denen man seit dem Abi aus gutem Grund keinerlei Kontakt mehr hatte. Diese als potenzielle Partner präsentiert zu bekommen? Gar kein gutes Gefühl!

Bei vielen kommen auch noch die peinlichen Situationen hinzu, wenn sie Arbeitskollegen oder den eigenen Teamleiter zur Seite swipen. Das blieb mir glücklicherweise erspart, weil ich als Freelancer ja weder die einen noch den anderen habe. (Einige YouTube-Kollegen dort zu »treffen« war vor allem lustig für beide Seiten, mehr nicht.)

Allerdings blieb mir der grandiose Moment, meinen eigenen Ex auf Tinder zu finden, nicht erspart. Da hat es mir spontan die Sprache verschlagen. Aha, dachte ich mir. Er ist also schon komplett drüber hinweg und sucht jetzt auf so billigem Wege einen Ersatz für mich. Toll! Bestimmt hat er schon alles vergessen und ist richtig deep im Game drin. Hat wahrscheinlich schon halb Nürnberg weggefl... ist auch noch mega erfolgreich. Dass ich gerade ebenfalls auf Tinder unterwegs war und er von mir also genau dasselbe behaupten konnte – so weit habe ich in diesem Augenblick natürlich nicht gedacht. So viel Selbstreflexion braucht ja einen kühlen Kopf. In solchen Momenten sind wahrscheinlich die meisten von uns nicht ganz fair. Und so machte ich mich daran, alle seine Bilder akribisch durchzugucken. Habe ich selbst eins davon gemacht? War ich ursprünglich auf einem davon drauf? Hat er mich etwa irgendwo rausgeschnitten?! Na, immerhin ist das dritte Bild echt unvorteilhaft. Da würde ich ihm schon den lieb gemeinten Tipp geben, es besser rauszunehmen. Weil ich natürlich in der Position bin, ihm für seine Tinder-Dates ungefragt Ratschläge zu erteilen. In der dritten Zeile des unkreativen Beschreibungstextes fehlt übrigens ein Komma. Bitte, danke, gern geschehen. Da fällt es mir zum Glück auch nicht mehr so schwer, nach links zu swipen und damit einem Match vorzubeugen. Ex ist Ex, und Kommafehler gehen gar nicht! (Alle hier im Buch sind natürlich Absicht.)

Es ist echt nicht einfach, wenn der Ex-Partner auch nach der Trennung ein lebensfähiges Individuum ist und sich partout nicht in Luft auflösen will. Wir können hier ganz ehrlich zueinander sein:

Es ist sogar richtig ätzend, dass der oder die plötzlich ohne einen kann. Oder zumindest so tut, denn ob das stimmt, verraten uns sicher keine Tinder-Fotos. Vor allem, wenn wir selbst mit der Situation zu kämpfen haben, ist die Vorstellung, dass der andere nicht struggelt, eine einzige Tortur. Da kann die Trennung noch so einvernehmlich gewesen sein. Bis zu einem gewissen Punkt gehen diese Gefühle auch in Ordnung, ist ja menschlich. Wütend und unfair zu sein hilft, über die Trennung hinwegzukommen. Immerhin wird es leichter, wenn ich Gründe finde, auf den anderen sauer zu sein. Ob sie nun wirklich existieren oder ich sie *er*finde, darüber können wir erst mal ganz großmütig hinwegsehen. Dafür, dass sie die löbliche Funktion erfüllen, uns zu helfen, brauchen wir uns nicht runterzumachen oder zu schämen. Wer sagt denn, dass wir uns niemals in ein Loch fallen lassen dürfen, sondern jede Veränderung auf Anhieb perfekt wuppen müssen? Es ist nur wichtig, dass ihr euch da irgendwann auch wieder rausholt, weil es da unten trostlos und düster ist und man sich auf dem kalten Boden eh nur eine Blasenentzündung holt. Weint euch aus, flucht euch aus, seid unfair, schöpft aus der kleinen diabolischen Kraftreserve.

So gestärkt robbt ihr euch dann nach und nach wieder nach oben. Denn irgendwann kommt die Zeit, in der es heißt: loslassen oder zumindest ignorieren. Nicht zuletzt aus Selbstschutz vor zu vielen negativen Emotionen und aus ganz praktischen Zeitgründen, denn durchgehend wütend und verletzt zu sein blockiert nicht euren Ex-Partner, sondern euch. Wenn ihr noch nicht so weit seid zu vergeben – und es vielleicht niemals sein werdet –, dann gebt eurem Ex wenigstens nicht so viel Raum in eurem Leben. Der bringt euch da nämlich gar nichts mehr.

Um zumindest den Status »aus den Augen, aus dem Sinn« zu erreichen, wäre es natürlich wahnsinnig nützlich, wenn der Ex so leicht aus dem eigenen Leben zu wischen wäre wie bei Tinder. Da geht der Finger einmal nach links und das war's. Bis mir dieses Profil noch mal vorgeschlagen wird, muss ich schon sehr viel Zeit damit verbringen, alle anderen Optionen auszuschlagen. Und es gibt erschreckend viele Optionen, holla die Waldfee! Tausende von Menschen in einem relativ kleinen Umkreis, die mir zumindest theoretisch an die Wäsche wollen könnten. Ganz schon irritierend. Tinder durchzuspielen ist wahrscheinlich schon in Nürnberg nicht einfach. Wie es in Köln oder Berlin ist, will ich mir gar nicht ausmalen. Eine Lebensaufgabe!

Aber es kann immerhin ein guter Anfang sein, sich nicht die ganze Zeit mit diesem einen Menschen eines früheren Lebens zu konfrontieren, der für so viele gemischte Gefühle verantwortlich ist. Ihm rein zufällig in der Stadt über den Weg zu laufen ist ein Risiko, das sich kaum ausschließen lässt, aber zumindest auf meine digitale Umwelt habe ich Einfluss.

Was auf Tinder so easy ist, weil ich dort nicht weiterkomme, wenn ich keine Entscheidung für rechts oder links treffe, ist auf den anderen Social-Media-Plattformen nicht ganz so simpel. Hier muss ich mich selbst disziplinieren, da tut es keine App für mich. Ich muss selbst entscheiden, wie ich nach einer Trennung mit den Profilen des anderen umgehen will. Soll ich alles löschen? Soll ich ihn blockieren? Ziehe ich mich mit Hate Watching selbst runter, indem ich mir kleinteilig vor Augen führe, was ich an ihm alles nicht leiden konnte, bis auf einem neuen Bild eine unbekannte Frau im Hintergrund auftaucht, die sofort all meinen Zorn auf sich zieht?

Wer ist denn die blöde Kuh jetzt schon wieder?! Oh, bloß seine Schwester. Trotzdem!

Und was treibe ich ab jetzt auf meinen eigenen Seiten? Nutze ich meine Profile, um passiv-aggressiv zu demonstrieren, wie geil es mir ohne ihn geht? Poste ich nur noch die heißesten Bilder von mir, um zu zeigen, wie unabhängig und sexy ich bin und wie gut mir das Single-Leben bekommt – obwohl es mich von innen auffrisst?

Ich kann verstehen, dass das eine gewisse Befriedigung verschafft. Aber es ist eine schale Befriedigung. Sie entsteht aus dem Wunsch, jemand anderem ein schlechtes Gefühl zu geben und sich selbst dadurch besser zu fühlen. Das mag kurzzeitig klappen, aber wirklich erfolgsversprechend ist es nicht. Überlegt euch mal, was ihr mit dem Aufwand, den ihr da betreibt, erreichen wollt. Oder noch viel wichtiger: wie ihr überhaupt überprüfen wollt, ob es funktioniert hat. Ihr könnt die vermeintliche Befriedigung darüber, dass euer Ex eifersüchtig durch eure Bilder scrollt, ja gar nicht auskosten – weil ihr nicht wisst, ob er es tut. Und er wird kaum anrufen und Bescheid sagen, wie sehr ihn eure Aktionen getroffen haben. Ihr investiert also ganz viel Kraft und Aufwand in ein Vorhaben, bei dem ihr nie wissen werdet, ob es erfolgreich war.

Für mich hat sich das jedenfalls nicht sinnvoll angefühlt. Ich bin eher ein Fan davon, mir und anderen Zeit zu geben und tatsächlich erst mal Funkstille walten zu lassen. Das muss nicht für immer sein, aber um mich selbst nicht verrückt zu machen und wirklich abschließen zu können, finde ich zeitweises Entfolgen nicht verkehrt. Statt andere davon zu überzeugen, dass es mir *trotzdem* gut geht, um ihnen eins auszuwischen, sollte ich mich lieber damit beschäftigen, dass es mir *wirklich* gut geht. Davon habe ich viel mehr. Und je weniger ich dabei von Gedanken an die Vergangenheit abgelenkt werde, desto besser funktioniert es.

Zunächst fühlt sich das vielleicht so an, als würdet ihr die letzte noch bestehende Verbindung kappen. Das ist schmerzhaft. Bis euch eines Tages auffällt, dass ihr schon eine ganze Weile nicht mehr darüber nachgedacht habt, was der andere wohl gerade macht. Weil ihr seine Instagram-Bilder nicht mehr seht und auch eure Freundin nicht mehr bittet, seine Stories anzugucken, damit er nicht weiß, dass ihr sie gesehen habt. Gönnt euch selbst diese Ruhe.

Unterdessen kann man sich übrigens ganz wunderbar mit anderen Profilen ablenken. Natürlich nicht mit solchen, die wieder nur zum Hate Watching verleiten. Wenn ihr unglücklicher Single seid, solltet ihr euch keine Profile angucken, die euch entweder nur glückliche Couples zeigen oder makellose Vertreter des eigenen Geschlechts, auf die ihr neidisch werden könntet. Gönnt euch was für die Augen. Auf Instagram zum Beispiel hotdudesreading, hotdudeswithkittens (gibt's auch mit Hunden) oder – it's acutally a thing! – hotdudesandhummus. Wenn das kein Premium-Content ist, heißen Typen beim Lesen, mit kleinen Katzen oder beim Hummus essen zuzuschauen, dann weiß ich auch nicht. (Das ist jetzt leider nur etwas für alle, die Männer mögen, weil ich mich mit dem Thema besser auskenne. Ich hoffe, dass es entsprechende Seiten auch für andere Präferenzen gibt! Eine kurze Recherche auf Instagram ergab leider eher zweifelhafte Ergebnisse. Unter dem Hashtag #hotgirlsreading zum Beispiel findet man erstaunlich wenig Frauen, die wirklich lesen. Oftmals sind nicht mal Bücher zu sehen. Das finde ich sehr schade. #hotgirlseatingpizza erschien mir vielversprechender. Empfehlungen gerne an @mirellativegal!)

Doch zurück zu meinen unrühmlichen Versuchen, ins Dating-Business einzusteigen. Ich bin also weder mit meinem Ex noch mit Tinder oder irgendjemandem auf Tinder warm geworden. Es war eine sehr einseitige On-Off-Beziehung, bei der ich nicht viel mehr zurückbekam als eine nicht enden wollende Flut an Datensätzen.

Trotzdem bin ich wie beim Jo-Jo-Effekt mehrfach rückfällig geworden, weil ich es spannend fand, meinen »Marktwert« zu checken. Mal zu schauen, in welcher Liga ich denn so unterwegs war. Heute schüttelt es mich ein bisschen, wenn ich mir vor Augen führe, dass das meine Motivation war, weil sie aus zwei Gründen ziemlicher Quatsch ist. Zum einen wird mithilfe einer Dating-App meist nicht der Partner fürs Leben gesucht. Das Klientel dort ist also nicht unbedingt picky. Zum anderen sollte es doch bitte schnurzpiepe sein, in welcher »Liga« ich angeblich spiele. Ich spiele in meiner eigenen Liga, und die Spielregeln definiere ich.

WENN ICH ZULASSE, DASS ANDERE ÜBER MEINEN WERT BESTIMMEN, ENTWERTE ICH MICH SELBST.

Das bedeutet nicht etwa, dass ich anderen verbieten möchte, darüber zu entscheiden, ob sie mich theoretisch daten oder mit mir schlafen wollen. Ich bin da ganz großzügig. Aber daraus Rückschlüsse zu ziehen, ob ich als Person schätzenswert bin und einen respektvollen Umgang erwarten darf, hinkt doch gewaltig. Wenn ich bei Tinder Bestätigung suche, die ich mir selbst nicht geben kann, wird das Ergebnis höchstwahrscheinlich enttäuschend sein, denn damit übertrage ich ja einer fremden Person die Verantwortung für etwas, das allein meine eigene Aufgabe ist.

Folglich waren meine Bekanntschaften auf Tinder auch eher so lala. Ich hatte komische, belanglose, oberflächliche Konversationen und war zudem extrem wählerisch. An einem guten Tag habe ich vielleicht bei einem Profil von hundert nach rechts gewischt. Die Profile haben mich einfach nicht neugierig gemacht. Mich nur anhand von maximal fünf Bildern zu entscheiden fand ich langweilig und in den wenigen Fällen, wo mal ein paar Zeilen Text standen, fand ich den oft weder originell noch ansprechend.

Wahrscheinlich habe ich die App komplett falsch genutzt. Ich habe Tiefgang von einer Plattform erwartet, bei der es eher um Unverbindlichkeit geht. Geht auch vollkommen in Ordnung, holt mich aber nicht ab. Tinder kam mir ein bisschen vor wie die App eines Lieferdienstes, nur dass man eben Dates bekommt statt Pizza. Perfekt für alle, die Bock auf Pizza haben. Kenne ich ja nur zu gut. Aber für mich war Pizza gerade nicht das Richtige. Es wäre Frust- und Trostpizza gewesen statt Genusspizza. Als Motivation zu tindern habe ich Neugier oder – um in der Pizza-Analogie zu bleiben – Appetit vorgeschoben. Doch im Grunde war ich zutiefst verunsichert und so unzufrieden mit meiner Situation, dass ich mal wieder Hilfe von außen wollte, statt mir selbst rauszuhelfen.

Wenn ihr Dating-Experten seid und da richtig Spaß dran habt, dann freut mich das total für euch. Genießt es! Ich könnte mir bestimmt noch viel von euch abgucken. Dass gerade die Unverbindlichkeit reizvoll sein und – wenn alle fair und ehrlich zueinander sind – das Single-Dasein ordentlich bereichern kann, verstehe ich sofort. Und nur weil ihr euch gut dabei fühlt, hat gefälligst niemand die Nase drüber zu rümpfen. (Benutzt Kondome, das ist wichtig.)

Aber ich habe mich einfach nicht wohlgefühlt. Und weil Leute zu daten kein Trend sein sollte, dem man folgt wie der aktuellen Hosenmode, habe ich mich irgendwann ganz von Tinder verabschiedet. Weder war ich wirklich darauf aus, jemanden kennenzulernen, noch konnte die Aufmerksamkeit eines fremden Mannes mein zerbeultes Ego aufpolieren. Nur die Anerkennung von Menschen, die mir etwas bedeuten, zuallererst aber die Anerkennung, die ich mir selbst zukommen lasse, können positiv beeinflussen, wie ich mich fühle.

Fazit: Was ich wirklich suchte, konnten mir weder eine Dating-App noch herkömmliche Flirts geben. Rückblickend ist es schon fast unheimlich, wie sehr sich mein ganzes Tun darum drehte, meinem Single-Dasein zu entfliehen. Allein die Tatsache, dass ich auch nur darüber nachgedacht habe, noch mal ein Studium anzufangen, nur um jemanden kennenzulernen. Halleluja! Eigentlich war das der beste Beweis, dass ich noch gar nicht wieder bereit war für eine ernsthafte Beziehung, sondern nur nach Bestätigung lechzte.

Und – Überraschung! – Gleich und Gleich gesellt sich gern: Was ich ausstrahlte, wurde mir zurückgespiegelt. Ich traf erstaunlich viele Menschen, die ebenso ungesund nur auf Zuspruch und Aufmerksamkeit aus waren wie ich. Die bei mir die gleiche Anerkennung zu finden hofften wie ich bei ihnen. Aber davon hatte ich gerade so rein gar nichts übrig. Weder für andere noch für mich. Ich hatte gar nicht das nötige Selbstbewusstsein und die nötige Unabhängigkeit, um die richtigen Menschen anzuziehen. Ich wollte meinen Zustand so unbedingt ändern, dass ich bereit war, alles Mögliche dafür zu tun – habe aber ausschließlich bei den anderen angesetzt. Wollte ich mein Wohlergehen und mein persönliches Glück wirklich in fremde Hände geben? Diese Erkenntnis war ebenso bitter wie wichtig. Langsam aber sicher wurde mir klar: So komme ich aus der Nummer nicht raus. Singlesein ist anscheinend wie Ingwertee. Ich mag ihn nicht so wirklich. Aber ich weiß, dass er mir in gewissen Situationen guttut. Also Nase zu und runter damit! Solange ich mit mir selbst nicht klarkäme, würde ich weder die nötige Ruhe noch die nötige Gelassenheit an den Tag legen, um unvoreingenommen und vor allem zuversichtlicher auf die Welt zuzugehen. Im Idealfall würde sie mich dann damit belohnen, auf offene und optimistische Menschen zu treffen.

Ich musste mich darin üben, mir selbst zu genügen, mich mit dem Status quo anzufreunden. Das war kein Kinderspiel, aber ich wollte meinen Zustand nicht länger als Defizit verstehen. Ich wollte keine Frau sein, die ohne eine »bessere Hälfte« auch nur die Hälfte wert ist. Mein Leben sollte mehr sein als das traurige Warten auf mein nächstes Puzzleteil.

Das musste ich erst mal sacken lassen. Zu kapieren, dass ich dabei war, ein falsches Ziel zu verfolgen, ließ meine Gefühle ja nicht einfach so verschwinden. Wenn wir alles, was wir einmal rational begriffen haben, auch sofort emotional umsetzen könnten – ich würd's feiern! Aber da sich nur Pippi Langstrumpf die Welt machen kann, wie sie ihr gefällt (seid möglichst oft wie Pippi Langstrumpf!), brauchte ich Zeit, um mich an den Gedanken zu gewöhnen, dass mein aktuelles Leben nicht unvollständig ist.

Ich habe es natürlich nicht nötig, mich von jemandem hinhalten zu lassen. Ich sollte mir einen Korb auch nicht zu sehr zu Herzen nehmen, weil ich nämlich ein guter Fang bin, nur vielleicht nicht für diese eine Person. Ich weiß. Aber das heißt leider noch lange nicht, dass ich es verinnerlicht habe und entsprechend fühlen kann. Ich war trotzdem verunsichert, überfordert, verletzlich. Ich konnte ja nicht mal auf eine eigene Erfolgsstatistik in puncto Dating zurückgreifen. Selbstbewusstsein und Selbstgenügsamkeit auf der Grundlage von nichts zu entwickeln ist eine echt harte Nuss. Ich musste erst mal Erfahrungen sammeln (logischerweise inklusive aller dazugehörigen Fehler), um herauszufinden, was ich eigentlich möchte und was nicht. Ich musste lernen, mich zu trauen, aus mir herauszugehen, Neues auszuprobieren, Grenzen zu ziehen und diese auch zu kommunizieren. Ich musste lernen, niemandem die Schuld in die Schuhe zu schieben. Weder den Männern noch mir.

Das klappte natürlich nicht auf Anhieb. Die Männer wissen einfach nicht, was sie wollen, warf ich ihnen vor und fühlte mich dabei so sehr im Recht, dass ich mich endlos darüber aufregen konnte, wie schwierig das alles ist, wie kompliziert und frustrierend. An jeder Ecke lauerte irgendein dämlicher Fuckboy, auf den ich reinfallen konnte. Niemand schien mir nach fairen Regeln zu spielen und aufrichtig zu sein … Bis mir endlich klar wurde, dass ich selbst nicht aufrichtig war. Insbesondere nicht mir selbst gegenüber. Denn ich brauchte nicht so schnell wie möglich die nächste Beziehung. Ich brauchte Me-Time!

Und genau die bot mir mein Singlesein. Es ist eine Auszeit, ein Neuanfang und damit auch eine Chance, vieles über sich herauszufinden und zu lernen. Wie Ingwertee schmeckt es aber nun mal nicht allen supergut und nicht jeder hat Bock drauf. Ich am allerwenigsten. Doch die meisten Menschen werden früher oder später mal Single sein. Daher lasst uns diese Erfahrung nutzen, um etwas Gutes, etwas Sinnvolles daraus zu machen. Zu merken, dass ich auch ohne einen Partner überlebensfähig bin, hat mir viel innere Stärke gegeben. Auch Singlesein kann man mal machen.

SCHLIESSLICH IST ES VIEL WERTVOLLER UND VERMUTLICH AUCH BESTÄNDIGER, EINEN ANDEREN MENSCHEN IN MEIN LEBEN ZU LASSEN, WEIL ICH IHN DORT HABEN *WILL* – UND NICHT, WEIL ICH IHN *BRAUCHE*.

Doch dafür musste ich erst einmal den Boden bereiten, indem ich bei mir selbst anfing.

IT'S ME-TIME!

Der Startschuss für Me-Time war gefallen. Zeit für mich! Das bedeutete auch: mein Ich wiederentdecken. Seit meinem vierzehnten Lebensjahr hatte es ja nur ein Wir gegeben. Mein erwachsenes Ich ohne dieses Wir kannte ich gar nicht, denn es hatte sich inzwischen – so hoffe ich zumindest – einiges getan. Jedenfalls hoffe ich, dass ich mich seitdem doch etwas entwickelt habe, obwohl es ja so oft heißt: »Bleib, wie du bist«. Das ist kein guter Ratschlag. Wenn ich so geblieben wäre, wie ich war, würde ich immer noch Weinkrämpfe bei Tokio Hotel kriegen. Das braucht keiner.

Ich hatte mich über die Jahre komplett daran gewöhnt, dass mein Leben aus einer Unit bestand und wir immer als Paar agiert haben. Wir haben vieles zusammen erlebt, zusammen Entscheidungen getroffen, sind zusammen Kompromisse eingegangen. Ein Wir ist stark, es schützt uns und hält uns den Rücken frei. Ein Wir zu bilden ist im Menschen verankert, denn es gibt Sicherheit gegenüber möglichen Gefahren von außen. Das ist Instinkt: Wir sind Herdentiere. Das Ich geht gerne in einem Wir auf, weil wir so gepolt sind. Zerbricht dieses Wir eines Tages, kann sich das regelrecht bedrohlich anfühlen.

Insofern galt es jetzt herauszufinden, dass mein Ich für sich genommen problemlos überleben kann, dass es einiges auf dem Kasten hat. Mein Ich zu entdecken, es anzunehmen und mich nur um mich und meine Bedürfnisse zu kümmern, war mein neues Ziel. Eine ziemliche Umgewöhnung. Dass ich mich in Südamerika gefragt hatte, wohin *ich* denn will, war ein Vorgeschmack gewesen, aber doch nicht the real thing. Immerhin ging es da tatsächlich um eine geografische und nur im übertragenen Sinne auch mentale Frage. Meine Reise war eine Ausnahmesituation. Erst in der normalen Welt wurde mir klar, was die Trennung alles verändert hatte.

In einer Beziehung spreche ich mich mit meinem Partner ab, ich finde Kompromisse, suche nach gemeinsamen Wegen und Zielen. Ich möchte die Bedürfnisse des anderen kennen und erfüllen, ihm gerecht werden. Da wird nicht mal eben aus Jux und Tollerei in die entgegengesetzte Ecke des Landes gezogen, ohne dass ein Berufswechsel oder vergleichbar Ernstes ansteht. Wieso auch? Nur weil ich gerade Lust auf eine andere Stadt habe, ziehe ich nicht einfach weg, ohne es vorher mit meinem Partner besprochen zu haben. Das wäre völlig abwegig. Das Wir dominiert und es lohnt sich auch meistens, sich für das Wir zu entscheiden. Wenn nicht, steht die Beziehung eh auf ziemlich wackligen Beinen.

Als Single hatte ich plötzlich die Freiheit, mich nur nach meinen Bedürfnissen zu richten. Das stellte mich vor zwei Schwierigkeiten: Zum einen kannte ich meine eigenen Bedürfnisse nicht gut (die Konsequenzen kennt ihr ja bereits), zum anderen fühlte es sich seltsam an, etwas allein aus dem Grund zu tun, dass *ich* da jetzt Bock drauf hatte. Dass ich nach dreiundzwanzig Jahren meine Heimatstadt Nürnberg ohne sachlichen Grund, sprich einfach aus einem Gefühl heraus verlassen habe, war die erste große Veränderung meines Lebens, die ausschließlich auf meinem eigenen Mist gewachsen war. Es fühlte sich an wie ein riesiger Schritt und hat mir viel Mut abverlangt. Aber es fühlte sich richtig an. Für mich!

Obwohl das Ganze nicht ohne Struggle über die Bühne ging und ich so manchen Kampf mit dem Singlesein auszufechten hatte, zeigte sich doch nach und nach, dass die Single-Mirella ungeahnte Stärken hat. Denn nur, weil ich bisher nie allein auf einen Vulkan gestiegen war, hieß das nicht, dass ich es nicht konnte. Im Gegenteil: Ich konnte über mich hinauswachsen. Erst die Reise, dann der Umzug, das erste Mal allein auf Wohnungssuche mit all den damit verbundenen Fragen: Was wünsche ich mir denn für meine eigene Wohnung? Wie überzeuge ich meinen Vermieter davon, dass ich die richtige Mieterin bin? Ich musste als Einzelperson performen, nicht als sympathisches Duo mit doppeltem Einkommen.

Für all jene, die das schon x-mal durchexerziert haben, hört sich das bestimmt etwas überdramatisch an. Aber mich hatte es in der Erwachsenenwelt eben bislang nur als Team gegeben. Chip und Chap. Milky und Chance. Bonnie und Clyde (auch wenn ich denen keine Wohnung vermieten würde). Jetzt war ich plötzlich nur noch Chip und musste die Immobilien-Casting-Show allein meistern. Und dass Solokarrieren früherer Teamplayer nicht immer reibungslos klappen, wissen wir alle nur zu gut!

Entsprechend fantastisch war das Gefühl, als ich nach der Besichtigung meiner Traumwohnung wusste, dass ich richtig gut abgeliefert hatte. Ich war save im Recall. Goldenes Ticket direkt ins Finale. Und das hatte ich nur mir selbst zu verdanken, niemandem sonst auf der Welt. Als die Zusage kam, hatte ich DSDS gewonnen. Deutschland sucht die Superwohnung. Und das in Köln, wo der Wohnungsmarkt ein Schlachtfeld ist.

Also dann ran an die Planung des Umzugs! Wer fährt im Umzugswagen mit? Ach ja, keiner! Da waren ja nur noch Me, Myself and I. Ich habe mein Hab und Gut aus dem Keller meiner Mutter geholt, mir einen Kleintransporter gemietet, ihn beladen, nebenbei noch mein Traumsofa im Angebot gefunden und ebenfalls ins Auto bugsiert – alles passte auf den Zentimeter genau – und bin dann nach Köln gedüst. Vierhundert Kilometer in einem gefühlt zehn Meter langen Auto, kaum Sicht nach hinten und trotzdem in der Autobahn-Baustelle auf der linken Spur. Und ich habe keinen einzigen Kratzer in den Lack gemacht!

Rückblickend bin ich mega stolz, dass ich das einfach durchgezogen habe. Jetzt weiß ich: Der nächste Umzug? Kein Problem! Egal, ob mit oder ohne Partner, ich werde diesen Kleintransporter fahren – weil es mir Spaß gemacht hat und ich es kann –, und ich *bin* ihn gefahren! Der nächste Umzug aus der Kölner Innenstadt und dem damit verbundenen Trubel hinaus ins Grüne stand ja nur ein Jahr später auf dem Programm. Zum Problem-Import- und Exporthandel nun also auch Umzugsunternehmen Mirella!

Dieser Umzug steht nur stellvertretend für so vieles, das ich in meinem ersten Jahr als Single auf die Beine gestellt habe. Ich habe mein Leben in Angriff genommen und Potenziale in mir entdeckt, die ich gar nicht kannte. Dabei bin ich zwangsläufig auch an meine Grenzen gestoßen, war verzweifelt, habe mich verlassen gefühlt und Fehler gemacht. Aber es war enorm lehrreich. Selbst die zwei Nervenzusammenbrüche. Ich habe vom Leben so richtig auf die Nase bekommen und bin trotzdem wieder aufgestanden. Ich habe mir meine Selbstbestimmtheit erkämpft. Das tat weh, aber es war echt. All die Hochs und Tiefs zu spüren und zu erleben, hat sich lebendig angefühlt, selbst wenn's mal scheiße lief. Das Langweiligste, was passieren kann, ist doch, wenn immer alles irgendwie nur so »okay« ist.

Zugegeben: Im Nachhinein fällt es viel leichter, das zu behaupten. In der Situation selbst habe ich alles verflucht und hätte wer weiß was für dieses »okay« gegeben. Dachte ich zumindest, weil sich alles unterhalb von »okay« so sehr nach Versagen angefühlt hat. Aber das ist nicht wahr. Auf meine Erfolge konnte ich schon immer ganz prima stolz sein, fürs Scheitern hingegen habe ich mich geschämt. Dabei bedingen sich diese beiden Pole ebenso wie Glücklichsein und Unglücklichsein: Ich kann nur wissen, dass ich glücklich bin, wenn ich Unglück kenne. Ich kann Erfolge nur wertschätzen, wenn ich schon mal gescheitert bin.

> PROGRESS IST NICHT OHNE WACHSTUMSSCHMERZ ZU HABEN UND MUTIG SEIN FUNKTIONIERT NICHT OHNE ANGST.

Wir sollten also offen über das Scheitern sprechen. Und damit meine ich keine »Prank FAILS«, in denen ein gestellter Streich trotz mehrmaliger Besprechung und Vorbereitung nicht klappt und dann einfach als »FAIL«-Video hochgeladen wird. Wir scheitern ständig. Der Kuchen fällt in sich zusammen, die Sommerfigur ist im Winterurlaub geblieben, Beziehungen gehen kaputt, Freundschaften auseinander, Projekte klappen nicht, Karrieren platzen. Das kann sich anfühlen wie der Untergang der Welt – und doch ist es meist für irgendwas gut. Es macht uns stärker und klüger (sofern wir uns davon nicht unterkriegen lassen), motiviert uns, es beim nächsten Mal besser hinzukriegen. Mit dem neuen Backpulver funktioniert's bestimmt!

Macht euch nicht fertig für eure Misserfolge. Seid lieber stolz darauf, dass ihr noch immer aufrecht auf zwei Beinen stehen könnt. Hinten im Buch findet ihr hierfür einen Scheiterhaufen. Ja, richtig gelesen, tolles Wortspiel: Scheiter-Haufen! Auf den könnt ihr all die Momente werfen, in denen ihr gescheitert seid, und euch überlegen, wozu sie vielleicht doch gut waren. Vielleicht hilft euch das dabei, eure Selbstverurteilung ad acta zu legen.

Scheitern ist nie einfach, aber ein ganz wichtiger Bestandteil unserer Entwicklung. Ich finde es genauso bewundernswert, ein Studium bis zum Abschluss durchzuziehen wie es abzubrechen, wenn man merkt, dass es einem nicht liegt. Zu scheitern kann einem sehr viel Mut und Selbsterkenntnis abverlangen. Meine eigenen Wünsche oder auch die Gefühle zu einem Menschen zu hinterfragen, ist wahnsinnig unangenehm. Wenn ich einmal etwas für wahr und richtig befunden habe, dann stelle ich das nur ungern wieder infrage. Das führt nämlich zu Veränderungen und die sind bekanntlich beängstigend. Aber ohne Veränderungen treten wir auf der Stelle. Wir alle sollten es uns wert sein, für die ganzen bunten und schillernden Facetten des Lebens auch Risiken einzugehen, anstatt im vertrauten Trott zu verharren. So blöd das Leben mir auch manchmal mitgespielt hat und so bescheuert ich Singlesein zunächst fand, für eine Vielzahl neuer Erkenntnisse über mich selbst war es das meistens wert.

Da wäre zum Beispiel die Erkenntnis, dass ich doch nicht mutterseelenallein bin. Es kam mir zwar erst so vor, aber nur, weil mein Fokus noch anders ausgerichtet war. Tatsächlich sind Freundschaften ein wichtiger Faktor bei der Me-Time. Auch wenn das wie ein Widerspruch klingen mag. Denn Menschen um uns zu haben, die wir mögen und mit denen wir uns gut fühlen, ist ein natürliches Bedürfnis.

THAT'S WHAT FRIENDS ARE FOR

Freundschaften und Beziehung unter einen Hut zu bekommen ist kein leichter Job. Respekt an alle, die das hinkriegen. Im Regelfall setzen wir unsere Prioritäten aber wohl doch beim Partner. Allein schon, weil wir mit dem knutschen können und mit unseren Freunden nicht. Und wohnt man schließlich zusammen, liegt ja auch nichts näher, als sich an denjenigen zu wenden, der gerade auf der Couch hockt, als erst mal irgendwo hinzufahren, um sich mit einem Freund auszutauschen. Als Single musste ich mich wieder selbst darum kümmern, dass mein Bedürfnis nach zwischenmenschlichem Kontakt gestillt wird. Saß halt niemand mehr auf der Couch außer meinem Kater. Der ist zwar ein guter Zuhörer, solange ich ihn kraule, aber wenn es um weise Ratschläge geht, streckt er mir meist demonstrativ den Hintern entgegen und verschwindet.

Also habe ich mich verstärkt meinen Freundschaften gewidmet. Immerhin hatte ich mehr Zeit als früher, fühlte mich alleingelassen und in jeder Frauenzeitschrift, auf jedem Blog und in allen Lebenshilferatgebern hätte ich bestimmt nachlesen können, dass Freundschaften nach einer Trennung das Wichtigste sind. Daher habe ich sie intensiviert, wiederaufleben lassen, neue geschlossen, aber auch alte beendet. Die Transformation von Single-Mirella zu Social-Life-Mirella hatte begonnen. Außerdem war ich jetzt in Köln, wo gefühlt alle anderen YouTuber lebten. Hier konnte ich so richtig durchstarten und dazugehören!

Ich wollte mich ablenken und positive Akzente setzen. Ich wollte ausgehen und tat es häufig. Wenn mich dabei niemand anspricht, so what! Ich habe oft bei Freundinnen übernachtet, die ebenfalls Single und wie ich #foreveralone waren. Na, dann kriegten wir es halt nicht hin, einen Typen mit nach Hause zu nehmen. Wie man das anstellt, war mir eh ein noch größeres Rätsel als Flirten im Allgemeinen. Aber davon wollte ich mir die Laune nicht verderben lassen. Ein guter Abend mit Freunden wird doch nicht plötzlich schlecht, weil man nicht geknutscht hat.

Ich erinnere mich noch genau an einen ganz besonderen Lichtblick. Diesen magischen Moment, als ich das erste Mal als Single den Song »All the single ladies« im Club gehört habe. Der Song ist schon älter, die Choreo kann ich auch schon länger – kein Witz, ich beherrsche sie im Schlaf, ich nehme das sehr ernst –, aber ich hatte ihn bislang eben niemals als Single Lady gehört. Als er nun im Club lief, konnte ich ihn erstmals fühlen und wirklich tanzen. Ich habe Beyoncés Anweisungen, meine Hände up zu putten, aus tiefstem Herzen befolgt. Noch nie habe ich meine Arme mit so viel Energie und Liebe in die Höhe gestreckt. Ich war Single, und das war auch gut so!

Die Ernüchterung ließ nicht lange auf sich warten. Schon am nächsten Morgen fühlte ich mich weniger wie Queen B als wie ein überfahrenes Wildschwein. Das war also doch noch nicht die entscheidende Abzweigung in ein Leben voller Glückseligkeit als Single gewesen. Singlesein war noch immer nicht der von mir favorisierte Aggregatzustand. Singlesein war noch immer Ingwertee. Whä!

Ich hatte es einfach noch nicht drauf, mit mir allein richtig komplett zu sein. Wenn ich ganz ehrlich zu mir war – und das zumindest war ich schon mal –, hatte ich mich um das Alleinsein mit aller Kraft herumgemogelt, indem ich das Daten durchs Ausgehen ersetzt hatte. Für die Trennungsbewältigung völlig okay, aber die konsequente Fortführung meiner vielversprechenden Südamerikaerfahrungen war es eigentlich nicht. Kein Wunder! Ist nämlich auch keine einfache Angelegenheit, diese Selbstfreundschaft.

Wir alle kennen den Spruch, dass wir uns nur selbst lieben müssen, um Liebe geben und empfangen zu können. Schön wäre es, wenn diesem klugen Satz auch eine Bedienungsanleitung beiliegen würde. Wie mache ich das denn? Auf Reisen war es mir doch so gut gelungen. Ich war allein essen gegangen und habe es genossen. Ich war allein auf den verdammten Vulkan gestiegen und habe mich dafür gefeiert. Aber zurück in meinem Alltag musste ich doch wieder neu laufen lernen.

Keine Frage, es war eine gute Idee gewesen, den Schwerpunkt vom krampfhaften Daten auf mehr Aktivitäten mit Freunden zu verlagern. »Lenk dich ab!«, »Hab eine gute Zeit!«, »Geh doch mal raus!« – das sind sinnvolle Ratschläge. Ich befolgte sie auch, dafür war ich ja nach Köln gezogen, umgab mich mit vielen Menschen und versuchte, nicht so viel allein zu Hause herumzusitzen und Trübsal zu blasen. Doch meine Balance gewann ich trotzdem nicht zurück. Was lief da bloß falsch?

Vermutlich könnt ihr es euch schon denken, ihr habt schließlich die ersten Kapitel dieses Buchs gelesen. Ich war in ein altes Muster verfallen, indem ich machte, was mir gesellschaftlich vorgelebt wurde, und nicht, was mir entsprach. Denn Social-Life-Mirella gibt es in dieser Form eigentlich gar nicht. Natürlich mag ich meine Freunde und bin total glücklich darüber, dass sie für mich da sind. Aber mit so vielen Menschen und Verabredungen auf einem Haufen kam ich nicht klar. Ich bin nun mal nicht der Typ für laute Partys und vollgestopfte Events. Ich brauche Zeit und Ruhe und Vertrauen, um aus mir herauszukommen. Mit dem, was ich da gerade mit mir anstellte, um »dabei zu sein«, überforderte ich mich selbst.

Me-Time kann tückisch sein, sage ich euch! Tückisch und anstrengend (aber trotzdem wichtig). Ja, ich empfand dieses soziale

Leben als anstrengend, genauso anstrengend wie mich selbst und mein Vorhaben, mehr über mich in Erfahrung zu bringen. Alles zu hinterfragen und daraufhin zu überprüfen, ob es für mich taugt, hat mich manchmal total frustriert. Ich wollte so gerne »normal« funktionieren. Trennung – Ablenkung – ein paar Dates – neu verlieben – fertig. Völlig wurscht, ob das nun ich bin oder nur ein Konstrukt, dem ich nachlaufe.

Nun stellt euch vor, ihr hättet die Wahl, euch entweder bis zum Sankt-Nimmerleins-Tag anzustrengen, um irgendwo reinzupassen, oder eine anstrengende Phase durchzumachen, nach der es euch besser geht. Wofür würdet ihr euch entscheiden? Genau. Sosehr ich es mir auch wünschte und sogar versuchte, mich dazu zu zwingen, eigentlich hatte ich längst begriffen, dass es so nicht laufen würde.

Es war reine Kopfsache: Warum helfen mir die bewährten Methoden nicht?

Option 1: Ich bin schuld, ich mache alles falsch, ich habe es nicht verdient, glücklich zu sein, her mit dem Eis und der Packung Taschentücher! Dauerhaft anstrengend.

Option 2: Diese Methoden und meine Bedürfnisse passen nicht zusammen. Ich muss mir eine eigene Methode kreieren. Vorübergehend anstrengend, aber danach wird es besser.

Mindset, Leute! Ich kann entweder den Fehler bei mir suchen und mich fertigmachen – oder ich betrachte die Lage ganz vernünftig und ziehe einen Schluss daraus, der mich handlungsfähig macht. Wenn ich immer an allem schuld bin, komme ich schnell in die Position, nichts mehr dagegen tun zu können, weil mich diese Schuld lähmt. Begreife ich jedoch, dass ich die Vorzeichen definiere, kann ich auch meine Position verändern.

Zunächst musste ich für mich zwei Fragen klären: 1. Wie sieht meine Vorstellung von Freundschaft aus? 2. Wie komme ich mit mir selbst auf eine gute Basis? Ich hatte beides vermischt, wollte über eine intensivere Beschäftigung mit meinen Freunden quasi im Vorbeigehen auch das Verhältnis zu mir selbst verbessern. Siehe da: Ich hatte wieder bei den anderen angefangen. In dem Glauben, etwas für mich zu tun, schipperte ich meilenweit an mir vorbei.

Die Konsequenzen aus meinen Überlegungen kennt ihr bereits: Ich habe begonnen, bei mir und meinen Bedürfnissen anzusetzen. Eines davon war, meinen Freunden offen zu kommunizieren, wenn ich mich in gewissen Situationen unwohl oder überfordert fühle. Meinen Weg dorthin zu beschreiben, war mir aber wichtig, weil ich trotz bester Absichten einige Abstecher gemacht hatte, bis ich bei mir ankam. Ich hatte mich an allgemeinen Ratschlägen abgearbeitet und fleißig Nebenbaustellen beackert. Ich hatte mich nicht nur von der Trennung abgelenkt, sondern auch von mir selbst.

Doch welche große innere Veränderung passiert schon über Nacht? Irrfahrten gehören dazu. Wir sind ja keine Roboter, die mit dem richtigen Befehl umprogrammiert werden können. Dafür können wir aber aus unseren Fehlern lernen und neue Strategien entwickeln. Denkt nur an diese Staubsaugerroboter, die sich immer wieder hilflos auf derselben Stelle drehen, weil sie sich jedes Mal aufs Neue in demselben Kabel verheddern. Selbst wenn wir uns auch manchmal wie so ein Staubsaugerroboter fühlen: Wir sind nicht auf fremde Hilfe angewiesen, um uns aus dem Kabelsalat zu befreien. Und wir haben prinzipiell die Möglichkeit, beim nächsten Mal einen neuen Weg auszuprobieren. (Oder sollte es inzwischen Staubsaugerroboter geben, die sich nie verheddern? Dann wäre meine Analogie für die Katz, aber die Menschheit immerhin wieder um eine technische Errungenschaft reicher.)

Was ich für mich persönlich aus meiner Me-Time gemacht und in meinen Alltag integriert habe, wisst ihr aus dem »Verzicht«-Kapitel. Freundschaft ist nach wie vor eines meiner großen Themen. Und weil sie so viel mehr ist als eine praktische Ablenkung in Krisenzeiten, hier noch mal unabhängig von der Single-Mirella ein paar Gedanken dazu.

Als Erwachsene fiel es mir zunehmend schwerer, neue Freundschaften aufzubauen. Deshalb fragte ich mich wie bei der Partnersuche: Wo findet man eigentlich neue Freunde? Gibt es da irgendwo in Holland ein Outlet-Center, von dem ich nichts weiß? Doch wieder Uni? Muss ich mir ein seltsames Hobby zulegen? Und wieso verlaufen so viele Bekanntschaften eigentlich im Sande? Bin ich so unerträglich? Sind alle anderen unerträglich? Beides möglich! Wahrscheinlicher ist allerdings, dass sich im Laufe der Zeit etwas an der Art, wie Freundschaften entstehen, verändert hat.

In der Schulzeit gab es eine überschaubare Anzahl an potenziellen Freunden. Die Menschen um mich herum waren Konstanten. Sie würden wie ich morgen da sein und übermorgen auch noch. Sie würden wie immer im Klassenzimmer auf ihrem Platz sitzen und ihren Treffpunkt auf dem Pausenhof beanspruchen. Ob ich nun wollte oder nicht: Wenn nichts Gravierendes passierte, würde ich mit diesen Nasen die nächsten Jahre verbringen. Also gewöhnt euch schon mal besser an mich. Denn das Angebot ist überschaubar und ändert sich nur selten!

Aber genau in dieser Zeit sind meine engsten und tiefsten Freundschaften entstanden. Meine »Wahl« hatte in erster Linie etwas damit zu tun, mit wem ich häufig in denselben Situationen feststeckte (Schule, Konfirmationsunterricht, Sportverein). Aus dieser begrenzten Menge habe ich mir die Leute geschnappt, die am wenigsten blöd waren, in dieselbe Klasse gingen, die fußläufig von meiner Wohnung wohnten.

Die Kriterien waren simpel und pragmatisch. Irgendeine Gemeinsamkeit musste schon da sein, brauchte sich aber nicht gleich auf jeden Lebensbereich zu beziehen. Meine Freunde waren mir nicht sonderlich ähnlich. Unterschiedliche Meinungen, Ansichten und Prioritäten. Trotzdem halten einige dieser Freundschaften bis heute!

Was wäre, wenn ich diese Leute jetzt kennenlernen würde? Wahrscheinlich würden sie nicht zu meinen engsten Freunden werden, weil ich mich an diesen Unterschieden stören oder mir gar nicht erst die Zeit nehmen würde, um mich damit anzufreunden. Anders als heute hatten wir damals alle nicht die große Wahl und haben uns einfach arrangiert. Wir haben uns aneinander gewöhnt und gelernt, uns so zu nehmen, wie jeder Einzelne war, und das zu lieben gelernt, was jeder Einzelne hatte. Ruth und Sarah, meine besten Freundinnen aus Grundschulzeiten, hatten zum Beispiel einen Nintendo 64, auf dem man hervorragend Pokémon Stadium zocken konnte. Meine langjährige Banknachbarin Julia war supergut in Mathe und »meine Mädels« waren alle irgendwie bescheuert genug, um sich mit mir zusammenzutun. Dafür haben sie sich allesamt eine Erwähnung in meinem nobelpreisverdächtigen Bestseller verdient! Ohne diese pragmatischen Faktoren hätte ich vielleicht nie herausgefunden, was für tolle Menschen hinter den Konsolenbesitzern, Mathegenies und durchgeknallten Mädels stecken.

Natürlich gab es auch während der Schulzeit die coolen Kids, zu denen »man« gerne gehören wollte. Trotzdem schien der Optimierungsdrang weit weniger ausgeprägt zu sein als heute. Ich hätte zwar bestimmt nicht Nein gesagt, wenn sie mich zu ihrer neuen coolen Freundin gekürt hätten, aber so wichtig, dass ich mich dafür verbogen hätte, war es mir dann doch nicht. Ich nahm einfach mit dem vorlieb, was gerade da war. So mögen diese Freundschaften als Zweckbündnisse begonnen haben, sind aber – zumindest bei mir – über die Jahre zu einer innigen Einheit zusammengewachsen.

In meinem heutigen Umfeld hingegen habe ich beobachtet, dass viele Freundschaften stark darauf ausgerichtet sind, sich wie mit einem Accessoire zu schmücken. Unsere Freunde sollen uns gut aussehen lassen, unsere Ansichten teilen und uns zustimmen in dem, was wir sagen oder tun. Sie sind wie eine kleine Cheerleader-Gruppe und schwingen ihre Pompons für uns. Nach diesen Kriterien suchen wir sie aktiv aus. Das ist verständlich, weil es letztlich bedeutet, dass wir viele ähnliche Erfahrungen gemacht haben, ähnlich sozialisiert wurden, ähnlich ticken, kurz: auf einer Wellenlänge sind. Selbstverständlich umgebe ich mich gern mit Menschen, die meine Sicht auf die Welt teilen. Alle anderen sollen bitte draußen bleiben.

Aber heißt das im Umkehrschluss, dass Menschen ihre Vorlieben und Ansichten immer teilen müssen, um Freunde werden zu können? Manchmal fragen mich Zuschauer, wie ich mit der einen oder anderen Person noch befreundet sein kann, obwohl die doch dieses oder jenes gesagt hätte. Ui, da hat jemand eine provokante Meinung … Lieber schnell aussortieren, könnte schlecht für die Klicks sein … Ich bitte euch! Ist es nicht das Besondere an einer Freundschaft, auch die Unterschiede zu schätzen? Kann es sein, dass wir den Diskurs scheuen und den Weg des geringsten Widerstands wählen? Dabei ist es doch viel aufregender, wenn man mal nicht derselben Meinung ist. Möglicherweise lerne ich ja eine ganz neue Perspektive kennen, die meinen Horizont erweitert.

Aber natürlich müssen wir heute gar nichts mehr. Klar gibt's da die nervige Kollegin oder den streng riechenden Kommilitonen, der sich immer vor einen setzt. Aber wir haben immer die Möglichkeit, uns woanders nach Freunden umzusehen, wenn uns die vorhandenen Optionen nicht gefallen. Wir haben die freie Wahl. Ein wertvoller Luxus. Denn Freunde sind die Familie, die man sich selbst aussuchen kann.

Warum aber sollten wir unseren Freunden nicht mehr zutrauen können, über Unterschiede hinwegzusehen? Nur weil sie es nicht mehr müssen? Laufen wir etwa Gefahr, sie zu verlieren, wenn wir anders ticken als sie? Ich denke nicht. Im Gegensatz zu früher müssen sie die Unterschiede vielleicht nicht mehr liebgewinnen, dafür haben sie heute die Möglichkeit, sich aus freien Stücken dafür zu entscheiden.

Und dennoch tendieren wir irgendwie zu den Cheerleadern, oder? Wenn wir jemanden kennenlernen und nicht sofort das Gefühl haben, dass es passt, lassen wir uns schnell davon abschrecken. Dabei braucht es vielleicht nur eine Viertelstunde, bis der andere warm wird. Nicht immer reicht ein SmallTalk aus, um das Gegenüber einschätzen zu können. Ich kenne die Weisheit, wonach man nur wenige Sekunden braucht, um einschätzen zu können, ob man einen Menschen sympathisch oder unsympathisch findet. Ich bin mir auch ziemlich sicher, dass das aus gutem Grund von der Natur so eingerichtet wurde. Aber es gibt einfach Menschen, die sich erst nach gewisser Zeit öffnen können, die eher zurückhaltend sind und ihr wahres Ich nicht wie ein Aushängeschild vor sich hertragen, sondern sich erst nach und nach als tolle Persönlichkeiten entpuppen. Hier müssten wir ein wenig Geduld aufbringen, aber die haben wir oftmals nicht.

Ich bin da keine Ausnahme. Manchmal brauche ich selbst Zeit, um mich zu akklimatisieren und mich auf neue Menschen und Umgebungen einzulassen. Umgekehrt lasse ich Bekanntschaften manchmal im Sande verlaufen, weil ich aufgrund von Kleinigkeiten meine, dass es nicht passt. Unterschiedliche Ansichten, unterschiedlicher Background, unterschiedliche Wahrnehmungskategorien … Obwohl ich doch die Letzte sein sollte, die darauf pocht, dass etwas perfekt sein muss oder Unterschiede unüberwindbar sind. Das widerspricht meinem ganzen Wesen. Eigentlich habe ich doch total Bock auf Diversität! Und trotzdem ertappe ich mich dabei. Statt den anderen so zu akzeptieren, wie er nun mal ist, statt ein Agreement zu suchen, gebe ich auf. Aus Bequemlichkeit? Aus Furcht, der andere könnte mir auf den Zahn fühlen? Dabei ist es doch so wichtig, auch Einflüsse außerhalb der eigenen Bubble zuzulassen. Okay, wenn wir uns in unserem Wertekanon widersprechen, werden wir wahrscheinlich keine dicken Kumpels. Wenn jemand Ausbeutung und Diskriminierung normal findet oder ein Problem mit Migration hat, dann leben wir tatsächlich in verschiedenen Welten. Aber sonst?

Nicht alle meine Freunde sind Veganer und schreien den ganzen Tag: »Ich bin Feminist«, während sie begeistert ihre heißgeliebten Katzen streicheln. Sie haben auch nicht alle rote Haare, meine Kleidergröße, den gleichen Musikgeschmack und ein Faible für Brot. Ich habe sogar Freunde, die glutenintolerant sind. Das hat unsere Freundschaft zwar auf eine harte Probe gestellt. Aber es geht. Man kann durchaus mit Menschen befreundet sein, die in anderen Bubbles leben. Freunde haben, die in anderen Branchen arbeiten, sich mit anderen Dingen in ihrer Freizeit beschäftigen.

Eine sehr gute Freundin von mir stickt gerne. Ich kann damit überhaupt nichts anfangen, muss ich aber auch nicht. Es gibt ja auch noch andere Dinge wie singen, Rhönrad fahren oder Wein trinken, wo sich unsere Interessen wieder treffen. Ich habe auch einen Freund, der unheimlich politikinteressiert ist. Neben dem fühle ich mich meist wie eine Vollidiotin. Wenn's aber um den Zugang zu Emotionen geht, kann er sich wiederum ein paar Tipps von mir holen.

Wer sich nur mit Gleichgesinnten umgibt, wer nicht diskutiert, debattiert, vielleicht sogar mal streitet, dem wird der soziale Hallraum immer nur die eigene Sicht bestätigen. So werde ich bestimmt nicht über mich hinauswachsen. Wir werden nichts hinterfragen und kein zweites oder auch drittes Mal über etwas nachdenken – obwohl Denken doch meist recht förderlich ist. Wir werden auch nicht bemerken, wenn wir uns mal irren. Schwer vorstellbar, aber auch mir passiert das ab und zu! Daher schätze ich Freunde, die mir widersprechen, wenn ich im Unrecht bin. Ist unangenehm und kann niemand leiden – ich habe wirklich sehr gerne recht –, kommt aber vor. Da ist es mir doch lieber, wenn man mir das sagt und ich die Chance bekomme, mich zu korrigieren.

Es ist toll, ein gleichtickendes Umfeld zu haben. Aber es ist auch toll, selbstgestrickte Geschenke zum Geburtstag zu kriegen und in

Sachen Politik die allerdümmsten Fragen stellen zu können, ohne schief angeschaut zu werden. Wie für Beziehungen gilt nämlich auch für Freundschaften: »Gleich und Gleich gesellt sich gern« *und* »Gegensätze ziehen sich an«.

Auch Freundschaften brauchen Zeit, um zu wachsen, damit wir gemeinsame Geschichten erleben, auf denen wir aufbauen und an die wir uns später erinnern können. Kurz nach der ersten Begegnung gibt es diese Geschichten natürlich noch nicht. Aber mit der Zeit entstehen sie von ganz allein, weil Geschichten das nun mal so machen.

Wenn wir es mit neuen Partnern schaffen, diese Zeit, aber auch die Kompromissbereitschaft aufzubringen, dann sollten wir es doch auch mit neuen Freunden hinkriegen. Bei denen können wir etwaige Gesprächspausen zwar nicht mit Knutschen und Fummeln überbrücken. Das würde die Sache vielleicht vereinfachen. Aber es gar nicht erst darauf ankommen lassen, weil es mal ein bisschen hakt?

Der ständige Optimierungsdrang dahinter, dieses Mindset, dass es immer noch jemand anderes gibt, der besser zu uns passt – egal, ob in platonischer oder romantischer Hinsicht –, führt am Schluss doch nur dazu, dass wir echter Nähe keine Chance geben. Auf der Beziehungsebene ist Tinder eine symptomatische Erscheinung, weil sich unser Verhalten hier auf eine simple Geste reduzieren lässt: Wir wischen Menschen ganz beiläufig in unser Leben hinein und wieder hinaus. Bei dieser ewigen Suche nach etwas Besserem, das bestimmt nur einen Steinwurf entfernt auf uns wartet, nach den optimalen Freunden, dem optimalen Partner, der optimalen Freizeitgestaltung und dem optimalen sozialen Status bleiben wir vor allem eins: einsam. Weil wir versuchen, uns von außen zu ergänzen, uns zu vervollständigen, statt darauf zu achten, im Innern komplett zu sein. Denn egal, wie viele Dates oder Verabredungen wir pro Woche haben, wie viele WhatsApp-Nachrichten oder – man höre und staune – Facebook-Freunde: Es gibt keine bestimmte Zahl, ab der man garantiert zufrieden sein und sich geliebt fühlen wird.

Dieser Optimierungswahn zusammen mit dem Wunsch nach der größtmöglichen Auswahl an Menschen in der eigenen Umgebung hat für mich eher etwas von einem gut bestückten Kleiderschrank. #maximalism statt #minimalism in Sachen Dates, Bekanntschaften, Freundschaften – und zwischendurch wird ausgemistet, was nicht mehr zur aktuellen Saison passt. Weg damit. Das ist nicht nur schäbig, sondern vor allem anstrengend. Mich hat es jedenfalls sehr angestrengt.

Ich hatte mich unter Druck gesetzt. Der Vorsatz, mich um meine Bedürfnisse zu kümmern, war zweifellos klasse. Aber da ich noch nicht wusste, wie die aussehen, nahm ich erst mal die Grundsätze, die mir allgemeingültig erschienen. »Der Mensch« möchte Anerkennung und Aufmerksamkeit. »Der Mensch« möchte sich mit anderen Menschen umgeben. »Der Mensch« möchte attraktiv sein und viele Freunde haben. Her mit dem sozialen Leben, her mit gesellschaftlichen Aktivitäten, her mit all dem Spaß und den zig Kontakten! Bloß nicht allein sein. Lieber oberflächliche Bekanntschaften horten. Lieber Diäten machen, um für die Außenwelt hübsch zu sein. Lieber mich in Situationen manövrieren, die mir eigentlich gar nicht behagen. Ich muss eine Beziehung haben, ich muss Unmengen an Freunden haben, ich muss auf Events gehen und schlank und fit sein, um endlich glücklich zu werden. Los, los, los!

Erst als das alles nicht funktionierte und ich unzufrieden blieb, begann ich mich zu fragen, was genau mich eigentlich so anstrengt und an welchen Schrauben ich drehen muss, um gegenzusteuern.

Zum einen hat mich Dating angestrengt beziehungsweise meine Versuche, jemanden zu finden, den ich daten kann. Die Konsequenz daraus war klar: Ich habe das mit dem Dating sein lassen, im Vertrauen darauf, dass es sich irgendwann von selbst ergibt und ich mich dabei wohlfühle.

Zum zweiten haben mich die Sorgen um mein Gewicht, das permanente Zählen von Kalorien, meine Diätpläne angestrengt. Also habe mich damit beschäftigt, was ich denn eigentlich erreichen will und für wen. Wenn ich nicht selbst das Ziel meiner Bemühungen bin, wird es mir viel schwererfallen, meinen Weg zu gehen. Wenn ich gegen mich arbeite, kostet mich das sehr viel Kraft. Stattdessen fing ich an, positive Grundsätze zu formulieren, den Verzicht abzuschaffen, mehr auf mein Bauchgefühl als auf gesellschaftliche Normen zu achten.

Zum dritten haben mich große Menschengruppen, laute und turbulente Umgebungen angestrengt. Statt mich diesen Situationen weiterhin auszusetzen, weil man das als junger Mensch halt so macht, habe ich gelernt, Nein zu sagen. Ich gebe Aktivitäten und Personen den Vorzug, mit denen ich mich wirklich wohlfühle und auftanken kann.

Viertens habe ich mich selbst angestrengt. Folglich habe ich mich darin geübt, auf meine eigenen Bedürfnisse und inneren Werte zu achten und nicht gegen sie zu handeln. Dazu gehört auch, dass ich mein Umfeld offen und ehrlich wissen lasse, was los ist. Wenn ich angespannt bin, gestehe ich mir den Raum zu, den ich brauche, um wieder ausgeglichen zu werden. Und ich habe Routinen in meinen Alltag eingebaut, weil sie mir Sicherheit geben.

Zu guter Letzt haben mich Ideale angestrengt. Dieses von den Medien aufgezwungene Bild davon, wie ich zu sein habe. Ich habe daraufhin meine Ideale hinterfragt und geprüft, ob es denn überhaupt *meine* Ideale sind oder ob sie mir eingeimpft wurden.

Lasst uns auf diesen letzten Punkt noch einmal genauer schauen. Wir werden nämlich so vollgepumpt mit fremden Vorstellungen, dass wir manchmal gar nicht mehr genau wissen, welche davon unsere eigenen sind.

PICS OR IT DIDN'T HAPPEN?

Ich bin ein Beziehungsmensch, ganz klar. Aber was wünsche ich mir von einer Beziehung, was erwarte ich? Zudem bin ich ein Mensch, der intensive Freundschaften schätzt. Aber was stelle ich mir eigentlich darunter vor?

Da es uns oft leichterfällt, uns von etwas Bestehendem abzugrenzen, als aus dem Nichts eigene Regeln aufzustellen, empfehle ich bei solchen Gedankenspielen einen kleinen Trick: Nehmt Idealbilder mal so richtig ernst. Werbeanzeigen, Instagramposts, was auch immer. Das Ergebnis ist zum einen köstlich amüsant, zum anderen echt lehrreich.

Werfen wir mal wieder einen Blick ins Internet – auch auf die Gefahr hin, dass es so wirkt, als würde ich mich ausschließlich mit dem Web beschäftigen, um irgendwelche Erkenntnisse zu gewinnen. Aber das Internet ist quasi mein Arbeitgeber und in puncto Verbreitung bescheuerter Ideale einfach unübertroffen zuverlässig.

#couplegoals, #friendshipgoals, #relationshipgoals, #fitnessgoals, #bodygoals, #fashiongoals … Puh, na was für ein Glück! Egal, wie ziellos ich bin, für alles gibt's nen Hashtag. Von denen könnte ich mich nun »inspirieren« lassen, um in meinem Leben fitter, gesünder, schlanker, schöner, begehrter und glücklicher zu werden – oder ich kann sie als das erkennen, was sie eigentlich sind: der größte Quatsch überhaupt.

Wieso sollte ich mir denn bitte von Hashtags vorschreiben lassen, was meine Goals zu sein haben? Wieso sollte ich mich davon beeinflussen lassen? Denn wenn wir mal ernst nehmen, was wir da sehen, ist das ganz schön lächerlich. Also ich möchte nicht mit meiner Freundin 24/7 Übernachtungspartys feiern, bei denen wir unsere Haare zu einem Zopf zusammenflechten, um unsere innige Bindung zu demonstrieren. Wie unpraktisch ist das denn? Ich bin doch nicht freiwillig ein Siamesischer Zwilling! Außerdem können bei dem lustigen Spielchen nur langhaarige Menschen mitmachen. Was für ein #friendshipgoal soll das denn sein? Sofort wird mir klar: Das, was ich da sehe, ist offensichtlich nicht das, was ich mir wünsche. Voilà, das ist auch schon der ganze Trick. Rausfinden, was ich will, indem ich abhake, was ich nicht will.

Obwohl ich kapiere, dass es sich bei dieser »Zopfartistik« um ein Symbol für Unzertrennlichkeit in allen Lebenslagen handeln soll: Eine Freundin, die mir ernsthaft vorschlägt, etwas so Bedeutungsvolles in einem grotesk überzuckerten Bild festzuhalten, für das wir uns erst mal herrichten und dann auch noch jemanden finden müssen, der diesen Zopf für uns fabriziert, weil wir uns sonst die Finger verknoten würden (was dem Bild nicht guttäte), so eine Freundin wäre mir irgendwie suspekt. Wem möchte sie denn damit etwas beweisen? Könnten wir stattdessen nicht lieber irgendwas Leckeres auf der Couch futtern und unter gemütlichen Decken in gemütlichen Klamotten einen Film gucken?

Schaut euch solche Bilder mal an und fragt euch ganz ehrlich, ob ihr das Dargestellte erstrebenswert findet. Erinnert euch an Momente, die ihr mit eurem Partner oder Freund erlebt habt, Momente, die euch wirklich wichtig sind. In denen ihr (auch ohne Zopf) zusammengewachsen seid. In denen euch der andere den Rücken gestärkt hat. Momente des Glücks, weil ihr etwas zusammen geschafft habt und stolz aufeinander seid. Kleinigkeiten, Lachanfälle, einvernehmliches Schweigen.

Allen diesen Momenten ist gemeinsam, dass sie durch Emotionen wertvoll werden, die wir nicht per Selfie festhalten können. Sie sind immateriell. Die Erinnerung ist alles, was wir brauchen. Wir können Symbole wie ein Herz aus Blütenblättern dafür finden. Aber macht das einen Heiratsantrag ohne großes Tamtam weniger wertvoll? Sehen eure wichtigsten Momente mit anderen Menschen so aus wie die Fotos auf Instagram? Was sagt ein Dinner am Sandstrand eigentlich aus? Mir sagt das vor allem, dass es am Meer meist windig ist und da sehr viel Sand rumliegt. Egal, wie gut die den Feldsalat vorher gewaschen haben, es wird Feldsalat mit Sand sein, und er wird zwischen den Zähnen knarzen. Guten Appetit.

Warum wurde dieses Bild aufgenommen und als #couplegoal deklariert? Beantwortet hier irgendjemand die Frage, was eine Beziehung ausmacht, mit »Essen am Strand«? Und wenn mein Partner mich nicht in die Südsee bringt, ist er ein Waschlappen? Musst du unbedingt auf die Malediven, damit deine Beziehung perfekt ist? An welcher Stelle auf der Liste der wichtigsten Eigenschaften des

Partners kommt denn sandiger Feldsalat? Vor oder nach Treue, Aufrichtigkeit, Humor? Oder ist das Motiv einfach nur gut für ein Foto und der Hashtag gut für Likes geeignet?

Ist ein #friendshipgoal wirklich, die gleichen Schuhe zu tragen? Als ich ein Kind war, wollte ich immer so sein wie meine Schwester. Wir sind sogar im Partnerlook durch die Gegend gelaufen, obwohl sie zwölf Jahre älter ist als ich (wie auch immer das ging und was auch immer das über unseren Geschmack aussagt). Ich habe mich gefühlt wie Hanni und Nanni und war superstolz – aber ich war halt sechs. Mit Mitte zwanzig schätze ich Gemeinsamkeiten zwar noch immer, doch drücke ich meine Wertschätzung nicht mehr durch Nachahmung aus. Dafür habe ich zu viel Gefallen an Individualität gefunden.

Es ist überhaupt nichts dagegen einzuwenden, die gleichen Schuhe gut zu finden oder die gleiche Frisur. Aber es will nicht in meinen Kopf, wieso das ein Symbol für Freundschaft sein soll, ein »Goal«. Es ist nur ein Bild, das nichts darüber aussagt, wie sehr ihr euch aufeinander verlassen könnt. Die Reisen, die ihr zusammen gemacht habt, der SUV, den ihr euch gekauft habt, der dicke Verlobungsring, die schicke Wohnung. Alles schön und gut und sicher fotogen. Aber Gemüsesuppe gekocht zu kriegen, wenn ich krank bin, das ist ein Goal, auch wenn die nicht fancy aussieht. Schuhe kaufen und Reisen buchen kann jeder.

Ich mag schöne Bilder, versteht mich nicht falsch – solange wir nicht vergessen, dass wir so viel mehr sind als das. Mich haben die von den Medien transportierten »Alles schön, alles paletti!«-Bilder stark beeinflusst, haben mich unzufrieden gemacht, weil ich auf all die Dinner am Strand neidisch und von den Partnerlooks irritiert war. Es hat ein bisschen gedauert, bis mir klar wurde, dass nicht das fließende Seidenkleid der Brautjungfern ein #goal sein sollte, sondern die Freude daran, die beste Freundin unter die Haube zu bringen und ihr Mut zu machen, falls sie kalte Füße kriegt. Trotzdem geht es in der Caption nur um das dämliche Kleid … #Werbung für Whitening-Zahncreme.

Mein Ziel ist es nun mal nicht, möglichst schöne Menschen in möglichst schönen Klamotten um mich herum zu versammeln, sondern möglichst inspirierende Menschen mit möglichst starkem Charakter. Und denen will ich dann nicht bloß Komplimente zu ihrem Aussehen machen, weil mir nichts Besseres einfällt.

Ich will mich nicht an materiellen Dingen und Äußerlichkeiten aufhalten. Die meisten meiner eigenen Wünsche und Ziele sind gar nicht an etwas Sichtbares und somit Fotografierbares geknüpft. Wie steht es mit euch? Könntet ihr eure Ziele, eure #friendshipgoals und #couplegoals, jene Momente, die euch wirklich wichtig sind, festhalten, ein Foto davon machen? Oder sind es eher unpostable moments?

Mir solche Momente zu vergegenwärtigen gibt mir ein warmes Gefühl der Dankbarkeit und Zuversicht. Dafür brauche ich aber kein Foto. Unpostable heißt für mich aber nicht nur, dass ich kein Foto von etwas machen kann. Ich *will* auch gar kein Foto machen, um es ins Internet zu stellen. Ich möchte nicht anfangen, wertvolle Situationen zu inszenieren, nur damit sie schick aussehen. Ich frage mich lieber, ob ich diese Aufnahme auch machen würde, wenn es gar keine Profile gäbe, auf denen ich sie teilen könnte. So weiß ich, ob ich ein Bild in erster Linie als Erinnerung für mich mache oder letztlich doch für das Internet, ohne das ich es gar nicht geschossen hätte. Mirella mit Schokolade, Mirella mit Katze, Mirella mit Hund, Mirella vorm Spiegel, bald auch Mirella mit Buch: Das sind Bilder, die super ins Netz passen und dort gut aufgehoben sind. Bilder, die ich gerne teile.

Aber bevor ich den Sonnenuntergang verpasse, weil ich mit den Einstellungen meiner Kamera beschäftigt bin und nur durch ein Objektiv schaue, lege ich mein Handy lieber mal zur Seite und genieße einfach das Hier und Jetzt. Statt mein Essen bestmöglich auszuleuchten, haue ich sofort rein, damit es nicht kalt wird. Und statt ein fancy Bild von extravaganten Cocktails beim #Mädelsabend zu machen, höre ich lieber meiner Freundin zu und lasse das Telefon in der Tasche.

Indem wir private Momente und Erinnerungen teilen, werden sie für andere bewertbar. Jede Plattform bietet Funktionen, um geteilte Inhalte zu bewerten und zu kommentieren. Damit werfe ich meine kostbarsten Momente einer Öffentlichkeit zum Fraß vor, die nicht unbedingt gnädig mit ihnen umgeht. Ich gebe anderen Menschen die Möglichkeit, ihre Meinung zu etwas kundzutun, das nur mich etwas angeht. Ich brauche doch nicht die Meinung anderer, um zu entscheiden, ob etwas für mich wichtig ist oder nicht.

Etwas bewertbar zu machen bedeutet für mich in diesem Kontext also auch ein Stück weit, es damit zu entwerten. Ich lasse andere urteilen, weil mir mein eigenes Gefühl nicht ausreicht. Weil ich insgeheim hoffe, ihre Zustimmung zu bekommen. Weil der Peter aus der Parallelklasse, den ich immer schon so gut fand, das jetzt auch geliked hat. Hat sich voll gelohnt, aufs Coachella zu gehen und keine einzige Band zu sehen, weil ich die ganze Zeit nur Fotos von mir habe machen lassen!

Zum neuen Partner, zur besten Freundin, zum Outfit, zur Frisur, dazu, ob ich zufrieden oder hübsch aussehe, befrage ich doch auch nicht Passanten auf der Straße. Dann kann ich ja gleich meine Nachbarn, die ich kaum kenne, eines Tages zu mir nach Hause einladen, um mich zu vergewissern, dass ich auf meinen Hochzeitsfotos glücklich aussehe. Hauptsache ist doch, dass ich weiß, wie ich mich in der Situation gefühlt habe. Wieso sollte ich es dann zulassen, dass fremde Menschen mich in meinem Gefühl verunsichern, weil sie vielleicht finden, ich würde zu ernst gucken oder die Komposition des Bildes sei unvorteilhaft? Wieso sollte ich Fremden ein Mitspracherecht einräumen, wo ich niemanden mitsprechen lassen will? Es gibt einfach Momente, die ich nicht gefeedbackt haben möchte. Punkt.

Auch fände ich es ziemlich bescheuert, mein Leben nur noch durch eine Linse zu erfahren. Ob auf Konzerten, Geburtstagen, am Strand oder bei privaten Verabredungen, die Leute filmen und fotografieren alles, obwohl sie sich den Kram wahrscheinlich nie wieder anschauen werden. Das ist so komisch! Ist ein Moment denn nur noch besonders special, besonders lustig, besonders gut, wenn viele Leute ihr Handy gezückt haben und die Situation damit als postable einstufen? Dabei ist es doch oft so viel kostbarer, die ungeteilte Aufmerksamkeit zu bekommen.

Stattdessen zerbreche ich mir den Kopf darüber, warum Kindergartenfreundin Verena gar nicht auf die letzten drei Bilder reagiert hat und wieso das aktuelle Bild deutlich weniger Resonanz bekommen hat als die all anderen. Ob ich zugenommen habe und es mir nur keiner sagen will? (Unwahrscheinlich, denn diese gehaltvolle Frage lässt sich das Internet bestimmt nicht entgehen!) Ob mein

Essen nicht #healthy genug aussah? Ob die Zeit für Katzencontent vorbei ist? (Spoiler: Nein, ist sie nie. Und falls doch, habe ich durch meinen Hund ja noch ein zweites Standbein.) War der Moment vielleicht doch nicht so gut, wie er mir vorkam? Ich habe da selbst so meine Erfahrungen gemacht. Ich hatte eine unglaublich tolle Zeit, und es gibt davon ein Bild, das ich richtig schön finde und voller Vorfreude auf begeisterte Resonanz geteilt habe. Doch siehe da: Es bekam nicht dieselbe Aufmerksamkeit wie meine anderen Bilder. Das hat mir zu denken gegeben und ich habe mich dabei ertappt, wie ich darüber gerätselt habe, ob das Bild vielleicht doch nicht so schön ist. Wo gibt's denn so was? Weil *andere* nicht entsprechend reagieren, hinterfrage ich *meine* eigene Wahrnehmung? Es ist doch völlig bescheuert, dass ich mich davon beeinflussen lasse!

Stellt euch bitte mal vor, dass alle Leute, die euch folgen – seien es nun hundert oder tausend oder noch mehr –, dabei sind, wenn ihr zum ersten Mal euren neuen Freund mit nach Hause bringt. Da sitzen dann nicht nur eure Familien, sondern *alle eure Follower*. Peter aus der Parallelklasse, Verena aus dem Kindergarten, euer alter Klassenlehrer, der immer alle auf Facebook adden muss, die Empfangsdame eines früheren Arbeitgebers, der unheimliche Typ aus der Bar, der Kommilitone von diesem Gruppenreferat vor drei Jahren. Die haben sich alle um das heimische Sofa versammelt und beurteilen nun euren neuen Freund. Hand hoch, wer die Vorstellung geil findet und für solche Entscheidungen unbedingt fremdes Feedback möchte.

Lasst uns gerne über Feminismus und Veganismus diskutieren, über innere Werte, über Medien und Body Shaming. Aber wenn es um meine ureigensten Angelegenheiten geht oder darum, mein Leben zu bewerten, dann muss nicht jeder seinen Senf dazugeben. Mit meinem persönlichen Umfeld, meiner Familie habe ich schon eine ganze Menge Meinungen auf einem Haufen. Und wenn ihr einen Partner habt, so bedeutet das eh immer mindestens zwei Meinungen, was bisweilen auch schon zu viel sein kann. Es gibt nun mal Themen, die nicht für unendlich viele Meinungen geschaffen sind.

Dabei entscheidet jeder für sich, welche Themen das sind. Der eine will Pärchenbilder posten, die andere Stranddinner. So sei es. Immerhin habe ich mir selbst »Kann man mal machen« auf die Fahnen geschrieben, da werde ich nun kaum mit Verboten um die Ecke kommen. Letztlich geht es auch gar nicht um Social Media oder das Internet. Hier zeigen sich nur die Symptome.

Vielmehr geht es darum, wie unser Erleben durch fremdbestimmte Ideale beeinflusst wird. Halte ich gewisse Augenblicke fest, weil sie mir wertvoll sind oder weil sie einer Ästhetik entsprechen, die gesellschaftlich als wertvoll gilt? Teile ich meine Gedanken zu etwas, weil ich dahinterstehe und zum Diskurs einladen möchte, oder schließe ich mich einer Debatte an, weil sie Aufmerksamkeit verspricht und gerade en vogue ist? Brauche ich Zustimmung und andere Meinungen, um eine Entscheidung vor mir selbst zu rechtfertigen, oder nehme ich mich ernst genug, um mein eigener Maßstab zu sein? Im Internet können wir auf Knopfdruck Erfahrungen miteinander teilen. Das hat uns alle näher zusammengebracht und dafür liebe ich es. Aber seid euch bewusst, dass nicht alle User respektvoll und empathisch mit dieser technischen Errungenschaft umgehen. Wenn ihr von etwas überzeugt seid und es lauthals in die Welt rufen wollt, go for it. Doch beschützt eure kostbaren Momente davor, durch andere entwertet zu werden: Erlebt sie an allererster Stelle für euch selbst! Dann können sie auch nicht an Wert verlieren, nur weil irgendeine Nase findet, dass eure Haare nicht sitzen, der neue Freund nicht zu euch passt und ihr die Reise zum schönsten Fleck der Erde gar nicht verdient habt. Sobald ihr merkt, dass ihr euch in eurer eigenen Beurteilung von so etwas verunsichern lasst, fragt euch, ob ihr das wollt.

Und (er-)lebt möglichst bewusst. Wer permanent am Handy ist, um jederzeit fotografierbereit zu sein, kann dem Moment nicht die volle Aufmerksamkeit schenken. Manche Situationen auf meiner Südamerikareise habe ich fotografiert, manche gefilmt, manche aber auch einfach nur mit allen Sinnen genossen, weil der Sonnenuntergang, der grandiose Ausblick oder das Essen mit allem, was emotional dazugehört, niemals mit einer Kamera hätte eingefangen werden können. Gleiches gilt für einen Abend mit erfüllenden Gesprächen. Ich kann ein symbolisches Bild posten, zum Beispiel wie wir mit Weingläsern anstoßen, aber Freundschaft ist kein Motiv, sondern ein Gefühl.

Also verlasst euch lieber auf eure Emotionen als auf Hashtags und haltet eure unpostable moments in Ehren. Für die Kreativen unter euch gibt es hinten im Buch ein kleines »Profil« und ein paar Ideen, wie ihr Augenblicke, die nicht bloß wegen ihrer Optik wertvoll waren, nur mit ausgewählten Menschen teilen könnt.

Falls das jetzt so klingt, als wären wir alle dem emotionalen Untergang geweiht, kann ich Entwarnung geben. Früher war nämlich auch nicht alles besser. Unsere Vorstellungen von Freundschaft, Liebe und Glück wurden schon immer massiv von außen beeinflusst. Der Unterschied: Früher verbreitete Disney ein unrealistisches Bild davon, heute sind wir selbst dafür verantwortlich, dass dieses Bild bestehen bleibt. Deshalb dürfte dieses auch so viel machtvoller sein. Wer an Disneys Liebesgeschichten glaubt, der glaubt ja auch, dass Vögelchen zum Fenster hereinflattern und die Prinzessin in spe in ein Kleid hüllen. (Spoiler: It's not gonna happen. Maximal verirrt sich eine fette Taube und kackt euch aufs Parkett, wenn ihr nackt vorm offenen Fenster wartet.) Ist ja nur ein Märchenfilm.

Trotzdem gibt es die romantisch verklärten Vorstellungen vom Prinzen auf dem weißen Ross noch immer. Obwohl wir wissen, dass auch Julia Roberts nicht so perfekt zurechtgemacht aufwacht, wie sie in Notting Hill gezeigt wird. Wir wissen auch, dass ein liebevoll gehauchtes »Guten Morgen« direkt nach dem Aufwachen eklig riechen kann und dass Promi-Beziehungen, die medienwirksam inszeniert werden, hinter den Kulissen weniger rosarot aussehen, dass Körper retuschiert und Nasen gemacht sind. Dennoch fungieren sie als (ungesunde) Vorbilder. So hat mich die unglückliche Liebesgeschichte zwischen Britney und Justin auch ziemlich mitgenommen, als ich in der Bravo davon erfuhr. Mein Glaube an die wahre Liebe bekam einen Knacks. Aber der Schock konnte sich nicht lange halten. Dafür war das alles zu weit von meinem Leben entfernt.

Zwischen mir und den Stars gab es eine Art Barriere, denn die Gesellschaft und ich waren sich darin einig, dass all diese Promis bloß Rollen spielen, sobald jemand eine Kamera auf sie richtet. Daher verglich ich mich in meiner Jugend auch nicht wirklich mit denen, sondern mit Menschen aus meinem eigenen Umfeld.

Bestimmt hattet ihr in der Schule auch eine Jenny (Anm.: Name von der Redaktion geändert): schon etwas älter (da sitzen geblieben), hatte als Erste einen Freund und blondierte Haare, brauchte schon einen BH (ich trug auch einen, brauchte ihn aber beileibe nicht), rauchte, war offenbar geschminkt zur Welt gekommen, der Schwarm aller Jungs und wurde von allen Mädchen beneidet. Das war cool. Das war erstrebenswert. Ich wollte Jenny sein. So beliebt und so ohne jeden Selbstzweifel. Das war mein ungesundes Vorbild. So, wie die Jungs Jenny anhimmelten, so hatte Verliebtsein zu sein. So, wie die Freundinnen Jenny anhimmelten, hatte Freundschaft zu sein. Diese Ideale waren real, wurden mir vorgelebt, ich hätte Jenny anfassen können, wenn sie es denn zugelassen hätte. Ich konnte mich mit einer Person vergleichen, die vor mir stand, und ich konnte recht schnell kapieren: Ich bin nicht Jenny. Ich bin Mirella. Ich wollte nicht sitzen bleiben, ich wollte nicht rauchen – und weil Jenny eine Ausnahmeerscheinung war (man nimmt sich ja nicht den Durchschnitt zum Vorbild), war der Druck, ihr nachzueifern, überschaubar. Irgendwann interessierte Jenny mich einfach nicht mehr.

Das Internet hingegen suggeriert uns, dass hier Realität abgebildet wird. Dass hier echte Menschen in ihrem echten Leben zu sehen sind. Und dass die Welt nur aus Jennys besteht (obwohl rauchen und sitzen bleiben zum Glück einiges an Coolness verloren haben; die Instagram-Jenny raucht ganz sicher nicht – zumindest nicht auf Instagram).

Das Erstrebenswerte ist nicht mehr die große Ausnahme, sondern ein angeblicher Standard, dem wir alle irgendwie entsprechen wollen. Von den Körpern, Lifestyles, Beziehungen und Freundschaften, die uns von »Influencer-Seite« auf den Plattformen präsentiert werden, trennt uns keine Barriere mehr. Das sind ja alles literally boys und girls next door, die dieselbe Sprache sprechen wie wir, so lebensnah und scheinbar unverfälscht. Und dabei so viel schöner und glücklicher, als wir es je waren und wahrscheinlich je sein werden. Bei mir gab es früher nur die eine Jenny. Da war es easy, diese irgendwann links liegen zu lassen. Heute aber gibt es Tausende, die gefühlt in meinem Wohnzimmer hocken und mich mit ihrer Perfektion daran erinnern, dass immer noch nicht alle Jungs in mich verliebt sind und ich eigentlich ein ziemliches Trampel bin. Die vorwurfsvoll auf die Nudeln und den Reis in meiner Küche schielen, die den Kopf über meinen Schokoladenvorrat schütteln.

Laden diese Jennys ein Bild hoch, wie sie morgens perfekt gestylt aufwachen, einen mit pastellfarbenem Papier umwickelten Blumenstrauß im Arm, vor sich ein akkurat dekoriertes Frühstückstablett mit Super-Food-Bowl und frischen Früchten, dann *weiß* ich zwar, dass es hier nicht mit rechten Dingen zugehen kann. Trotzdem knabbert der Gedanke in meinem Hinterkopf, dass Jenny ja schon eine echt hübsche Wohnung hat und tolle Möbel und schöne Frühstücksschalen und dass sie morgens wahrscheinlich auch ohne Styling besser aussieht als ich mit. Außerdem möchte ich auch Blumen geschenkt bekommen. Selbst mein Frühstück stinkt gegen ihres ab, obwohl ich dieselben Zutaten benutze, weil ich entweder zu faul bin, sie wie ein modernes Kunstwerk anzurichten oder ein präsentables Foto davon zu schießen.

Ob Jenny einen solchen Aufwand betreiben würde, wenn es kein Profil gäbe, auf dem sie ihren perfekten Morgen teilen kann (#couplegoals, denn natürlich hat ihr Male-Model-Freund die Blumen für sie besorgt und den Orangensaft kraft seiner gestählten Muskeln ausgepresst)? Mein Goal wäre ja eher ein Partner, für den ich mir nicht erst die Haare machen muss, damit er mich morgens gut findet. Abgesehen davon nehme ich mein Frühstück viel lieber in Schlabberklamotten auf der Couch sitzend zu mir.

Vergleicht euch also nicht mit Jenny und sonstigen Bildern. Wenn ihr es geschafft habt zu verstehen, dass Cinderella nicht echt ist, dann vertraut auch eurem Bauchgefühl, dass Jenny unmöglich echt sein kann.

Man hat uns das Internet gegeben, aber keiner kennt die Bedienungsanleitung. Es gibt keinen Beipackzettel, keine empfohlene Tagesdosis, keinen Arzt oder Apotheker, den wir fragen können, was noch real und was schon inszenierte Realität ist. Der Konsens, dass die schillernde Promi-Welt nur fake ist, reicht hier nicht mehr. Wir müssen selbst herausfinden, was sich für uns richtig anfühlt, was uns guttut und was nicht.

Sich mit völlig uneinholbarem Kram vergleichen und irgendwelchen Idealen hinterherhecheln? Tut nicht gut und ist superanstrengend.

Freundschaften und Beziehungen an fremden Maßstäben messen und zur Kompensation fehlender Selbstliebe nutzen? Tut nicht gut und ist superanstrengend.

Momente nach ihrer Postability bewerten und nicht nach den Emotionen, die sie in uns auslösen? Tut nicht gut und ist superanstrengend.

Angebliche Standards hinterfragen, sich nicht reinreden lassen, eigene Kriterien zur Bewertung aufstellen, eigene Goals definieren und ab und zu einfach mal das Handy zur Seite legen und aus erster Hand *erleben?* Kann man mal machen und entspannt ungemein!

LET'S TALK ABOUT ...

Apropos aus erster Hand erleben! Dachtet ihr wirklich, ich rede die ganze Zeit nur vom langweiligen Singlesein und nicht auch von der schönsten Nebensache der Welt? Tja, weit gefehlt! Das Beste kommt ja bekanntlich zum Schluss.

Vor der Kamera ist Sex für mich kein The... Ups, wie klingt denn der Satz bitte? Keine Bange, ich plane keine Amateur-Karriere. Ich meine damit natürlich, dass Sex kein Thema für meine YouTube-Videos ist. Ist ja auch eine ganz schön persönliche Angelegenheit ... Aber das bedeutet natürlich nicht, dass ich dazu nicht auch etwas zu sagen hätte! Alle, die jetzt schlüpfrige Bettgeschichten erwarten, muss ich leider enttäuschen. Aber wenn ich mir schon so oft von irgendwelchen Trollen anhören muss, dass ich sexuell unterfordert sei, ist es wohl mal an der Zeit, sich etwas näher mit der ganzen Sache zu beschäftigen.

Sex ist das, was man draus macht. Er kann gut oder schlecht sein, unangenehm oder wunderschön, aufregend oder öde. Sex ist wie kochen. Manche schaffen es, ein perfektes Fünf-Gänge-Menü zu zaubern, bei dem alles auf den (G-)Punkt (hehe) gegart ist, andere scheitern schon beim Öffnen der Dose (Ravioli). Trotzdem machen es alle, ab einem gewissen Alter zumindest. Also, Sex. Nicht Dosenöffnen.

Als ich anfing, mich für dieses Kapitel mit dem Thema auseinanderzusetzen, ist mir aufgefallen, dass ich mir bislang eigentlich noch nie wirklich Gedanken über Sexualität gemacht habe. Über alles andere habe ich mir in meinem Leben schon zigmal den Kopf zerbrochen, habe Meinungen entwickelt, sie wieder verworfen, mir neue gebildet. Aber Sex? Das war für mich eigentlich nie ein großes Ding.

Nicht, dass Sex in meinem Leben keine Rolle spielen würde. Hier muss ich die Kommentatoren enttäuschen, die meinen, ich würde ihn nicht mögen oder nicht haben. Beides ist nicht der Fall, sorry. Vielmehr gehörte Sex für mich so selbstverständlich zum Leben dazu, dass es keinen Grund gab, groß darüber nachzusinnen. Mit meiner Sexualität und meinem Sexualleben war alles in Ordnung, es war halt die natürlichste Sache der Welt.

Aber Sex ist wahrscheinlich das einzige Thema, das wir *alle* irgendwie spannend finden, und das ist schon eine bemerkenswerte Tatsache. Der kleinste gemeinsame Nenner sozusagen. Außer Atmen, Herzschlag und so weiter, aber versucht mal darüber eine abendfüllende Konversation zu starten. Mit Sex ist das schon viel einfacher. Es ist ein Thema, zu dem eigentlich jeder etwas sagen kann und bei dem die allermeisten von uns Erfahrungen aus *erster* Hand haben. Ausschließlich Erfahrungen *mit* der Hand zählen auch. Die allermeisten haben es schon mal erlebt, waren dabei, haben es mit eigenen Augen gesehen. Von welchem emotional aufgeladenen Thema kann man das noch behaupten? Essen vielleicht. Aber sonst? Deswegen, dachte ich mir, ist Sex ein gutes Thema. Und ein wichtiges, denn ganz so unbeschwert wie für mich kommt es nicht für jeden daher.

Wenn ich mich für Feminismus starkmache, dann ja auch automatisch für eine gleichberechtigte und selbstbestimmte Sexualität aller Menschen. Und wie beim Feminismus, so muss ich nicht erst selbst negativ betroffen sein, um mich für einen positiven Umgang damit aussprechen zu können. Ich hatte nämlich immer recht guten Sex, ohne katastrophale Zwischenfälle oder große Enttäuschungen.

Dafür bin ich dankbar, denn obwohl ich nicht wissen kann, ob meine Erfahrung die Ausnahme ist oder der Regelfall, ist mir klar, dass es auch ganz andere Realitäten gibt. Ich weiß, dass es Gruppenzwänge gibt, dass Alkohol und sonstige Drogen benutzt werden, um das Gegenüber gefügig zu machen oder die eigenen Unsicherheiten zum Schweigen zu bringen, dass viele Menschen schlechte Erfahrungen machen und sich beim Sex sehr unwohl fühlen. Von sexueller Belästigung und sexueller Gewalt ganz zu schweigen. Umso dringender ist es, sich für selbstbestimmte *und* respektvolle Sexualität einzusetzen, weil ich möchte, dass jeder guten Sex haben kann.

Dafür brauche ich meine Sexualität nicht lautstark zu diskutieren, aber ich täusche auch nicht vor (dazu später mehr), keine Sexualität zu haben. Schließlich sind wir alle sexuelle Wesen und mir ist Sex sehr wichtig. Nicht nur für die Beziehung mit einem Sexualpartner, sondern auch für mein persönliches Wohlbefinden. Dazu kann, darf und sollte Frau auch stehen. Für mich ist Sex aber kein Spiel mit starren Regeln wie Schach, das ich eh noch nie begriffen habe. Wieso sollte ich Figuren nur in einer definierten Formation bewegen dürfen, wenn mir prinzipiell das gesamte Feld zur Verfügung steht? In Sachen Sex gibt es nur eine Regel: die gemeinsame Freude daran. Dauer, Menge der beteiligten Personen, Geschlecht, Vorlieben und Häufigkeit sind ausschließlich Sache derjenigen, die involviert sind. Ich maße mir nicht an, darüber zu urteilen, wer mit wem wie oft ins Bett geht. Es gibt für mich auch keine Anzahl X an Dates, die es braucht, bevor es okay ist, mit jemandem zu schlafen. Stimmt die Chemie, braucht es vielleicht kein langes Kennenlernen, womöglich liegt der Reiz aber auch genau darin, sich heranzutasten.

Ebenso geht jede Art der Beziehung, ob offen oder monogam, polyamorös oder asexuell klar, wenn alle Partner damit einverstanden sind und ein respektvoller Umgang herrscht. Alter Spruch, aber deshalb nicht weniger wahr: Erlaubt ist, was beiden (oder allen dreien, vieren, fünfen …) gefällt. Geht keinen etwas an. Ich möchte schließlich auch nicht, dass Nachbar Schultze mir ungefragt aufs Brot schmiert, was ich seiner Meinung nach im Bett falsch mache.

Als Teenie fühlte ich mich trotz meiner frühen ersten Beziehung irgendwie doch wie ein Spätzünder. Ich wollte lieber so sein wie die anderen und habe das Erwachsenwerden an ganz komischen Maßstäben gemessen. Weil die anderen Brillen trugen, wollte ich auch schlechte Augen. Weil die anderen Zahnspangen hatten, wollte ich auch schiefe Zähne. Weil die anderen BHs brauchten, wollte ich auch Brüste. Weil die anderen ihre Periode bekamen, wollte ich das auch. Hat alles nicht geklappt. Mit zwölf nix, mit dreizehn immer noch nix. Keine Brüste, kein Blut, die Welt kann so ungerecht sein. Wirklich schwer vorstellbar, dass es mal eine Zeit gab, in der ich den lieben Gott angebettelt habe, auch zum Club gehören zu dürfen.

Beim Klettern bin ich mal abgerutscht und unsanft auf einem Balken gelandet, was dann tatsächlich ein wenig geblutet hat. Ich war schon voller Vorfreude, dass dies endlich der Beginn meiner großen Perioden-Karriere wäre, aber es war bloß eine Schürfwunde. Was für eine Enttäuschung! Ich glaube, Mitte vierzehn war es dann endlich so weit. Das klingt vielleicht überhaupt nicht spät, aber um mich herum hatten die Mädchen schon mit elf, zehn oder sogar noch jünger ihre Periode bekommen.

Mit meinem ersten Freund und meinem ersten Mal im zarten Alter von vierzehn holte ich jedoch mächtig auf, denn was Sex betraf, lag ich plötzlich unter dem statistischen Durchschnitt (der sich übrigens in den letzten zehn Jahren – sehr zu meiner Verwunderung und Erleichterung – nicht sonderlich verändert hat und noch immer bei etwa sechzehn Jahren liegt).

Allerdings war weder der Umstand, dass ich einen Freund hatte, noch Sex an sich ein großes Thema. Klar tauschte ich mich mit meiner besten Freundin aus, hier und da wurde gekichert und – ganz eventuell – hatten wir uns auch auf einen Termin geeinigt, bis wann wir unser erstes Mal unbedingt in der Tasche haben wollten. (Zur Info: Nailed it!) Aber alles in allem war da kein Druck von außen, Sex war nichts, womit man auf dem Pausenhof aufgezogen wurde.

Mein erstes Mal kommt wohl der Vorstellung davon, wie »es« sein sollte, relativ nah. Die gemeinsamen Erfahrungen von meinem Freund und mir haben sich ganz von allein, sehr natürlich und ohne Druck entwickelt. Wir haben uns nach und nach weiter vorgewagt, immer so weit, wie der andere mitgehen wollte, ein gemeinsames Lernen und Entdecken. Im Vorfeld hatten wir über Verhütung gesprochen, die dann auch zur Anwendung kam, und der finale Akt ergab sich einfach. Ich kann mir vorstellen, dass es nicht allen so ging.

Mein Umfeld ermöglichte es mir, eine entspannte Beziehung zu meiner Sexualität zu entwickeln: meine Mutter, die mit mir zum Frauenarzt gegangen ist, die Eltern meines Freundes, die uns irgendwann erlaubten, beieinander zu übernachten, die Lehrer in der Schule, die uns auf sympathische, wohlmeinende Art fürs ständige Knutschen neckten, die Mitschüler, die kein großes Ding aus der ganzen Sache machten.

Wie die heutige Situation an Schulen ist, weiß ich nicht. Ich befürchte aber – Statistik hin oder her –, dass ein ungezwungener Umgang mit Sexualität in einem Alter, in dem man eh sehr beeinflussbar ist, umso schwieriger wird, je mehr Druck das mediale wie gesellschaftliche Umfeld aufbaut. Essstörungen bei immer mehr jungen Teenagern, ein verzerrtes Bild von der eigenen Körperlichkeit, wie soll da ein entspannter Umgang mit Sex gelingen?

Wie schön wäre es, wenn der allererste Kontakt mit Sexualität für alle jungen Menschen so naiv und unbedarft wäre, wie es bei mir der Fall war. Nicht gleich durch Gang-Bang- und Bukake-Videos, sondern durch einen harmlosen Kabel-1-Softporno, den Film »Die blaue Lagune« oder schüchternes Stöbern im Netz. Denn natürlich war ich neugierig, bevor ich zum ersten Mal Sex hatte. Also dachte ich mir mit etwa zehn oder elf Jahren, ich logge mich mal ins »Internetz« ein, lasse den Modem-Sound rattern (ja, damals hatten wir noch ein ISBN-Modem, das dieses tolle Einwahlgeräusch von sich gab. Retro!) und mache mich auf die Suche. Wo finde ich wohl Sex im Internet? Google war damals noch nicht zu einem allgemein gebräuchlichen Synonym für Internetrecherche geworden.

Aber ich hatte den Internet Explorer und wie man den bedient, wusste ich: Das, wo man hinwill, tippt man oben ein, setzt ein www. davor und ein .de dahinter. Also: www.sex.de

Großer Fehler. Auf dem Bildschirm explodierte gleich ein Dutzend Pop-up-Fenster mit nackten Frauen in komischen Positionen und Männern mit komischen Sachen zwischen den Beinen. Ich glaube, ich hatte noch nie zuvor bewusst einen ausgewachsenen Penis gesehen, geschweige denn einen erigierten. Größter Schock aller Zeiten. Kurzschlussreaktion: Sofort den PC ausschalten und die Finger davon lassen.

Ein paar Tage später kam mein Schwager zu Besuch. Er fuhr den PC hoch, Systemwiederherstellung, und alle diese Fenster ploppten vor seiner Nase auf. Ich saß daneben und ließ eiskalt die größte Lüge meines Lebens vom Stapel: »Das war die Mama.«

Nach dieser schockierenden, aber immerhin nicht traumatischen Erfahrung war es das erst mal mit eindrücklichen Szenen. Ich bin weder in irgendwelche unangenehmen Situationen reingeplatzt noch über verstörende Pornos oder zweifelhafte Streifen wie »Two girls, one cup« gestolpert. Heute läuft das, glaube ich, ganz anders ab. Da wird schon mal der eine oder andere Porno auf dem Schulhof bestaunt, Smartphone sei Dank. So etwas wäre mir gar nicht möglich gewesen. Wie soll man denn auf einem Nokia 6310 einen Porno gucken? Da war man ja schon froh, dass man Snake hatte.

Wenn ich mir meine Reaktion auf die Pop-ups in Erinnerung rufe und mir dann vorstelle, dass Kinder heute einen ganz anderen Umgang mit dem Internet haben und auch immer früher in die Pubertät kommen, sprich Interesse an Sexualität entwickeln, gibt mir das schon zu denken. Auch wenn sich das Alter beim ersten Mal nicht groß verändert zu haben scheint, die Zeit bis dahin ist vermutlich mit anderen Eindrücken gefüllt als bei uns damals. Für Klein Mirella wäre die ständige Verfügbarkeit und Konfrontation mit Sex im Internet bestimmt ein Problem gewesen. Aber nur, weil der Zugriff prinzipiell möglich ist, muss das ja nicht heißen, dass er auch wirklich genutzt wird. Immerhin kann man sich über Google theoretisch über alles Mögliche informieren – politische Zusammenhänge, wissenschaftliche Forschungsergebnisse, die erste Mount-Everest-Besteigung –, und trotzdem gibt es noch immer jede Menge dummer Menschen. Ich kann also nur hoffen, dass der Fernsehbericht über die Hardcore-Pornosammlung auf den Handys von Teenagern nicht die Norm abbildet.

Trotzdem denke ich, dass die Konfrontation mit Körperbildern und Sexualpraktiken, die via Medien verbreitet werden, etwas mit jungen und beeinflussbaren Menschen macht. Immerhin machen sie offensichtlich auch etwas mit Erwachsenen wie mir! Wenn solche Bilder schon dazu führen, dass ich mich hinterfrage, wie soll denn ein Teenager die nötige Distanz und Reife aufbringen, um differenzieren zu können? Ich kann zumindest auf meinen eigenen Erfahrungsschatz zurückgreifen, um zu wissen, dass ich nicht so aussehen muss wie die Frauen auf den Werbeplakaten, damit mein Gegenüber mich anziehen findet. Aber kann auch ein sehr junger Mensch diese relativierende Perspektive einnehmen? Oder wird hier ein »Normalbild« vermittelt, das kaum einzuhalten ist und daher überfordert?

Dafür braucht es ja nicht mal explizite Pornografie, die übrigens eh nicht der Teufel ist. Denn dass es sich hierbei um Filme und somit um eine Performance handelt, schwingt ja schon im Medium mit. Es reicht schon der übliche Umgang mit Social Media, um ein unrealistisches Bild vom männlichen und weiblichen Körper zu bekommen, das dann für Schamgefühle und Komplexe sorgt. Und Schamgefühle und Komplexe sind niemals gut für das Sexleben!

Wenn sich der eigene Körper während der Pubertät entwickelt und manchmal ganz fremd anfühlt, wird bereits mit einem verzerrten Maßstab gemessen. Da werden keine Idole aus fernen Galaxien bejubelt, sondern vermeintlich wirklichkeitsgetreue Bilder zur Zielvorgabe.

Junge Menschen, die diese »Realität« auf Instagram und in Amateur-Pornos sehen, mit ihr aufwachsen und sich mit ihr vergleichen, kennen nur noch straffe Hintern, perfekte Brüste und immer zuverlässige Dauererektionen. Wie sollen sie sich vor dem daraus resultierenden Druck schützen? Woher sollen sie denn wissen, dass ungefragte Anal-Penetration nicht normal und Deep Throat kein Muss, sondern meilenweit vom Standard entfernt ist? Wie viele Frauen sehen denn aus wie die Damen auf der Venus? Wie viele tragen tatsächlich Konfektionsgröße 32, haben einen großen, straffen Busen und bekommen in den unmöglichsten Stellungen multiple Orgasmen allein vom Hinhalten? Wie viele Männer haben die Statur eines Fitness-Models sowie das Gemächt und angebliche Stehvermögen eines Pornodarstellers?

Trotzdem üben diese Bilder ihre manipulative Macht aus – bis ins Erwachsenenalter. Wer von uns stand nicht schon mal vor dem Spiegel und stellte fest, dass der eigene Hintern nicht so rund ist wie irgendwo im Netz gesehen? Oder hat sich gefragt, was bloß gegen diese Streifen hilft, die Models einfach nicht zu haben scheinen? Her mit den teuren Cremes und Massagebürsten! Hauptsache den ekligen Verfall aufhalten! Sind meine Schamlippen eigentlich zu lang? Kann es sein, dass meine Warzenhöfe zu groß sind? Und was ist, wenn ich mich das nächste Mal vor einem Mann ausziehe und der anfängt zu lachen, weil ihn meine Nippel anschielen?! (Spoiler: Es wird ihm nicht auffallen. Er sieht Brüste, und das macht ihn glücklich. Und wenn es ihm doch auffällt und er euch deshalb auslacht, dann hat er hoffentlich mitgekriegt, wo die Tür ist.)

Männer malträtieren sich übrigens genauso: Ist er groß genug? Wieso macht er hier so ne kleine Linkskurve? Ist das unnormal? (Spoiler: Ob nun Links- oder Rechtskurve, jede Art von Kurve kann durchaus positive Nebeneffekte haben. Was jetzt aber bitte nicht heißen soll, dass ein kerzengerader Penis nichts taugt! Die überwältigende Mehrheit aller Penisse erfüllt ihren Zweck ganz prima, gebogene wie gerade. Erst ab kreisförmig oder verknotet wird es schwierig. Versprochen.)

Das Ergebnis: Mädchen, die sich beim Sex genieren, sich unwohl fühlen und nicht fallen lassen können, weil sie nur darauf achten, wie sie in dieser oder jener Position aussehen und ob man dabei Speckröllchen am Bauch sieht. Sowie Jungs, die sich selbst unter Druck setzen, um sich dann im Fall der Fälle mit dem originellen Spruch zu verteidigen: »Das ist mir ja noch nie passiert!«

Unsinn! So selten passiert es ja nun wirklich nicht, dass nicht alles wie eine Eins steht. Frauen funktionieren schließlich auch nicht auf Knopfdruck. Da sieht man es nur nicht so direkt.

Wir alle sind irgendwann mal nervös, wollen imponieren und eine gute Performance abliefern. Je mehr wir die Person, mit der wir intim sind, mögen, desto wichtiger ist es uns, dass alles glattläuft. Kommen nun noch diese bescheuerten Unsicherheiten wegen irgendwelcher Bilder im Kopf hinzu, kann der Druck schnell mal zu groß werden. Frauen bringen dann womöglich keine Niagara-Fälle zwischen ihren Beinen hervor, obwohl sie erregt sind. Die Folge bei den Männern ist offensichtlicher und nicht mit ein paar Tropfen Gleitgel zu lösen – aber ebenso wenig ein Drama! Reden hilft, sich Zeit lassen hilft, die eigenen Unsicherheiten mitteilen hilft.

FAKE IT TILL YOU MAKE IT?

Was nicht hilft, ist überspielen. Das gilt für beide Seiten. Wenn ihr einen Blackout habt und partout nicht wisst, was ihr als Nächstes machen sollt, erinnert euch bitte nicht an irgendwelche Filme und spult dann ein Programm ab. Das kann schnell unfreiwillig komisch wirken. Wenn er ganz ohne Kontext den Rambo raushängen lässt oder sie auf einmal ohne ersichtlichen Grund stöhnt und schreit, als wenn's kein Morgen gäbe, trägt das unter Umständen eher zur Verwirrung als zur nötigen Entspannung bei. Macht euch gegenseitig bitte nichts vor und tut nichts, was euch nicht entspricht. Immerhin konditioniert ihr euren Partner damit in eine falsche Richtung. Vortäuschen ist für beide der unlukrativste Deal überhaupt.

Gut, man könnte jetzt einwerfen, dass Männer ja gar nicht vortäuschen können, aber das stimmt so nicht ganz. Auch ein Mann kann eine Show abziehen, hinter der (und auf die) er eigentlich nicht steht, weil er glaubt, das würde so von ihm erwartet. Das unterscheidet sich nur geringfügig von dem vorgetäuschten Orgasmus einer Frau, die glaubt, ihr Höhepunkt würde zwingend dazugehören. Dabei kann Sex auch ganz ohne Höhepunkt super sein, sogar ohne den des Mannes. Es gibt Menschen, die nur sehr selten zum

Orgasmus kommen, den Akt an sich aber trotzdem als befriedigend empfinden. Wer hat denn in Stein gemeißelt, dass immer beide oder mindestens einer kommen muss? Nehmt euch diesen Druck! Ein Orgasmus ist für beide Seiten etwas Wunderbares. Er gibt dem, der ihn empfindet, ein gutes Gefühl, dem anderen aber auch, weil er nicht unwesentlich daran beteiligt war. Das ist wie mit Geschenken. Ich freue mich total, wenn ich anderen ein tolles Geschenk machen kann, bekomme auch gerne welche, muss aber gar nicht jeden Tag schenken und Geschenke kriegen.

Führt irgendjemand ernsthaft eine Strichliste, wonach der eine 1:3 hinten liegt, was nun wieder aufgeholt werden muss, indem man so lange am anderen rumrubbelt, bis der endlich fertig ist? Wenn ich als Frau weiß, dass es Situationen gibt, in denen ich nicht so leicht zum Höhepunkt zu bringen bin (Stress, müde, krank, Veranlagung, Katze guckt zu, what ever) oder wenn ich gerade Lust auf wilde zwei Minuten zwischen Tür und Angel habe, bei denen ich vielleicht nicht genug Zeit für einen Orgasmus, aber garantiert Spaß habe – wieso sollte ich meinem Partner nicht das Gleiche zugestehen? Und vor allem: Wieso gestehe ich es mir selbst nicht zu?

Wenn ich vortäusche – egal ob Orgasmus oder auch nur Gefallen an einer Spielart, die mir nicht liegt –, nehme ich meinem Partner die Chance, mich besser kennenzulernen, und uns als Paar die Chance, dass wir uns aufeinander einstellen und herausfinden, was sich für mich und den anderen am besten anfühlt. Ich verhindere, dass sich unser gemeinsamer Sex nach unseren Bedürfnissen richtet. Und wofür? Für eine fremde Idealvorstellung, die in meinem Schlafzimmer eigentlich nichts zu suchen hat. Ich füge mich dem Leistungsdruck, dem ich beim Sex eigentlich entkommen will. Das hilft niemandem. Ihr nehmt einem Blinden doch auch nicht den Gehstock weg und ruft: »Ja, ja, genau da lang!«, während er in die falsche Richtung läuft! (Der Vergleich ist vielleicht nicht ganz fair, da wir in dieser Hinsicht hoffentlich nicht alle komplett blind sind, aber ihr wisst schon, was ich meine.)

Vergegenwärtigt euch mal die Situationen, in denen ihr etwas vorgetäuscht habt (falls das schon mal vorgekommen sein sollte). Denkt an jene Situationen, in denen ihr einen Partner hattet, der sich eigentlich Mühe gab und euch etwas Gutes tun wollte. Nicht die andere Sorte, die nur an sich denkt. Die hat es nämlich partout nicht verdient, hierfür auch noch Applaus in Form eurer kleinen Schauspieleinlage zu kriegen! Jemanden belohnen für etwas, was er gar nicht getan hat? Wo gibt's denn so was? Bitte ruft so jemanden nicht wieder an.

Aber nun zurück: Habt ihr eine Situation im Kopf? Aus welchem Grund habt ihr euch fürs Vortäuschen entschieden? Wolltet ihr euren Partner für seine Mühen belohnen? Dann zeigt ihm lieber, was euch wirklich gefällt. Sonst müsst ihr das Spielchen womöglich noch viele Male wiederholen, bis er zufällig über den richtigen Handgriff stolpert. Kann dauern. Kann auch niemals passieren. Niemand kann hellsehen. Ihr verdient einen echten Orgasmus, ihr verdient, dass euer Partner sich Mühe gibt – aber euer Partner verdient auch, dass ihr ihm die Chance dazu gebt. Hockt nicht auf eurem kleinen Orgasmus-Geheimnis und wartet frustriert darauf, bis er es endlich mal herausfindet. Zeigt es ihm, bastelt Neonreklamen und blinkende Pfeile, um den Weg kenntlich zu machen. Free hugs sind das eine, free orgasms aber gibt's nicht. Da gehören zwei zu (zumindest beim gemeinschaftlichen Sex).

Schließt den anderen nicht aus, indem ihr ihm etwas vortäuscht, um am Ende noch beleidigt zu sein, dass er es nicht hinkriegt. Kaum jemand verlässt schreiend vor Entsetzen den Raum oder wird sich um den Nervenkitzel der Trial-and-Error-Phase betrogen fühlen, wenn ihr erklärt, was euch wirklich anmacht.

Oder habt ihr mit dem Vortäuschen bezweckt, dass es schneller vorbei ist, weil mal wieder so ein Tag ist, an dem es viel zu anstrengend wäre, euch bis zum Orgasmus zu pushen? Das kommt vor! Aber ihr erspart euch eine Menge Stress, wenn ihr lernt, das zu kommunizieren. Für euren Partner mag es im ersten Moment ungewohnt klingen, aber auch ihn entlastet ihr damit, weil er nicht mehr das Gefühl hat, allein für euren Orgasmus verantwortlich zu sein.

Oder wisst ihr vielleicht einfach nicht, wie »es« funktionieren würde? Möglicherweise seid ihr frustriert, weil ihr es schon so oft probiert habt, es aber einfach nicht klappen will. Dann kann so ein Vortäuschen dem anderen die Enttäuschung und einem selbst unangenehme Fragen ersparen. Aber: Frust killt jede Libido, und falsch verstandene Rücksichtnahme verhindert den Fortschritt. Es ist wirklich bescheuert, dass das Ding Orgas*mus* heißt. Als wäre es eine Pflichtübung wie der sichere Stand nach einer Vierfachschraube beim Bodenturnen. Ihr müsst gar nichts. Statt zu faken, wäre kommunizieren allerdings der zielführendere Weg, selbst wenn ihr nur mitteilen würdet, dass ihr auch noch nicht wisst, was euch zum Höhepunkt bringt. Dann habt ihr wenigstens die Chance, es gemeinsam herauszufinden.

Oder war es ein One-Night-Stand, mit dem ihr nicht auf einer Wellenlänge wart? Dann könnt ihr doch erst recht ehrlich sein. Für wessen Ego solltet ihr dann eine Show hinlegen? Wenn es nur um unverbindlichen Sex geht, zählt doch in erster Linie euer Empfinden. Und wenn ihr gerne Sex mit fremden Menschen habt, für einen Orgasmus aber vielleicht Vertrautheit braucht, dann ist das eben so. Wenn es der anderen Seite auch hauptsächlich um den Moment geht, dann wird das kaum zu Tränenausbrüchen führen.

Ihr seid eurem Partner nichts schuldig. Weder müsst ihr dauerhaft verfügbar sein noch auf Kommando funktionieren. Sex ist Entspannung, Lust, Zerstreuung, Nähe. Für beide Seiten. Sex ist kein Wettbewerb, in dem nur gewinnt, wer es über die Messlatte schafft. Wenn ihr schummelt, statt dem anderen zu zeigen, wie ihr es lieber habt, schneidet ihr euch nur ins eigene Fleisch. Viel erfolgversprechender ist es, die Sache selbst in die Hand zu nehmen (wenn's euch guttut und weiterbringt, dann ist das durchaus wörtlich gemeint), als darauf zu hoffen, die Erleuchtung möge vom Himmel fallen.

Eines ist dafür allerdings nötig: Ihr müsst euch selbst wichtig nehmen und gut genug kennen. Schließlich ist jeder Mensch anders und hat eigene Präferenzen. Mal hart, mal zart, mal ist es die Kniekehle, mal das Ohrläppchen. Ich finde auch die Behauptung zu einfach gedacht, das würde nur für Frauen gelten. Möglich, dass Männern im Prinzip ein Rein-und-Raus genügt, um zum Ziel zu kommen. Aber wenn es darum geht, jemanden zur Verzückung zu bringen, dann gibt es auch bei den Herren individuelle Tricks und Kniffe (wieder gilt: Wenn's euch taugt, gerne wörtlich nehmen, wenn nicht, bitte nicht!), um das Ganze intensiver zu gestalten. Diese herauszufinden ist der besondere Spaß an einer längerfristigen sexuellen Beziehung.

Wenn ihr euch selbst gut kennt, sei es aus Erfahrung, Selbststudium oder beidem, dann macht um euer beider willen bitte kein

Geheimnis daraus! Und solltet ihr eure Vorlieben noch nicht kennen, geht gemeinsam auf Entdeckungsreise. Traut euch, eure Empfindungen mit eurem Partner zu teilen. Gedanken lesen zu müssen ist blöd, aber zusammen etwas Neues herauszufinden, kann ziemlich aufregend sein.

Hier liegt auch der sagenumwobene Schlüssel für guten Sex, den ich euch hiermit überreichen werde. Nach jahrhundertelangem Studium habe ich das Geheimnis endlich herausgefunden und will es der Welt nicht länger vorenthalten. Es ist – Trrrrrrrommelwirbel: Vertrauen!

Auf den ersten Blick recht unspektakulär, was? Dass Vertrauen ein wichtiger Aspekt von erfüllender Sexualität ist, hätte euch auch eure Mama so gesagt. Aber unter Vertrauen im Zusammenhang mit Sexualität verstehe ich nicht nur das Vertrauen zu einem langjährigen Partner, den man in- und auswendig kennt, von dem man sich geliebt fühlt und bei dem man sich fallen lassen kann. Das wäre ja ziemlich gemein, weil es hieße, dass ihr ohne einen solchen Partner keinen guten Sex haben könnt. Die meisten werden sofort Gegenbeispiele von ganz hervorragendem Sex mit »frischen« Partnern oder One-Night-Stands parat haben.

Ich meine also nicht ausschließlich das Vertrauen im Sinne von Vertrautheit, auch wenn die eine gute Grundlage bildet. Vertrauen kann nämlich auch Selbstvertrauen bedeuten. Wenn ich mich mit mir selbst wohlfühle, mit meiner Sexualität, meinem Lustempfinden, meinem Körper als Zentrum dieses Lustempfindens, wenn ich daran Spaß habe und Sex als einen Weg begreife, mich auszudrücken, dann gebe ich mich anders, erlebe ich anders und genieße ich anders, als wenn ich unsicher bin, ob das, was mir Freude bereitet,

»okay« ist und ich das »verlangen« darf. Selbstbewusste Menschen sind so sexy! Ihre Bewegungen, ihre Ausstrahlung, das Körpergefühl. Diese Selbstverständlichkeit spüren wir ganz genau und finden sie anziehend. Modelmaße spielen dabei keine Rolle. Begreife ich meinen Körper als den Ort, der diese wunderbaren intensiven Empfindungen überhaupt erst möglich macht, können mir seine Proportionen doch völlig egal sein.

Umgekehrt gibt mir ein selbstbewusster Partner die Gewissheit: Hier muss ich mich nicht erst darum kümmern, dass er eine gute Zeit hat, das kriegt er schon selbst hin. Ich kann auf meine Bedürfnisse achten; sein Genuss ermutigt mich sogar dazu und gibt mir eine Extraportion Selbstvertrauen.

Wer allerdings auch beim Sex zu zweit nur sich selbst bumst, hat wahrscheinlich zu wenig Selbstvertrauen. Sonst wäre da nicht dieser Drang, bloß nicht zu kurz zu kommen. Selbstverliebt ist nämlich das Gegenteil von selbstbewusst. In der Regel haben Selbstverliebte nur mit sich selbst guten Sex und brauchen das Gegenüber lediglich als Publikum für ihr Geturne.

Habe ich hingegen Selbstvertrauen, nehme ich meine Lust ernst, verschaffe ihr Raum, weiß aber auch, dass sich meine Lust durch die des Partners vergrößern wird. Daher möchte ich wissen, was ihn erregt, und ihn wissen lassen, was mich erregt. In »Selbstvertrauen« ist also auch etwas von »sich trauen« enthalten.

Eine Bedienungsanleitung, die ich vorher austeile und vielleicht noch mit einem kleinen Test abfrage, könnte die Stimmung jedoch empfindlich dämpfen. Also Vorsicht vor zu viel »Du musst«-Sätzen. Aber Kommunikation an sich ist essenziell und ein großes Investment für die Zukunft!

Wenn es euch die Schamesröte ins Gesicht treibt, eure Wünsche auszusprechen, behelft euch mit Gesten oder einfach zu deutenden Reaktionen. Lasst es den anderen spüren, wenn er etwas richtig macht. Lacht, wenn etwas schiefgeht. Und lasst den anderen sich nicht vergeblich abmühen. Mag ja sein, dass dieser eine Move bei 99 % seiner vorherigen Sexualpartner der Hit war, aber wenn ihr es nur unangenehm findet, wie DJ Fötzi gerade auflegt und die Schallplatte scratcht, haltet das nicht stumm aus.

Ich weiß, das klingt so einfach, ist aber in Wirklichkeit verflucht schwer, wenn ihr nicht vor Selbstvertrauen strotzt. Hinzu kommen die Rollenbilder in unseren Köpfen von der eher passiven Frau, die alles geil findet, und dem omnipotenten Mann, der jederzeit einsatzbereit und eigentlich im Alleingang für alles verantwortlich ist. Selbst Bücher beziehungsweise Filme wie »Fifty Shades of Grey«, das von einigen als die große sexuelle Revolution gefeiert wurde, bedienen sich dieser alten Klischees: Sie ist unerfahren und ungeküsst und nur seine Berührung ist der Garant für Orgasmen bis an die Bewusstlosigkeit. Ihre Sexualität existiert nur in Bezug auf ihn, eine eigene hat sie quasi gar nicht. Bis sie ihn kennenlernte, hatte sie offensichtlich noch nicht einmal Interesse daran.

Aber so läuft es eben nicht. Da kommt nicht der tolle Typ um die Ecke und kümmert sich um alles. Das bedeutet, dass wir selbst verantwortlich sind. Für unser Leben, für unser Glück, für guten Sex. Das bedeutet aber auch, dass wir nicht abhängig sind und darauf warten müssen, bis uns jemand zeigt, wie's geht.

Haltet euer Sexleben frei von irrealen Standards. Bei keinem Pornodreh wird drei Stunden durchgerödelt. Da gibt es Cuts und Pausen und Stellungswechsel auf Kommando und das alles über

Stunden oder sogar Tage hinweg. Wer will das denn? Das ist harte Arbeit. Als Hobbysportler gehe ich doch auch nicht spontan ins Fitnessstudio und stemme mal eben dreihundert Kilo auf der Hantelbank. Und als passionierte Radio-Mitsingerin fülle ich auch nicht mal eben Arenen mit meiner Performance. Der Anspruch, filmreifen Sex zu haben, ist ziemlich idiotisch. Das sollten wir professionellen Sex ...machern, ...gebern, ...menschen, ... Sexualverkehrern überlassen! Die haben das geübt. Oft. Ob sie dabei jedes Mal unbändigen Spaß haben, weiß ich allerdings nicht. Ich hoffe es sehr für sie.

Zur Anregung von Fantasien und für die eigene Neugier ist Pornografie super. Sie kann euer persönliches Sexleben und auch das mit eurem Partner bereichern, wenn ihr beide Bock drauf habt. Vor allem ermöglicht sie es uns, Sex zu sehen, ohne dass wir alle irgendwelche Filmchen drehen müssen, die geleakt werden, sobald wir reich und berühmt sind. Und auch ohne unsere Nachbarn bespitzeln zu müssen. Aber nehmt sie als Inspiration und nicht als Dokumentarfilme wahr.

Anstatt euch also den Kopf darüber zu zerbrechen, wie andere es machen, lernt euch lieber selbst kennen. Masturbation ist nicht nur entspannend, sondern kann auch sehr lehrreich sein. Wenn ihr dabei nicht so ausseht wie die Damen vor der Kamera, denkt bitte daran: Die müssen auch einen guten Einblick ermöglichen. Für die Aufnahmen ist es ziemlich egal, ob das, was die da tun, wirklich effektiv ist. Sie verdienen damit ihr Geld, weshalb ihnen jemand anderes vorschreiben kann, wie sie dabei auszusehen haben. Solange ihr dafür nicht bezahlt werdet, solltet ihr euch also auch nicht daran halten müssen.

Für den Sex gilt das Gleiche. Überlegt nicht, wie ihr euch positionieren solltet, damit es möglichst vorteilhaft ist, ob ihr jetzt sexy und ambitioniert genug ans Werk geht oder ob ihr zu laut oder zu leise seid. Jeder Gedanke, den ihr an diese Nebensächlichkeiten verschwendet, verhindert, dass ihr genießen könnt. Klar wollen wir alle für den Partner begehrenswert sein. Aber stellt euch mal vor, ihr macht euch für euren Partner hübsch: zu viel Lippenstift, falsche Wimpern, die gar nicht zu euch passen, tonnenweise Rouge und Eyeliner – bis ihr gar nicht mehr ihr selbst seid, sondern ausseht wie ein Clown. Dazu viel zu hohe Schuhe, auf denen ihr nicht laufen könnt, und ein Kleid, in dem ihr euch überhaupt nicht wohlfühlt. Solche Verkleidungen gibt es auch im Bett. Macht euch nicht zum Clown, indem ihr versucht, euch zu bewegen und zu klingen wie jemand, der ihr nicht seid, indem ihr Dinge tut, auf die ihr eigentlich keine Lust habt, nur weil ihr meint, das würde dazugehören. Fragt euch lieber mal, ob ihr beim Sex den Menschen, den ihr liebt und/oder der euch gerade total anmacht, jemals so kritisch beäugt habt wie euch selbst. Hat euch diese Bauchfalte oder dieser komische Gesichtsausdruck jemals dermaßen abgeturnt, dass ihr am liebsten sofort abgebrochen hättet?

Wahrscheinlich nicht. Mit unseren Liebsten sind wir viel unkritischer als mit uns selbst. Außerdem ist euer Partner – hoffentlich – freiwillig mit euch in dieser Situation und findet euch gerade offensichtlich ziemlich gut. Glaubt ihm. Ihr werdet da schon irgendwas richtig gemacht haben. Kein Grund also, sich zu verstellen.

Wieder gilt: Orientiert euch an euren eigenen Bedürfnissen. Es gibt keine perfekte Dauer und keine perfekte Häufigkeit. Ach doch: Perfekt ist nämlich immer genauso lange, wie ihr Bock habt, und genauso häufig, wie ihr wollt. Natürlich haben bei der taff-Umfrage alle mindestens fünfmal die Woche grandiosen Sex. Was würdet ihr denn antworten, wenn man euch eine Kamera und ein Mikro vor die Nase hält. »Schon so ein halbes Jahr her … Das war leider auch nicht so prickelnd und danach habe ich unter der Dusche geheult«? Verratet den Leuten vom Fernsehen so was bitte niemals. Sonst startet irgendein Sender noch eine weitere Single-Show, in der traurige Passanten in ein Iglu mit nur einem Schlafsack gesperrt werden, um sich gegenseitig zu wärmen. Wenn ihr wirklich wissen wollt, was »normal« ist, müsst ihr wissenschaftliche Studien zu dem Thema lesen. Darin werdet ihr erfahren, dass quasi alles zwischen »ständig« und »nie« vorkommt und auch überhaupt kein Problem darstellt, solange der Akteur kein Problem damit hat.

Macht den ersten Schritt, wenn euch danach ist. Denn genauso, wie ich es mag, begehrt zu werden, mag mein Partner dieses Gefühl garantiert auch! Besser, als unzufrieden einzuschlafen und zu schmollen, weil er nicht Gedankenlesen konnte, ist es allemal. Er hat gerade keine Lust? Sprecht miteinander. Anfangs ist es vielleicht ungewohnt und unangenehm, aber es lohnt sich ungemein.

Steht zu eurer Lust und euren Bedürfnissen, egal ob mit oder ohne festen Partner, egal ob beim Beziehungssex, bei One-Night-Stand, Freundschaft Plus oder alleine. Die gesamte Sexbranche öffnet sich, wird diverser, es gibt female friendly porn und hübsche Accessoires, die nicht mehr wie geäderte Folterwerkzeuge aussehen. Schaut euch um, was euer Leben bereichert. Wenn das ein großes Sortiment an Tools von einer bekannten Website ist, die höflich-diskrete Fake-Absender auf ihre Pakete kleben, dann nur zu! Und ihr braucht nicht mit Liebeskugeln fürs Beckenbodentraining einkaufen zu gehen, wenn euch das überfordert oder nichts bringt. Wenn ihr eine innige Beziehung zu eurem Duschkopf unterhaltet, grüßt ihn schön! Sollte das für euch nicht funktionieren, grübelt bitte nicht, ob etwas mit euch nicht stimmt. Manche nutzen den Duschkopf tatsächlich nur zum Duschen. Egal ob ihr euren Partner befriedigt, beim gemeinsamen Sex selbst Hand anlegt, euch ausgiebige Stunden allein oder zu zweit gönnt oder mehr Wert auf Effizienz legt: Macht es so, wie es sich für euch gut anfühlt.

Sich bloß nicht stressen lassen, sich keine Gedanken machen, einfach genießen … Das schreibt sich alles so leicht. In der Realität ist guter Sex ebenso wenig planbar und mit cleverer Autosuggestion zu erzielen wie Selbstliebe und Selbstvertrauen. Ich wünschte, ich hätte eine Zauberformel, aber die habe ich nicht. Ich verspreche euch allerdings hoch und heilig, dass ich sie sofort per Instagram-Bio und Twitter-Profil verkünden werde, sollte sie mir über den Weg laufen. Bis dahin müssen wir uns aber mit einem kleinen Trick behelfen: Glaubt den Menschen, die euch lieben, dass sie das nicht aus geistiger Verwirrung heraus tun, sondern weil ihr liebenswert *seid*. Es ist wahr, dass Schönheit etwas sehr Subjektives ist und im Auge des Betrachters liegt. Und uns selbst ein liebevoller Betrachter zu sein ist eine schwierige Aufgabe. Zumal es für die Medien, die Werbeindustrie, die Kosmetikfirmen und Dessoushersteller viel lukrativer ist, uns einzureden, dass unser liebevoller Blick allein nicht ausreicht, dass Schönheit und Anerkennung langfristig nur durch Hilfsmittel zu erlangen sind. Sie hatten schon viel zu viel Zeit, diesen Gedanken in unsere Köpfe zu pflanzen und damit beträchtliche Gewinne zu erzielen: Wir machen uns extra zurecht, kaufen schicke Unterwäsche, stehen zu nachtschlafender Stunde auf, um uns für den neuen Partner, der noch friedlich vor sich hin schnarcht, hübsch zu machen und so zu tun, als würden wir mit geputzten Zähnen und gekämmten Haaren aufwachen … Und er checkt es nicht mal! Die schicke Unterwäsche wird nicht bemerkt, das wallende Haar nicht beachtet. Ignoranter Typ!

Wirklich? Könnte es nicht sein, dass es der Person, mit der wir unser Bett teilen, schlicht egal ist, weil es nicht wichtig ist? Weil sie euch auch mit schlabbriger Unterbuxe und zerzausten Haaren gut findet? Weil es für Nähe und Intimität keine Rolle spielt, ob ihr euch in Samt und Seide hüllt oder einfach nackig seid?

Wir glauben der Werbung mehr als unserem Partner. Wir glauben den retuschierten Bildern mehr als der körperlichen Reaktion unseres Gegenübers – obwohl das eine technisch manipuliert wurde, während Erregung ein unbestechliches Signal ist. Wenn es uns so schwerfällt, uns selbst ein liebevoller Betrachter zu sein, könnten wir damit anfangen, von dem Blick unserer Lieben zu lernen. Haltet sie nicht für bescheuert oder geschmacksverirrt, weil sie euch gut finden. Holt euch ein bisschen Entspannung dadurch zurück, dass ihr ihnen vertraut, dass sie einfach etwas in euch sehen können, das ihr selbst noch nicht gefunden habt, was aber *da* ist.

Gönnt euch weiche Spitze und wohlig riechende Bodylotions, verwöhnt euch, wenn ihr euch damit sexy und verführerisch findet. Aber das ist immer nur das Tüpfelchen auf dem i. Die Basis seid ihr selbst. Ihr könnt sie unterstreichen und betonen, ihr könnt ein bisschen kaschieren und damit spielen. Aber die liebenswerte Basis bleibt und löst sich auch ohne Hilfsmittelchen nicht einfach in Luft auf. Ihr bleibt. Ihr habt es verdient, mit diesem Blick angesehen zu werden. Wie ein ersehntes Geschenk, das es auszupacken gilt.

TSCHÜSS!

Weil das Beste bekanntlich zum Schluss kommt und man immer dann aufhören soll, wenn's am schönsten ist, passt es eigentlich ganz gut, dieses Buch mit der schönsten Nebensache der Welt zu beschließen. Einen Moment würde ich mir aber gerne noch nehmen, um euch ein paar Abschiedsworte mit auf den Weg zu geben.

Ihr habt eine ganze Menge über mich erfahren, über meinen alltäglichen Struggle und meine Erfolge, wisst nun, dass ich mir mal vor Heimweh in die Hose ge... (Oder habe ich das weggelassen? Bestimmt habe ich das weggelassen! Zu meiner Verteidigung: Ich war sechs.) Ihr kennt jetzt sogar meine skrupellose Sex-Lüge. Sorry, Mama!

Inzwischen ist www.sex.de übrigens eine Kontaktbörse, #notsponsored. Aber da muss man Geld für jede verschickte Nachricht zahlen (gilt meist nur für die Männer. Die Sex-Branche ist wahrscheinlich die einzige, in der Männer so offenkundig benachteiligt werden). Ich als Sparfuchs rate euch, euer Geld besser anzulegen.

Aber eigentlich ging es hier nur indirekt um mich. Deshalb würde ich mich freuen, wenn ihr auch etwas über euch erfahren habt oder noch erfahren solltet, indem ihr das Gelesene auf euch wirken lasst. Es wäre fantastisch, wenn ihr Lust bekommen hättet, nach euren Bedürfnissen und inneren Werten zu forschen oder sie besser kennenzulernen. Wenn ihr etwas Interessantes gefunden hättet, über das ihr weiter nachdenken wollt. Besonders aber würde es mich freuen, wenn das alles ohne Druck geschehen würde. In Sachen (Medien-)Konsum, im Umgang miteinander und mit der Welt, in Sachen Kommunikation, Bedürfnisorientiertheit, Ernährung, mentale Gesundheit, Freundschaft und Liebe sollte immer nur das eigene Wohlbefinden im Mittelpunkt stehen und niemals ein Leistungsgedanke. Das Leben ist ebenso wenig ein Wettbewerb wie dieses Buch. Weder gibt es Medaillen für die Besten noch Teilnahmeurkunden für die, die den Ball nur drei Meter in die falsche Richtung werfen können. Wenn ihr in diesem Buch etwas gelesen habt, das ihr gerne umsetzen würdet, es bislang aber nicht geklappt hat, macht euch dafür nicht fertig. Damit schmälert ihr nur eure Erfolgsaussichten, weil diese Form von Druck nicht anspornt, sondern hemmt. Selbstkritisch zu sein und die Welt zu hinterfragen ist wichtig. Aber lasst euren inneren Kritiker nicht die lauteste Stimme in eurem Kopf sein. Wenn er es doch ist, erzieht ihn dazu, fair zu sein, indem ihr akzeptiert, dass ihr nicht alles immer und zu jeder Zeit schaffen könnt. Ihr seid Menschen und keine Hochleistungscomputer.

Wir alle haben Stärken und Schwächen. Insofern könntet ihr eure Stärken fördern oder an euren Schwächen arbeiten. Wenn ihr euch in eurem Spezialgebiet weiter verbessert und alles, was ihr nicht so gut beherrscht, an andere abgebt, habt ihr mehr Zeit für die Dinge, die ihr gut könnt, und verschwendet weniger Nerven an zeitraubende, ineffiziente Aufgaben, die andere einfach besser draufhaben. Wenn Menschen mit unterschiedlichen Stärken zusammenkommen, kann das großartige Synergieeffekte haben.

Lebt ihr jedoch unter der Prämisse »Ich tu nur das, worin ich echt gut bin«, wird das schnell zu einem »Ich laufe vor allem weg, was ich nicht kann, und warte darauf, dass jemand aus dem

Nichts erscheint und alles wie von Zauberhand für mich übernimmt«. Da aber eher selten so eine helfende Elfe auftaucht, bleibt ihr dann beim Status quo stecken. Und wem gebt ihr dann die Schuld? Sicher nicht der Elfe, die sich verspätet hat, sondern euch selbst.

Arbeitet ihr hingegen diszipliniert an euren Schwächen, bis sie vielleicht sogar zu euren Stärken werden, limitiert ihr euch nicht selbst. Vielmehr zieht ihr eigenständig Grenzen, mal enger, mal weiter. Das kann jedoch dazu führen, dass ihr euer Leben um irgendwelche Makel herum aufbaut und sie euch immer wieder haarklein vor Augen haltet, damit ihr ja nicht vergesst, welch steiniger Weg noch vor euch liegt und wie wenig ihr bisher erreicht habt. Wem gebt ihr die Schuld daran? Sicher nicht dem Weg, der einfach nicht gerade verlaufen will, sondern euch selbst.

Dieses Buch sucht die goldene Mitte, wo es piepegal ist, was als Stärke und was als Schwäche definiert wird, wo nur dein Bedürfnis zählt. Einseitigkeit fühlt sich für mich wie Einschränkung an.

Nehmen wir mal an, ich kann kein Instrument spielen, möchte aber gerne einen Song schreiben. Wie komme ich an mein Ziel?

Option 1: Gar nicht. Ich kann nämlich weder ein Instrument spielen, noch habe ich jemals ernsthaft Songtexte geschrieben. (Habe ich zwar, verdränge ich aber, weil ich mich ja ausschließlich auf meine Stärken konzentriere und alles, was eher eine Schwäche sein könnte, ausblende). Ich kenne blöderweise auch keinen Producer, der gerade nichts Besseres zu tun hat, als mir bei meinem musikalischen Selbstfindungsprozess das Händchen zu halten beziehungsweise das Gitärrchen zu spielen. Da Musik nicht meine Stärke ist, gebe ich frustriert auf.

Option 2: Gar nicht. Ich muss es allein schaffen und arbeite wie eine Besessene daran, mir alles selbst beizubringen. Ich bin ungeduldig, sehr kritisch und finde das Ergebnis überhaupt nicht berauschend. Da Musik meine Schwäche ist, gebe ich frustriert auf. (Ersetzt mal »Musik« durch »Diät«, »Sport«, »Disziplin«, »Selbstliebe«. Kommt euch bekannt vor?)

Wie wäre es mit Option 3: Kann man mal machen! Ich schätze realistisch ein, zu was ich selbst in der Lage bin, probiere mich aus, lerne Neues, suche das Gespräch mit anderen, lerne von ihnen, lasse mich inspirieren und verderbe mir vor allem nicht selbst den Spaß an meinem Vorhaben, indem ich das Ergebnis oder den Fortschritt als Stärke/Schwäche definiere, sondern akzeptiere, dass ich halt gerade noch nicht perfekt bin.

Vielleicht ist Musik nicht meine Stärke. Vielleicht bin ich nicht sonderlich talentiert. Alles möglich. Vielleicht ist das aber auch vollkommen irrelevant, solange ich Freude daran habe und damit ein Bedürfnis in mir befriedige. Meine Finger brennen höllisch vom Gitarreüben und das Tippen am PC fällt mir schwer, aber ich bin auf einem guten Weg und meine Fingerkuppen werden bald von einer sexy Hornhaut überzogen sein. Die Reime meines Songtextes befinden sich noch auf Haus-Maus-Niveau, aber irgendwie muss man ja anfangen. Ich hätte auch weiterhin auf meiner Couch sitzen und darüber nachdenken können, wie ich jemanden finde, der alles das für mich tut, was ich nicht so gut kann – oder wieso ich eigentlich gar nichts kann und eine einzige Enttäuschung bin. Ich konnte aber auch anfangen, indem ich das Machen betonte. Kein Zwang, kein Druck, kein Versagen und vor allem keine Wertung, bei der ich meist eh schlecht abschneide.

Dazu möchte ich euch ermutigen. Ich möchte, dass ihr auf Vulkane steigt und stolz auf euch seid – und wenn ihr auf halber Strecke den schrecklichsten Krampf im Oberschenkel bekommen solltet, sodass ihr nicht weitergehen könnt: Kein Grund, euch anzuklagen, sondern sich über all die Höhenmeter zu freuen, die ihr schon geschafft habt. Wenn nur das Ideal zählt, ist jeder Schritt auf dem Weg dahin irrelevant und es ist niemals genug. Zählt nur der Gipfel, ist die halbe Strecke genauso wertlos wie gar nicht erst losgegangen zu sein. Ich möchte euch dazu ermutigen, alles so zu tun, wie es sich für euch richtig anfühlt und wie ihr es vor euch vertreten könnt.

VIELE KLEINE SCHRITTE BEDEUTEN AUCH VIELE KLEINE ERFOLGE, DIE BEFLÜGELN UND MOTIVIEREN.

Ihr bestimmt Richtung, Mittel und Tempo. Ihr gebt den Dingen ihren Wert.

Lasst euch nicht einreden, ihr wäret nicht genug. Redet es euch nicht selbst ein. Ihr habt euch doch mal wieder beim automatisierten Nichtstun erwischt, euer Social-Media-Detox nicht durchgezogen, euch verpflichtet gefühlt, etwas zu tun, was euch eigentlich nicht liegt, habt Stereotypen verwendet, euch mit Essen getröstet, euch etwas nicht getraut, das Work-out sausen lassen, zugenommen, abgenommen, euch nach Bestätigung von außen gesehnt und dafür ein Bild von euch aufrechterhalten, das euch nicht entspricht? So what! Haltet euch bloß nicht damit auf, all diese Dinge präsenter zu haben als all jene Momente, in denen ihr etwas wirklich Inspirierendes gelesen habt, ein gutes Gespräch hattet, euch aufrichtig und hilfsbereit gezeigt habt, für euch oder jemand anders eingetreten seid, euch einen Abendspaziergang um den Block gegönnt oder etwas Besonderes zu essen gemacht habt, die Treppe statt den Fahrstuhl genommen habt, getanzt und gesungen habt, als würde keiner zuschauen, einen produktiven Tag hattet, einen guten Gedanken, einen erfolgreichen Projektabschluss und ausnahmsweise mal richtig gut liegende Haare.

Ihr definiert, was für euch von Bedeutung ist, und damit auch, wie ihr euch wahrnehmt. Ihr entscheidet, ob der Schalter in eurem Kopf öfter auf »on« oder auf »off« stehen soll. Nicht von heute auf morgen, aber die Möglichkeit bleibt. Das Ziel ist es nicht, permanent im On-Modus zu sein. Das ist unrealistisch. Glück und Zufriedenheit sind keine Dauerzustände, da sie erst im Kontrast zu ihrem Gegenteil an Wert gewinnen. Ihr müsst nicht ununterbrochen die Honigkuchen-Version eurer selbst sein. Ihr müsst sowieso schon mal gar nichts.

Stattdessen ist es das Ziel, dass ihr über kurz oder lang herausfindet, wo euer Schalter sitzt und wie ihr an ihn herankommt, um ihn aktiv betätigen zu können. Nicht immer, aber immer öfter. Das gibt Sicherheit, Ruhe, Gelassenheit. Das gibt euch Kraft für jene Momente, in denen der Schalter störrisch im »off« verharrt. Diese Momente wird es immer geben. Es wird immer endlos viel nicht so laufen, wie ihr es gern hättet. Es wird immer Idioten geben, überfordernde Situationen, Zwänge, Schwachpunkte, Rückschläge,

Missstände. Aber mit denen könnt ihr besser umgehen, wenn ihr gut mit euch selbst umgeht.

Probiert's mal aus: Selbstempathie, Selbstakzeptanz, Selbstrespekt. Das Mindset macht's! Diese Self Positivity wird euch zwar nicht vor Einflüssen schützen, die euch nicht guttun. Sie wird euch nicht davor schützen, dass andere euch verletzen, oder davor, auch mal zu scheitern. Self Positivity wird die Arschlöcher nicht verstummen lassen und reaktionäre Ansichten nicht auslöschen. Aber sie wird euch dabei helfen, all diese unvermeidlichen Begleiterscheinungen des Lebens einzuordnen und ihnen gegenüber selbstbestimmt und handlungsfähig zu bleiben. Es wird euch dabei helfen, Raum für euch zu beanspruchen, wenn ihr ihn braucht, und anderen Raum zu geben, wenn sie ihn brauchen.

Probiert's mal aus, euch selbst ins Zentrum eurer Welt zu stellen, denn da gehört ihr hin. Traut euch, dafür einzustehen. Das könnt ihr ohne schlechtes Gewissen echt mal machen.

ANHANG

TRIGGER

Hier ein paar Beispiele für Trigger im Netz und ihre möglichen Auswirkungen. Diese müssen übrigens nicht immer negativ sein, sondern können uns auch positiv beeinflussen. Letztlich kann das von Mensch zu Mensch variieren. Jemand mit Angst vor Hunden bekommt vielleicht Panik beim Anblick eines Hundevideos, wohingegen Hundeliebhaber danach beschwingt in den Tag starten. Die einen motiviert der Anblick eines sportlichen Körpers, für andere bedeutet es einen Downer fürs Selbstwertgefühl. Und Detox-Tee-Werbung in Insta-Stories … Die braucht ehrlich gesagt wirklich kein Mensch. Obwohl – manchmal kann sie schon wieder echt unterhaltsam sein. Immerhin etwas!

Schreibt eure Trigger auf, die guten wie die schlechten. So lernt ihr besser einzuschätzen, welche Inhalte euch guttun und welche euch eher runterziehen.

–	Trigger: Detox-Tee-Werbung in Insta-Stories	Effekt: Ununterbrochenes Augenrollen
	Trigger: Perfekte Körper	Effekt: Selbstwertgefühl leidet

+	Trigger: Hundevideos	Effekt: Gute Laune
	Trigger: Kochvideo	Effekt: Inspiration für ein neues Rezept

AFFIRMATION

Eine Affirmation ist so was wie ein persönliches Mantra und kann euch dabei helfen, euch bewusst zu machen, was genau ihr warum und wann erreichen wollt und somit leichter zum Ziel zu kommen. Sie ist immer positiv formuliert und stellt eure Bedürfnisse ins Zentrum. Statt »Ich will nicht mehr so fett sein, damit mich andere endlich attraktiv finden« eher ein »Ich möchte fitter werden, damit ich mich in meiner Haut gut fühle«. Eine solche Affirmation wiederholt ihr für euch, wann immer euch danach ist.

Eine wirklich smarte Methode für eine möglichst hilfreiche Affirmation ist die SMART-Methode (ba dum tss!). SMART steht für spezifisch, messbar, attraktiv, realistisch, terminiert. Vielleicht habt ihr das irgendwann mal in eurer Schulzeit, Univorlesung oder einer Lektüre aufgeschnappt und erfolgreich verdrängt, nur damit ich jetzt wieder mit dem Kram um die Ecke komme. Aber eigentlich ist die SMART-Methode nur ein kleiner Reality-Check für unsere Ziele. Denn zuallererst müssen wir *spezifisch* wissen, was wir überhaupt erreichen wollen. Beim allseits beliebten Thema »Fitness« musste ich mir die Frage stellen: Ist es wirklich eine Zahl auf der Waage oder eher ein Gefühl von Selbstbewusstsein, Kraft und Unbeschwertheit, das ich erstrebenswert finde? Für mich war es das Zweite.

Aber widerspricht es nicht dem nächsten Aspekt, der *Messbarkeit*, wenn ich keine Lust habe, mich an meiner Waage zu orientieren? Nicht zwangsläufig. Immerhin kann man nicht nur Kilos messen. Seid kreativ! Messt eure Ziele zum Beispiel an der Anzahl eurer

Liegestütze oder daran, wie viele Tage hintereinander ihr Yoga gemacht habt.

Das Ganze soll natürlich auch *attraktiv* für euch sein. Haltet euch vor Augen, warum ihr euch dieses Ziel gesteckt habt. Wie werdet ihr euch dann fühlen? Was motiviert euch, dranzubleiben? Wenn ihr euer Ziel insgeheim hasst, wird es ziemlich schwer, es zu erreichen. Keep it positive!

Realistisch bedeutet für jeden von uns etwas anderes. Manch einer steckt sich Ziele, die anderen unrealistisch erscheinen, braucht aber diese extreme Herausforderung, um über sich hinauszuwachsen. Für einige ist die kleinste Veränderung schon die größte Herausforderung. Horcht in euch hinein. Was fühlt sich gerade so an, als könnte es aufregend und vielleicht etwas unangenehm werden, ohne euch komplett zu überfordern? Ihr sollt ja nicht schon nach zwei Tagen das Handtuch werfen. Außer ihr braucht das für eure Liegestütze …

Und euer Ziel sollte auch noch *terminiert* sein, was vermutlich die einfachste Aufgabe ist. Sucht euch einen Termin, der ambitioniert, aber nicht völlig übertrieben ist. Vielleicht einen Geburtstag, einen Feiertag oder einfach nur ein Datum, das schön aussieht. Ich bin ja ein Fan von ungeraden Zahlen. Den 23.7. finde ich persönlich wunderschön.

Jetzt könnt ihr eure Affirmation aufschreiben und natürlich mit eurem neu erlangten (oder aufgefrischten) Wissen über die SMART-Methode bei Freunden und Familie klugscheißen. Bitte nicht vergessen, mein Buch zu erwähnen. Danke!

WERTE

Es gibt jede Menge Methoden, um eure Werte zu finden und zu definieren. Ich möchte euch hier drei Möglichkeiten vorstellen. Die erste ist prima für Einsteiger, die sich noch nicht viel unter dem Begriff »Werte« vorstellen können. Die Auswahl an Werten kann beliebig von euch ergänzt werden. Die zweite und dritte Variante ist für die Freigeister unter euch, deren Fantasie keine Grenzen kennt. Natürlich könnt ihr alle Methoden auch nacheinander machen, miteinander kombinieren oder eigene Wege daraus entwickeln.

DIE STRICHLISTE

Auf der nächsten Seite seht ihr verschiedene Werte, die ihr gerne auch noch erweitern könnt. In der ersten Runde dürft ihr zehn Striche hinter die Werte setzen, die euch auf Anhieb am wichtigsten erscheinen. Achtet auf euer Bauchgefühl. Alle anderen Werte fallen raus. In der zweiten Runde habt ihr nur noch fünf Striche, um diese hinter fünf Werte zu setzen, die euch persönlich am wichtigsten sind. Das bedeutet nicht, dass ihr die anderen Werte nicht wichtig findet oder diese weniger gesellschaftlich anerkannt sind. Hier geht es um eure persönliche Präferenz. Die fünf Werte mit zwei Strichen sind eure Werte!

WER SIND EURE VORBILDER?

Schreibt zuerst auf, wer eure Vorbilder sind. Wer inspiriert euch, in wessen Fußstapfen wollt ihr treten und wer erweitert euren Horizont? Danach schreibt neben die Personen die Eigenschaften, die ihr besonders beeindruckend, erstrebenswert oder außergewöhnlich findet. Wahrscheinlich wiederholen sich ein paar Eigenschaften. Kringelt diese ein oder markiert sie bunt. Genau diese sind die Werte, die ihr besonders wichtig findet.

WAS GIBT EUCH EIN GUTES GEFÜHL?

Hierbei stellt ihr euch ganz grundlegende Fragen. Wo fühle ich mich wohl? Mit wem fühle ich mich wohl? Welche Umgebung lässt mich kreativ oder produktiv sein, welche entspannt mich? Was schätze ich besonders an mir selbst und warum? Was macht mir Angst und warum? Worauf möchte ich eigentlich keinen einzigen Tag lang verzichten? Was treibt mich an, was schreckt mich eher ab? Welche vergangenen Entscheidungen haben sich richtig angefühlt? Welche Ziele verfolge ich wirklich?

Die Liste der Fragen entwickelt ihr über die Zeit selbst, daher möchte ich hier gar nicht zu viel vorgeben. Die Antworten auf eure individuellen Fragen lassen Rückschlüsse auf eure Werte zu.

Ansehen	Liebe	Wohlstand
Authentizität	Loyalität	Zuneigung
Bescheidenheit	Mut	
Ehrlichkeit	Neugier	
Engagement	Stabilität	
Freiheit	Toleranz	
Harmonie	Verantwortung	
Humor	Vertrauen	
Leidenschaft	Wissen	

MINDMAP

»Do more of what makes you happy.« Ich liebe diesen Spruch. Aber was macht mich denn glücklich? Was sollte ich also mehr tun und was entsprechend weniger? Eigentlich gar nicht so schwer herauszufinden, wenn ihr in den glücklichen Momenten kurz darüber nachdenkt, warum ihr gerade glücklich seid. Ist es die Umgebung (Strand, Berge, Großstadtdschungel), ist es die Anwesenheit einer bestimmten Person, die euch Freude bereitet, oder eine Aktivität, die euch ein gutes Gefühl gibt?

Andersrum genau das Gleiche: Wann fühlt ihr euch erschöpft, traurig oder unzufrieden? Schreibt eure persönlichen Energiespender und eure Energieräuber auf. Und los geht's: Do more of what makes you happy!

DAS ULTIMATIVE KÄSE-AVOCADO-BROT

Fühlt ihr euch gestresst? Seid ihr überfordert? Braucht ihr mal eine Auszeit? Dann greift zum Käsebrot! Denn Käsebrot ist ein gutes Brot.

Bei mir gibt's die vegane Variante, zu der ich in jeder stressigen (und unstressigen) Situation voller Freude greife. Denn manchmal muss man sich einfach auf die wichtigen Dinge im Leben besinnen, tief durchatmen und im Moment leben. Das funktioniert ganz wunderbar, wenn man nur Augen für ein mit Liebe geschmiertes Brot hat. Hier das Rezept zum Glück:

Zutaten

Brot (ein gutes!)

Butter

Kala Namak (ein Schwefelsalz, das euch den wunderbar schwefeligen Geschmack von Ei zaubert)

Käse

Avocado (in Scheiben)

Tomate

Balsamico-Creme

Zubereitung:

Alles genau in dieser Reihenfolge und mit viel Liebe auf das Brot geben – fertig.

SCHEITERHAUFEN

Schreibt eure Scheiter-Momente auf die Holzscheite. Und dann: Let it burn!

UNPOSTABLE MOMENTS

Hier ist Platz für eure ganz besonderen Momente, für Momente, die euch persönlich etwas bedeuten, die in ihrer kostbaren Vollkommenheit aber nicht auf Social Media stattfinden können oder sollen. Eine Art Tagebuch für Highlights (ihr könnt auch gerne »Liebes Tagebuch« an den Anfang schreiben, aber bitte heult mir dann nicht die Ohren voll mit Timi, der gestern beim Verstecken-mit-Freiklatschen nicht in eurer, sondern in Leonies Mannschaft sein wollte. Ihr habt Besseres verdient als Timi). Malt den Moment, findet ein Symbol dafür, beschreibt, was ihn so besonders gemacht hat, wie ihr euch gefühlt habt und alles, was ihr sonst noch festhalten wollt.

VISION BOARD

Wie leicht verlieren wir unsere Träume aus den Augen. Um dem entgegenzuwirken, kann ein Vision Board sinnvoll sein. Dafür haltet ihr eure Ziele, Wünsche und Träume bildlich fest und stellt diese beispielsweise mithilfe einer Collage dar.

Schritt 1: Legt verschiedene Kategorien wie persönliche und berufliche Ziele, verrückte Träume oder Lebenswünsche fest.

Schritt 2: Überlegt, welche Ziele und Wünsche euch zu welcher Kategorie einfallen. Gibt es Träume, die ihr schon länger verwirklichen wolltet? Habt ihr Wünsche, die ihr eigentlich noch nie laut ausgesprochen habt? Für ein Vision Board gibt es im Grunde keine Grenzen: Keine Vision ist zu ambitioniert, zu verrückt, zu weit hergeholt. Immerhin geht es hier um die Darstellung eurer inneren Motivation.

Schritt 3: Sucht euch die passenden Bilder zu jedem Ziel/Wunsch/Traum heraus. Schneidet sie aus Zeitschriften aus, druckt Bilder aus dem Internet aus, oder macht eine Collage in Photoshop. Natürlich könnt ihr auch selbst welche malen oder basteln. Hauptsache, ihr habt am Ende eure Wünsche verbildlicht. Euer Vision Board soll euch vor Augen führen, wofür ihr arbeitet, wo's langgeht, was euch wichtig ist und warum ihr das tut, was ihr tut. Oder es kann auch einfach nur sehr dekorativ aussehen. You do you!

EMPATHIE
TOLERANZ
RESPEKT

NEW YORK CITY
KOLUMBIEN
BOGOTA
MANCORA
PERU
LIMA
CUSCO
AREQUIPA
BRASILIEN
RIO DE JANEIRO
ILHA GRANDE
PARATY
FLORIANÓPOLIS
ATACAMA WÜSTE
SALTA
SANTIAGO DE CHILE
CORDOBA
MONTEVIDEO
PUNTA DEL DIABLO
BUENOS AIRES
URUGUAY
PUCÓN
CHILE
ARGENTINIEN
VON DÜSSELDORF NACH CHILE

WOHOOO!

SWIPE UP